緒言

タイ国第一の遺跡は、スコータイである。スコータイ王国の首都として栄えた。今日の首都バンコックの北、約四四〇キロにある。タイ族、タイ人の故郷にあたる。タイ人が最も誇りとするタイ文化の発祥地である。

スコータイ王国は、西のミャンマーにあったバガン帝国が終わり、東のカンボジアのアンコール帝国がすたれた頃、その両巨大帝国の間にあって、その谷間から、一気に噴水のごとく吹き出した。その存続期間は、約二百年間であった。王は全部で九代続いた。その内、初代から六代までが、純粋なスコータイ王国の時代である。それ以降の七代から九代までの諸王は、別のタイ族の王国、アユタヤー王国の属国、支配下にあった時代である。

スコータイ王国は、以前にあったカンボジアのアンコール帝国による、クメール族の支配を、追いやって、独立した王国である。そのため従来のクメール文化にあった複雑な仏教芸術から抜け出て、スコータイ王国のタイ族による独自の仏教芸術を、創造しようとした。この緊張した高い意志は、新しい単純な上座部仏教をとりいれることによって、成功したのである。

その上座部仏教の受容と高揚は、遠いスリランカから、受けいれたのである。諸王は、スリランカへあこがれをもち、スリランカの芸術家を受け入れ、建築、美術にスリランカからの影響を、多分に受けた。この単純化、純一性が、当時のスコータイ王国の芸術家たちの心を、鼓舞させたのである。具体的に言うなら、クメール芸術にまけない、タイ独自の文化・芸術を独創したのである。

その芸術の独創とは、建築では象に乗る仏塔や蓮華莟塔であり、美術では、第一に遊行仏の誕生があげられる。また、これら芸術を生む基礎となった上座部仏教の聖典研究がすすみ、第六代目の名君、リ・タイ王は、その成果として、『トライ・プーム・プラ・ルアーン』という仏教経典を著作し、この世に残した。この六代目、リ・タイ王の偉業は、全九代続いた諸王の内、最も崇高であったが故に、建築、美術にタイ独自のすばらしき形を生んだのである。

また、リ・タイ王が推奨した仏足石信仰も、重要な意味がある。その王の偉功をついだ、後の王もすぐれた立派な仏足石を、この世に残した。さらにその王の高い意志を受けついだ後の王は、釈尊の前世の善行の物語集を、石板に線刻し、その多くを永遠に残し、後世に伝えようとした。その仏足石は、ワット・ボーウォーンニウェート寺所蔵のそれである。本生話《ほんじょうわ》石板線刻画は、ワット・シー・チュム寺のそれである。

スコータイ王国の歴史と文化は、従来、発見された碑文類の解読によって、主に理解されてきた。そのため、この拙著の後に、重要な碑文類を、和訳いたし、その内容を理解していただけるよう願って、紹介しておいた。碑文の内容の理解なくして、スコータイ王国の歴史と文化は、基本的に把握できないからである。

スコータイ王国の遺跡は、四ヶ所ある。首都がスコータイである。副王都がシーサッチャナーライである。そして、他にカンペーンペットとピサヌロークとがある。四ヶ所の内、スコータイ都とシーサッチャナーライ都とが中心的な遺産である。カンペーンペット都とピサヌローク都とは、スコータイ王国がアユタヤー王国の属国となって後、特にアユタヤー王国のトライローカナート王の治世に生んだ遺産である。

スコータイ都の都城跡は、現在のスコータイ市の西、八キロの地点にある。副王都のシーサッチャナーライ都の都城跡は、このスコータイ都城跡の北、約六十キロにある。両地には、多くの仏塔・仏寺が遺跡として散在する。タイ国で最も魅力あふれる古都の跡である。特に、ヨム川流域のシーサッチャナーライはその景観とともにすばらしい。

この拙著が、タイ国文化、特に仏教美術の理解の一助となれば、幸いである。

目　次

図版目次

1 ワット・プラ・パーイ・ルアン寺、クメール式塔堂、スコータイ、十二世紀末建立

2 ワット・プラ・パーイ・ルアン寺の中心主要部、スコータイ、十二〜十三世紀建立

3 女神像、王族の肖像?、スコータイのター・パー・デーン堂出、十二〜十三世紀前半作、アンコール・ワット様式、石造、像高九七センチ

4 男神像、王族の肖像?、スコータイのター・パー・デーン堂出、十二世紀前半作、アンコール・ワット様式、石造、像高八〇センチ

5 旧タイ族「サヤーム」、ロップリーの王、のアンコール・ワットの回廊に見る浮彫、十二世紀前半作、石造

6 ター・パー・デーン堂、スコータイ、十二世紀前半建立、ラテライト造り

7 ジャヤーヴァルマン七世王肖像、カンボジアのアンコールのクロール・ロメアス出、十二世紀末作、石造、像高一・二メートル、プノン・ペン国立博物館蔵

8 ジャヤーヴァルマン七世王(?)の肖像、スコータイのワット・プラ・パーイ・ルアン寺出、十二世紀末作、石造、像高一・〇三メートル、ラーム・カムヘン国立博物館蔵

9 釈尊の降魔成道の図、クメール式塔堂の破風、ワット・プラ・パーイ・ルアン寺、スコータイ、十二世紀末作、漆喰製

10 ヴィシュヌ神像、スコータイのワット・シー・サワイ寺出土、十四世紀作、青銅製、像高二〇センチ、ラーム・カムヘン国立博物館蔵

11 ワット・シー・サワイ寺、スコータイ、十二世紀建、十五世紀改築

12 ワット・チャオ・チャン寺、チャリエン、十二世紀末〜十三世紀初め頃建立

13 大鳥ガルダ、漆喰製、ワット・シー・サワイ寺、塔堂の側面は、漆喰がぬられ、白色に装飾された。十五世紀作。

14 中央塔堂の廃墟、スコータイのワット・プラ・パーイ・ルアン寺、十三世紀後半建立、一九七二年撮影

15 仏龕内の仏座像、スコータイのワット・プラ・パーイ・ルアン寺の中央塔堂、廃墟、十三世紀後半建立、レンガと漆喰製、一九七二年撮影

16 仏座像の上半身、スコータイのワット・プラ・パーイ・ルアン寺の中央塔堂出、初期チェンセーン様式、十三世紀

後半作、漆喰製、像高五四センチ、ラーム・カムヘン国立博物館蔵

17 仏頭、スコータイのワット・プラ・パーイ・ルアン寺の中央塔堂出、十三世紀後半作、漆喰製、高二七センチ、ラーム・カムヘン国立博物館蔵

18 仏立像、スコータイのワット・マハー・タート寺出、ドヴァーラヴァティー様式、七〜九世紀作、石造、像高三・三メートル、バンコック国立博物館蔵

19 仏立像、スコータイのワット・サパーン・ヒン寺出、シュリーヴィジャヤ様式、八世紀頃（?）作、石造、像高一・四五メートル、ラーム・カムヘン国立博物館蔵

20 ラーム・カムヘン大王碑文、第一碑文、一二九二年作、石造、高一・一メートル、バンコック国立博物館蔵

21 スコータイ都のダム跡、ラーム・カムヘン大王碑文（第一碑文一二九二年）に記された、長さ約六〇〇メートル

22 仏立像、スコータイのワット・サパーン・ヒン寺の本尊仏、山上に立つ大仏、十三世紀後半〜十四世紀初め頃の作、レンガと漆喰製、像高一二・五メートル

23 ワット・サパーン・ヒン寺へと登る山道、スコータイ都の西の山中

24 仏塔、タイ国南部のナコーン・シー・タムマラートのワット・マハー・タート寺、スリランカ式仏塔、十三世紀前期建、アユタヤー朝に再建

25 仏塔の模型、スリランカのアヌラーダプラ都のルワンワリーサーヤ大仏塔に残る。十二世紀作、石灰岩製、高約二メートル

26 ワット・シー・チュム寺の仏座像、本尊仏、スコータイ、十四世紀後半作、レンガと漆喰製、像高約十五メートル

27 ワット・シー・チュム寺の仏堂、スコータイ、十四世紀後半建、レンガと漆喰建て、高十五メートル

28 仏立像、「アターラサ仏」、スコータイのワット・マハー・タート寺の境内、レンガと漆喰製、像高八・四メートル

29 チャリエンのワット・マハー・タート寺の中央塔堂、シーサッチャナーライ都の東、タイ式「プラ・プラーン」建築、十二世紀建、十五世紀改築

30 チャリエンのワット・マハー・タート寺の中央主要部全景、十二世紀建、十五世紀改築

31 遊行仏、チャリエンのワット・マハー・タート寺の中央塔堂に残る。十三世紀後期作、レンガと漆喰製、像高三・四二メートル

32 蛇上仏、蛇の上に乗る仏陀像、チャリエンのワット・マハー・タート寺の境内に残る。十三世紀末〜十四世紀初め頃の作、

図版・挿図目次

33 レンガと漆喰製、像高一・五メートル

34 梵天（？）、チャリエンのワット・マハー・タート寺のラテライト製柵、図版34に見る入口の石門の上部にのる装飾、十四世紀（？）作、漆喰製、高約三十センチ

35 ラテライト製入口門、チャリエンのワット・マハー・タート寺の境内、十三世紀末（？）建、入口門の高さ約四メートル（下の埋没部を含む）

36 仏座像、シーサッチャナーライのワット・チャーン・ローム寺の仏塔の仏龕内、十三世紀後期作、漆喰製、像高一・四メートル

37 ワット・チャーン・ローム寺の正面、シーサッチャナーライ、十三世紀終り頃建立

38 ワット・チャーン・ローム寺の仏塔、シーサッチャナーライ都城内、十三世紀終り頃建立

39 皿、鉄絵、宋胡録、サワンカロ－ク、十五～十七世紀作

40 皿、鉄絵、宋胡録、サワンカロ－ク、十五～十七世紀作

41 龍、宋胡録、サワンカロ－ク、陶器、十四世紀後期作

42 窯跡、陶器サワンカロ－ク、宋胡録用、十四世紀

43 陶器サワンカロ－クを売る村民、スコータイ、バンコック国立博物館蔵

44 魚が描かれた陶器、鉄絵、サワンカロ－ク、宋胡録、一九七〇年撮影

45 スコータイの村民が売る土産品、十四世紀中頃～十六世紀初め頃の作、一九七〇年撮影

46 ヴィシュヌ神像、十三世紀末作、青銅製、像高一・二一メートル、バンコック国立博物館蔵

47 シヴァ神像、十四世紀初期作、青銅製、像高一・一五メートル、バンコック国立博物館蔵

48 中央塔堂、ワット・マハー・タート寺、スコータイ都城内、十三世紀建、一三四五年頃改築

49 中央塔堂の北側軸塔の西面、ワット・マハー・タート寺、スコータイ都城内、漆喰装飾は一三四五年頃の作、一九七八年撮影

50 遊行仏の行列、スコータイ都城内ワット・マハー・タート寺の中央塔堂基壇に見える、十四世紀（？）作、漆喰製、一九七八年撮影

51 釈尊の誕生図、中央塔堂の東側軸塔、その東面、ワット・マハー・タート寺、スコータイ都城内、漆喰製、一三四五年頃作、一九七八年撮影

守門神ドヴァラパーラ、ラーム・カムヘン国立博物館蔵像高八四センチ、宋胡録、サワンカロ－ク、陶器、十四世紀後期作、像高一〇四メートル、

52 鬼面キルティムカ（中央の上）と半身半鳥キンナラ（左）、破風の漆喰装飾、ワット・マハー・タート寺の中央塔堂北側の軸塔の西面、スコータイ、一三四五年頃の作、一九七八年撮影

53 ランカーティラカ寺本堂の本尊仏（仏座像）上部の装飾、一三四四年建立、スリランカのキャンディ郊外、漆喰製、図版54と類似する

54 釈尊の死にあたる涅槃図、破風の漆喰製装飾、ワット・マハー・タート寺の中央塔堂東側の軸塔の南面、スコータイ、鬼面キルティムカ（中央の上）と摩竭魚マカラ（左右の端）を見る。一三四五年頃作、図版53と類似。一九七八年撮影

55 象ナーラギリをなだめる釈尊図（酔象降伏図）、スコータイのワット・トラパーン・トーン・ラーン寺の北壁面、十四世紀後半作、漆喰製、一九七八年撮影

56 ワット・トラパーン・トーン・ラーン寺の全景、スコータイ、十四世紀後半建立

57 忉利天（天界）より降下する釈尊（三道宝階降下図）、スコータイのワット・トラパーン・トーン・ラーン寺の南壁面、十四世紀後半作、漆喰製、高三・三メートル、一九七八年撮影

58 仏座像、スコータイ様式、古典期の様式例、十四世紀後半作、青銅製、像高一・四一メートル、バンコックのワット・ベンチャマーポピット寺蔵

59 遊行仏、スコータイ様式、古典期最高傑作、十四世紀後半作、青銅製、像高二・二メートル、バンコックのワット・ベンチャマーポピット寺蔵

60 遊行仏の上半身、図版59の部分、十四世紀後半作、青銅製、バンコックのワット・ベンチャマーポピット寺蔵

61 シヴァ神像、スコータイのホーテワライ・マハーカセート・ピマーン堂出、十四世紀作、青銅製、像高三・〇八メートル、バンコック国立博物館蔵

62 ヴィシュヌ神像、スコータイのホーテワライ・マハーカセート・ピマーン堂出、十四世紀作、青銅製、像高二・六七メートル、バンコック国立博物館蔵

63 ヴィシュヌ神像の上半身、図版62の部分、スコータイのホーテワライ・マハーカセート・ピマーン堂出、青銅製、バンコック国立博物館蔵

64 ワット・トゥク寺、スコータイ、十四世紀建立、一九七二年撮影

65 ホーテワライ・マハーカセート・ピマーン堂、ヒンドゥー教聖堂跡、スコータイ、十四世紀建立、図版61と62の神像は、この聖堂内に安置されてあった

66 ワット・バーマムアン寺、石柱と仏塔跡、十四世紀建立、

図版・挿図目次

67 高僧スマナ長老が住んだ寺跡

67 ワット・バーマムアン寺、仏塔と基壇跡、スコータイ、十四世紀建立

68 ワット・トラパーン・トン寺、池の中央に仏足石堂と仏堂とが建つ、スコータイ、リ・タイ王作の仏足石(一三五七年)が安置される

69 仏足石、リ・タイ王造立、一三五七年作、長さ一・三メートル、石造、チャリエンのワット・マハー・タート寺蔵

70 仏足石、リ・タイ王奉安、一三五七年作、長さ一・三メートル、石造、ナコーン・サワンのワット・マハー・タート寺蔵

71 ナコーン・サワンの蛙山、山頂にリ・タイ王奉安の仏足石がある、図版70参照

72 蛇上仏、蛇上に乗った仏陀像、シーサッチャナーライのワット・チェディー・チェッ・テーオ寺、十四世紀中頃〜十五世紀初め頃の作、漆喰製、像高約二・五メートル、頭部は盗難によって消失

73 ワット・チェディー・チェッ・テーオ寺、シーサッチャナーライ都城内、十四世紀中頃〜十五世紀初め頃の建立

74 中央塔堂、ワット・チェディー・チェッ・テーオ寺、シーサッチャナーライ、十四世紀中頃建立

75 塔堂、ワット・チェディー・チェッ・テーオ寺内の一基、シー

サッチャナーライ、十四世紀中頃〜十五世紀初め頃の建立

76 ワット・トラパーン・グァン寺の蓮華苔塔、スコータイ、十四世紀建立

77 ワット・スワンケーオ・ウタヤーン・ノーイ寺の蓮華苔塔、シーサッチャナーライ都城内、十四世紀建立

78 ワット・チェディー・チェッ・テーオ寺の塔堂類、王族の遺骨を納めた墓塔・墓堂(?)、シーサッチャナーライ、十四世紀中頃〜十五世紀初め頃の建立

79 ワット・チェディー・チェッ・テーオ寺の塔堂類、王族の遺骨を納めた墓塔・墓堂(?)、シーサッチャナーライ、十四世紀中頃〜十五世紀初め頃の建立

80 ワット・カロータヤ寺の蓮華苔塔、カンペーンペット郊外、十四世紀建立、一九七一年撮影

81 ワット・チェディー・クラーン・トーン寺の蓮華苔塔、カンペーンペット郊外、十四世紀建立、一九七一年撮影

82 チェディー・トーンの蓮華苔塔、ピサヌローク、十四世紀建立、一九七八年撮影

83 タークの蓮華苔塔、ディット王造立、十四世紀建立

84 ウドゥムバラ・マハーヴィハーラ寺、スリランカのディムブラーガラ、古都ポロンナルワの東、ウダムバラギリ山の麓

85 プラ・タート・ムタオ仏塔、下ビルマのモーン式仏塔、

86 チャリエンのワット・マハー・タート寺の境内、十四世紀(?)建立
87 仏座像、典型的なスコータイ様式の仏陀像、チャリエンのワット・マハー・タート寺、十四世紀作、漆喰製
88 プラ・マハー・タート仏塔、ナコーン・チュム、ビルマ式仏塔、リ・タイ王建立の蓮華苔塔(一三五七年造立)の跡地に建てられた。現在名は、ワット・プラ・ボロマタート寺
89 遊行仏、ワット・チェトポーン寺、スコータイ、レンガと漆喰製、十四世紀後半作、頭部は消失した
90 ワット・チエートゥポン寺、スコータイ、粘板岩、レンガ、漆喰による造立、十四世紀建立
91 仏座像、スコータイのワット・マハー・タート寺の境内、図版91の仏陀像、レンガと漆喰製、十四世紀建立
92 リ・タイ王の墓塔(?)、スコータイのワット・マハー・タート寺の境内、十四世紀(?)建立
93 仏塔、ワット・スアーン・ドッグ寺、チェンマイの西、ラーン・ナー王国のク・ナー王造立、一三七三年建立
94 ワット・プラ・ユン寺、ランプーンの東、ラーン・ナー王国のク・ナー王造立、一三六九年建立
仏塔、ラーマ・チェディー、ナコーン・サワンの蛙山の麓、リ・タイ王造立、十四世紀建立

95 仏堂、ラーマ・ウィハーン、ナコーン・サワンの蛙山の麓、リ・タイ王造立、十四世紀建立
96 仏足石、マハータムマラーチャー四世紀奉安、スメーダンカラ長老作、一四二六年碑あり、石造、大きさ三・六×二・一七メートル、バンコックのワット・ボーウォーンニウェート寺蔵
97 ボージャージャーニーア本生話の場面、線刻画、スコータイのワット・シー・チェム寺のトンネル式階段の天井より出る、十四世紀中頃作、石板、大きさ一七〇×三一センチ、バンコック国立博物館蔵
98 ワット・シー・チェム寺、スコータイ、十四世紀建立
99 仏座像、プラ・プッタ・チナラート仏、ピサヌロークのワット・マハー・タート寺の本尊仏、十五世紀前期作、青銅製、幅二・七五メートル
100 プラ・プッタ・チナラート仏の頭部、ピサヌロークのワット・マハー・タート寺の本尊仏、青銅製、図版99の接写、斉藤寛氏撮影
101 ワット・マハー・タート寺の全景、ピサヌローク、聖仏プラ・プッタ・チナラート仏を安置した仏堂(右前)と塔堂プラ・プラーン(左後)よりなる
102 仏座像、プラ・プッタ・チナシー仏、十五世紀作、青銅製、

図版・挿図目次

103 像高三メートル位（？）、バンコクのワット・ボーウォーンニウェート寺蔵
104 仏座像、プラ・プッタ・シーサースダー仏、十五世紀作、青銅製、像高三メートル位（？）、バンコクのワット・ボーウォーンニウェート寺蔵
105 涅槃仏、プラ・パーイ・ルア寺出、十四世紀後半作、青銅製、像長三・五メートル、バンコクのワット・ボーウォーンニウェート寺蔵
106 シヴァ神立像、カンペーンペットのシヴァ神堂跡より出た、一五一〇年作、青銅製、像高二・一メートル、カンペーンペット国立博物館蔵
107 仏座像、シー・サーカヤムニー仏、スコータイのワット・マハー・タート寺出、十四世紀作、青銅製
108 遊行仏、一四二六年作、青銅製、像高約二メートル、北部ナーンのワット・パヤープ寺蔵
109 遊行仏、一四二六年作、青銅製、像高約二メートル、北部ナーンのワット・パヤープ寺蔵
110 仏立像、一四二六年作、青銅製、像高約二メートル、タイ国北部ナーンのワット・チャーン・カム寺蔵
111 仏座像、一四二三年作、青銅製、トンブリーのワット・ハンサー・ラタナー・ラーム寺蔵
112 仏塔、ワット・シーピチット・キティカンラヤーラーム寺、スコータイ
113 ワット・ソラサック寺の仏塔跡、スコータイ
114 ワット・チャーン・ローム寺の仏塔、スコータイ都城の東、一九七八年撮影
115 発掘現場での作業、スコータイのワット・ソラサック寺跡、十四世紀後期建立
116 遊行仏の行列図、仏足石線刻画、カンペーンペットのワット・サデェーツ寺出、十五世紀作、バンコク国立博物館蔵
117 仏足石、カンペーンペットのワット・サデェーツ寺出、十五世紀作、長さ一・五六メートル
118 宝冠仏立像、一五四一年作、スコータイ出、青銅製、像高一・八メートル、バンコク国立博物館蔵
119 仏立像、ピサヌロークのワット・ウィハーン・トーン寺出、十五世紀作、青銅製、像高約九メートル、バンコクのワット・サケート寺蔵
漆喰製装飾、仏堂の外壁の浮彫、シーサッチャナーライ都城内

のワット・ナンプラーヤ寺跡、十五世紀作
120 漆喰製装飾の壁、シーサッチャナーライ都城内のワット・ナンプラーヤ寺跡、十五世紀作
121 ワット・チェディー・スン寺の仏塔、スコータイ、十四世紀後期もしくは十五世紀初め頃の建立
122 ワット・スラー・シー寺、スコータイ、十五世紀建立
123 仏像、ワット・プラシー・イリヤーボーッ寺、カンペーンペット、十四～十五世紀作、レンガと漆喰製、像高約八メートル
124 ワット・プラ・ノン寺、カンペーンペット、十五世紀建立
125 ワット・アヴァーサ・ヤーイ寺、カンペーンペット、十五世紀建立
126 ワット・チャン・ローブ寺の仏塔、基壇に巨象が並ぶ、カンペーンペット、十五世紀建立
127 仏座像、ウートン様式、カンペーンペット出、十四世紀作、青銅製、像高三十一センチ
128 仏立像、スコータイ出、十五世紀作、青銅製、像高二・五メートル、バンコックのワット・ベンチャマーポピット寺蔵
129 仏座像、プラ・プッタ・シヒン仏、十五世紀中頃作、青銅製、像高一・六六メートル（台座を含む）、バンコック国立博物館蔵
130 ワット・チュラーマニー寺、ピサヌロークの郊外、一四六四年建立、トライローカナート王の造立
131 カンペーンペットの城壁跡、北西部、十六世紀建設、ラテライト造り

挿図目次

1 タイ国地図略図
2 スコータイ都の古寺遺跡
3 副王都シーサッチャナーライ都と聖跡チャリエンの古寺遺跡
4 典型的なクメール式の蛇上仏、ロッブリー様式、十二～十三世紀
5 スコータイのワット・プラ・パーイ・ルアン寺の平面図
6 タイ国北部の初期チェンセーン様式の仏陀像
7 クメール式塔堂の構造、一、破風、二、楣、三、破風
8 スコータイ都のワット・マハー・タートの境内

図版・挿図目次

第一章　アンコール帝国のクメール支配

第一節　カンボジアのクメール民族

1．クメール族とアンコール帝国

クメール族とは、クメール人、カンボジア人のことで、現在、カンボジアのメコーン河中流および下流域に住む。クメール語を話し、彼らの故郷の地域は、メコーン河中流域である。そこから少しずつ南へと移住し、カンボジアのトンレサップ湖の周辺に、一大王国を創建した。これが「アンコール帝国」である。その都は主にアンコールにあり、九世紀より十五世紀まで栄えた。現在のカンボジアの国民は、この民族の末裔である。帝国の当時の言語は、古クメール語が日常語で、その碑文の公用語は、インドのサンスクリットであった。したがって、人々は古くからインド文化から多分の恩恵を受け、インドないしインドネシア系の人種に似ている。

クメール族は、一般に背が高く、平均で約一メートル六十位で、身体は頑丈である。つまり背が一般に斜めになっていない。皮膚の色は黒味がちで、髪は波をうち、「サンポット」という腰衣を、腰にまいている。(22)

2．クメール族の宗教

アンコール帝国のクメール族の諸王は、主にヒンドゥー教を信奉した。しかし、十二世紀後半に王国をおさめたジャヤーヴァルマン七世王（在位：一一八一〜一二二〇年？）は、大乗仏教を信仰の対象とした。これより語るスコータイ王国が誕生する以前の時代のことである。

図4は、典型的なクメール族の仏陀像の描きおこし図である。そのジャヤーヴァルマン七世王の治世に多く造られた仏像の姿で、七つの頭をもつ大蛇の上に、すわった格好をなす。ジャヤーヴァルマン七世王による支配の範囲は、当時、本拠地のカンボジアのみならず、今日のタイ国

領にまで広がっていた。そこで、タイ国で発見されるこの種の仏像は、今日、「ロッブリー様式」と呼ばれ、分類されている。

この図4に示した大蛇上の仏陀像――「蛇上仏」は、蛇ムチャリンダのとぐろの上に乗る釈迦牟尼仏とも解釈され、また当時、流布していた信仰の対象であった、薬師仏ともみなされる。大乗仏教の信仰から生み出されたクメール族の仏陀像である。

そこで、この陀上仏で注目してもらいたい点は、その顔の目にある。両眼は、明らかに前方をまっすぐに見た、杏仁形をなす。クメール族の仏陀像は、彼らが長い間造ってきたヒンドゥー教の神像と同様に、その両眼が杏仁形なのである。また、見てわかる通り、顔が全体に、四角っぽく、身体もクメール族の特徴らしく、頑丈でがっしりと重たい感じである。

なぜこのような特徴を、先に指摘し、述べておくかというと、これよる語るスコータイ王国が生んだ仏陀像の姿は、先のクメール族の仏陀像の姿と比較して、まったく異なった美しさ、となるからである。この点に十分、注意する必要がある。つまり、スコータイ王国の美術の中心をなす、仏像がこれより述べる、タイ族独自の創出によって生まれた形なのである。

さて、このジャヤーヴァルマン七世王の死後、一人の王をおいて、次にジャヤーヴァルマン八世王（在位：一二四三～一二九五年）がアンコール帝国を支配した。この八世王は、ヒンドゥー教のシヴァ派を信奉し、以前の七世王が信仰した大乗仏教を、放棄した。これによって、八世王は仏教の仏像に対する破壊がなされた。その時の破仏は、八世王の宗務官サルヴァジュニャムニであった[24]。

ジャヤーヴァルマン八世王の治世は、これにより述べる隣国、スコータイ王国の初代の王、シー・インタラーティット王から三代目の王、ラーム・カムヘン王の時代に相当する。つまり、スコータイ王国が誕生した初期には、隣国のカンボジアで、大乗仏教の仏像への破壊活動がなされていた。この点は、後で述べるが、なぜスコータイ王国の諸王が、熱烈に、大乗仏教でなく、あらたに上座部仏教を、信奉したか、という理由を理解する上で、重要である。

第二節　スコータイ地方のクメール遺跡

1. ワット・シー・サワイ寺とヒンドゥー教神像

アンコール帝国のジャヤーヴァルマン七世王の治世、これより述べるスコータイは、クメール族の領土であった。その七世王の当時に建てられた寺院の跡が、スコータイ都城内に残る。それが「ワット・シー・サワイ」寺である（図2参照）

クメール式の塔堂が三基、横並べに建つ。これはジャヤーヴァルマン七世王の時代に、ラテライトの建材を用いて建てられた。その後、スコータイがクメール族の支配から解放され、クメール族が撤退し、新たな支配者となったタイ族が、この寺院を用いたようである。つまり、この建物は、後の十五世紀に、タイ族によって、レンガと漆喰とでもって改築された。レンガの表面をおおった、漆喰による浮彫の装飾――鳥のガルダや天人の姿が残っている（図版13）。

このワット・シー・サワイ寺は、十二世紀後期より十三世紀初め頃に建てられた、ヒンドゥー教の聖堂であった。それが後の十五世紀になって、仏教の仏堂として改築されたのである。当時のヒンドゥー教の信仰をしのばせるヴィシュヌ神像（図版10）が、一体、発見されている。これは、中央塔堂の前にある仏堂の中、そこの本尊仏の台座の中から出た。

高さが二十センチの、青銅製である。その作りはもはやクメール式の顔でなく、タイ族によるスコータイ様式の仏陀像と同じ、顔つきをなしている。四本の腕をもち、後ろの二本腕には、ほら貝と円盤とを持つ。スコータイ王朝の十四世紀の作りとみなされる。(26)

2．ター・パー・デーン堂の祖霊像

現在のスコータイ都城の跡地、その城内には、もう一つクメール族が建てた、アンコール帝国の支配下の時代の遺構が、残る。これが「ター・パー・デーン」と称するラテライト造りのお堂の跡である。（図2参照、図版6）。二層目以上がすでに消失してしまった、クメール式の塔堂建築である。これは、スコータイ地域に現存する、最古の遺構で、アンコール帝国のスーリャヴァルマン二世王（在位：一一一二～一一五〇年）の治世に建立された。二世王は、有名なカンボジアのアンコール・ワットの建立者として知られる。このお堂の中から、図版3・4に示した石像が、発見された。頭と腕と足がこわれてしまっているが、このスコータイがかつてクメール族の支配下の地域であったことを立証した、貴重な作品である。現在、スコータイのラーム・カムヘン国立博物館の中に、展示されている。

この石像は、ヒンドゥー教のある神像とみるよりは、むしろ当時のある高位のお方、おそらく王族の肖像であったのだろう。つまり、なくなられた特定の人物の肖像を造って、このお堂に安置し、その個人の冥福を祈った。もはや祖先となった祖霊をまつった、祖霊像とみなしたい。両方の像がまとった腰衣の形は、明らかに十二世紀前半のスーリャヴァルマン二世王の頃の、ファッションである。その同種の姿を、アンコール・ワットの第一廻廊、「天界と地獄図」の中に、認められうる。

3．ワット・プラ・パーイ・ルアン寺とジャヤーヴァルマン七世王の肖像

現在のスコータイの地がかつて、クメール族の支配下にあったことを立証する、もう一つ重要な証拠がある。それは今日、ラーム・カムヘン国立博物館に、展示されている。石造の座像だが、残念ながら、すっかり壊れて、胴から下の部分しか残っていない（図版8）。この坐像は、今日のスコータイ都城跡のすぐ北側にある、大きな仏教寺院の跡、「ワット・プラ・パーイ・ルアン」寺より発見された（図2）。この寺院の境内の様子を示した、平面図（図5）を、ここにかかげておく。

この石像は、前に述べたクメール族で、アンコール帝国の王、ジャヤーヴァルマン七世王の肖像とみなされる。この大王は、大乗仏教の崇拝

者で、カンボジアの大寺院跡、バイヨンの建立者として知られる。と言うのは、この大王の肖像というのがある。これはカンボジアのアンコール遺跡、クロール・ロメアスから発見された（図版7）。現在、カンボジアのプノン・ペン国立博物館に、展示されている。この美しき石造の肖像と、ここでとりあげる壊れた石像とを、たがいに比較させると、両者が同じものだろうと、気がつこう。

ジャヤーヴァルマン七世王は、ご自身の姿、肖像を、「ジャヤブッダマハーナータ」と称して、アンコール帝国の広大国土の各都に、安置した。その数は全二十三体で、その内の一体が、先のクロール・ロメアスより出た傑作である。そして、このスコータイのワット・プラ・パーイ・ルアン寺より発見された座像も、同じくその一体であったのだろう。

この種類の肖像が、同じくタイ国東北部の有名なクメール遺跡、プラサート・ヒン・ピマーイ寺よりからも、発見されている。この像は、現在、バンコック国立博物館に、展示されている。しかし、この肖像は、そのお顔がつぶれて壊れてしまっている。七世王を仏陀のような救世主として、国民に示し、この仏陀のごとき王の姿を、人々に崇拝させたのである。

4．クメール式塔堂と破風浮彫

ジャヤーヴァルマン七世王の治世に建てられた、典型的なクメール族のクメール式塔堂が、スコータイ都城のすぐ北側にある。これは、先に述べたワット・プラ・パーイ・ルアン寺の境内にある。この寺院の平面図（図5）を見てわかるとうり、その西側に建つ。本来は、南北に三基が並んで建っていたが、現在では、その内の北側の一基のみが、建ち残っている（図版1と2）。

典型的なクメール式塔堂は、ここに図7で示しておく。タイ国ではこの形の建築を、「プラ・プラーン」と呼び、ここで特に注目するべき個所は、図7の1番の位置にあたる。この1番の個所を、「破風」と呼び、この面の浮彫が美しく残っていた（図版9）。

図版9の写真は、この北側の塔堂の西面を撮った。塔堂はラテライトで建てられ、その表面を漆喰でおおって、かざった。破風は釈尊の一生の物語、仏伝図の中の一場面を表す。それは「降魔成道図」と呼ばれ、釈尊が今や、悟りをひらかれる時、邪魔をした悪魔たちを追いはらった場面である。しかし、ここでは悪魔は見られず、釈尊は単に、苦提樹の下にすわり、右手で地をさし、降魔印をとっている。

この破風の下段には、六人の人物が両手で合掌し、すわる。釈尊――仏陀の左肩の上から垂れさがる垂布、タイ語で「サンカーティ」は、明らかに「ロッブリー様式」を示している。この破風浮彫は、まだスコータイ王国が出現していない、アンコール帝国のクメール族の王、ジャヤーヴァルマン七世王の頃の作りであろう。この作りは、タイ国中部のロッブリーにあるワット・マハー・タート寺の塔堂の漆喰製浮彫と、類似する。ロッブリーは、アンコール帝国の一つの地方都市の跡で、この地には、今日でも、いくつかのクメール式建築による、寺跡が残っている。

5．巡礼用宿舎　ワット・チャオ・チャン寺

ジャヤーヴァルマン七世王は、アンコール帝国の広大な領地の中に、全部で一二一軒もの、「ダルマサーラー」と称する説法堂を建てた。それは帝国の公道沿いにあって、旅行者用の宿舎でもあった。このことは、カンボジアのアンコール都の大寺院跡、プレア・カンより出た碑文の中に、記されてあった。

ここでとりあげる「ワット・チャオ・チャン」寺は、その説法堂の跡として、タイ国中部で発見された最北の遺例である。後で述べるスコータイ王国の副王都、シーサッチャナーライ都の都城外、東側にある。同じく後述する聖跡チャリエンの西側に位置する（図3）。ラテライト造りのクメール式建築のお堂跡が残る（図版12）。スコータイ王国の誕生以前の、クメール族の遺構として、同じく貴重である。

第二章　シー・インタラーティット王の建国

第一節　タイ族の台頭

1．タイ族の南方移住

今日のタイ国に住む人々のほとんどは、「タイ」族といわれ、タイは「自由」の意味である。日射が強く熱い国土であるため、国民は一般に皮膚の色が、日焼けしている。その性格は柔順、親切、快活、と言われたように、確かにその通りであった。

このタイ族は、このタイ国のみならず、中国西南部、トンキン、ラオス、ビルマ北部にわったたって居住している。国民は自身のことを「タイ」と呼び、一方、ヨーロッパの人々は、かつて「シャム」と称した。タイ族とシャム族とは同じである。

従来の考え方によると、このタイ族は、本来、今日のタイ国にいた人々でないと言われる。タイ族はかなり大昔に、今日の中国の南部、雲南省の地域に住んでいた。この人々がその地域から、少しずつ南へと移住し、今日のタイ国に住みついた。その源郷である雲南省の地域にはかつて、「南詔国《なんしょう》」と「大理国《たいり》」という王国があった。

南詔国は、中国の唐代に相当する頃、栄えた王国で、九〇一年に滅亡した。この王国を支配した民族は、ロロ族で、タイ族はこのロロ族の支配下にあった。その後、九三七年に、タイ族の段思平という王が、あらたに大理国を創設した。これがタイ族の王国である。都を大理におき、それは今日の雲南省の省都、昆明の西、約五〇〇キロの地にあった。

この大理国は、一二五四年に、中国の元朝のフビライ・ハーン王の侵入によって滅亡した。それより以後、これよりとりあげるスコータイ王国の出現まで、タイ族によるどのような、南下移住の歴史があったのか、まったくベールにおおわれている。(23)

2. アンコール・ワットの廻廊浮彫に見るシャム族

カンボジアの有名なヒンドゥー教の遺跡、アンコール・ワットの廻廊に彫られた浮彫の中には、先に述べたシャム族の姿を、見ることができる。アンコール・ワットは、アンコール帝国のクメール族のスーリャヴァルマン二世王（在位：一一一三～一一五〇年）の御霊を祀った霊廟寺院である。この聖殿の第一廻廊の南側の西翼、その長い大壁面には、この王を中心とした「王族行進図」が、浮彫で彫り残されている。

この行進図の中に、十二世紀前半、当時のシャム族の姿を見る。この浮彫図には、その面に碑文が記し残された。実にメモのような短文であるが、「シャーム」とある。また同じく、「ラヴォ軍を導く森のジャヤシンハヴァルマン」とある。このシャームとは、シャム族、すなわちタイ族のことである。また、ラヴォ軍とは、ラヴォーが今日のタイ国中部にある、ロッブリーの古名である。

ここにその個所の写真（図版5）をかかげておくと、そこには象の背の上に乗って立つ、シャム族の王の姿を見る。弓矢を手にし、衣裳も一種独特な形をしている。王の背景には、全部で八本もの日傘が立ち、その尊厳さをたたえる。この人物は、当時、スーリャヴァルマン二世王に対し忠誠を誓った、ロッブリーのタイ族、その領土（王）の姿なのである。

第二節　スコータイ王国の創立

1. 建国伝説とスコータイ王国の誕生

中国南部から移住してきたタイ族は、先に述べたように、カンボジアのアンコール帝国のクメール族の支配のもとで、生活してきた。そこで、いよいよこのタイ族は、その先住の民族、クメール族を追いやって、タイ族の王国を創建する。これがスコータイ王国である。

このスコータイ王国の創建についての伝説がある。それは次のような物語で、きわめて興味ぶかい。

「昔々、スコータイに、チャンダラーチャという王がいました。ある日、この王様は、兵をつれて森にいき、そこで、それはきれいな一人の美女にであいます。王はとてもおどろき、ひと目で恋におちました。その娘は王宮にまねかれ、そこで、彼女は王の第一王妃となったのです。

ところがそれから数ヶ月後、その王妃は、実は、自分が人間でなく、人間の姿をした蛇なのだ、ということを、王にうちあけます。ですから、これ以上、私は王宮に住んで、王様のそばにおれません。どうか蛇族のナーガ国へおもどしください、というのです。かくして彼女は、王宮から姿を消したのでした。

それから後、王妃だった蛇は、おなかに子供をもつようになります。そこで彼女は再び人間界にもどり、あるサトウキビ畑で、卵を産んだのでした。そしてまた、自分のナーガ国へと、もどっていったのです。

さて、そのサトウキビ畑には、おじいさんとおばあさんが住んでいました。ある日、二人は畑で、ヤシの実ほどの大きな卵をみつけます。卵は家に持ちこまれ、やがて、中から美しい男の子が産まれたのです。

二人は大喜びし、やわらかな布団をつくりました。が、その子をその上にねかせると、いやだ、といってもがき、大声でなくのです。どうしたことか、老夫婦はこのしぐさを不思議に思い、いちど、星占いにみてもらおうとしました。すると、占い師が言うのに、この子は神か、蛇の子です。それもたいへんな徳をそなえた子にちがいない。そこで、この子をねかすには、古い切り株にはえる竹をみつけて、それを切って網代（あじろ）をつくり、その上にねかせなさい、と注意するのでした。二人は言われるままに、それをつくり、その通りにすると、こんどは、しずかにスヤスヤとねいったのです。

さて、それからというもの、この子は老夫婦によって、あたたかく育てられました。そしてこの子が十五歳になった時、二人は改めて、この子に「プラ・ルアーン」という名前をつけたのです。

プラ・ルアーンは、ほれぼれするほどの美男で、また彼はある種の魔力とでもいおうか、ふしぎな力をもっていました。それは何をやらせても、習っても、なんでもたやすくやりとげてしまったのです。そのおどろくべき技量のうわさは、国中に広がり、ついにスコータイのプラ・チャオ・チャンダ・ラーチャ王の耳もとにまで、とどいたのでした。

このようにして、王は老夫婦の話を通じ、プラ・ルアーンが自分の息子であることを知ります。プラ・ルアーンは自然と王子となり、老夫婦も王宮でしあわせにくらしました。当時スコータイは、まだ隣国（アンコール帝国）の属国で、そこで、プラ・ルアーンは父にかわって、その大国を征伐します。そしてスコータイは、はじめて独立王国として、誕生するのでした。プラ・ルアーンは後に、チャオ・アルナ・クマーラという王名をさずかり、それはスコータイの誕生にふさわしく、夜明けの息子、という意味をふくんでいたのです。」


この伝説の物語は、タイ年代記「ポンサーワーダーン・ヌヤ」や「ポンサーワーダーン・ヨーノク」にあるという。(27) 物語の主人公は、プラ・ルアーンで、この英雄的な人物が、実はスコータイ王国の創立者となっている。王となった即位後の尊名は、チャオ・アルナ・クラーマであった。物語は、わが国の桃太郎の話を思わせる。日本のそれでは、桃から男子が産まれたが、この物語では、男子がヤシの実ほどの卵から産まれている。その拾い主は、共におじいさんとおばあさんとである。桃太郎は鬼を退治したが、この物語の子は、クメール族を征伐したのである。ここに、クメール族の支配から脱け出た、スコータイ王国の誕生がある。

2．二人のタイ族領主の謀反

中国の雲南省の地域から南下し、タイ国に移住してきたタイ族は、さまざまな地に、小さな都をつくり、それを中心とした土侯国を設立していったのだろう。これらの土侯国は、カンボジアのアンコール帝国のクメール族の支配下にあった。ここでとりあげるスコータイ都も、本来、そのアンコール帝国の支配下にあったクメール族の一都であった。この都には、当初、クメール族の太守がいたはずである。その太守の名前は、「コーム・クローン・ラムポング」である。

すでに述べたアンコール帝国の大王、ジャヤーヴァルマン七世王の死（一二二〇年頃？）後、帝国は少しずつ弱体化していったようである。

そこで、そこに乗じてか、二人のタイ族の領主が、クメール族の太守、スコータイ都のクローン・ランポングに、謀反をおこした。この事件は、後で述べるスコータイ王朝第二碑文（一三四五年頃の銘刻？）の始めの個所にして、明らかに記されてあった。

その二人とは、ムアン・ラート土侯国の領主、「パームアン」であり、もう一人が、ムアン・パーン・ヤーン土侯国の領主、「バーン・クラーン・ハーオ」とである。

まず、パームアン領土は、先の第二碑文の中で、父親が「ポークン・シーナーオナムトム」と称した。さらにこの碑文は、この領主について、「十万頭の象を有し、領土は檳榔樹で満ちあふれ、多くの都がこの領主に敬意を表した」とある。かなり繁栄した土侯国の首長であったことが、想像される。

もう一人、バーン・クラーン・ハーオ領主は、かなり強い人物であったとみなされる。この領主は、先のクメール族の太守クローン・ラムポングと一騎打ちをなし、打ちのめした、と先の第二碑文は、伝えている。

この二人の領主は、共に協力しあって、各々の兵を進め、先のクメール族の太守を、スコータイ都から追いはらった。そこで、パームアン領主は、手柄のあった相棒のバーン・クラーン・ハーオ領主に、スコータイ都に入城させ、その王としての灌頂アビセーカをさずけた。

ここに、バーン・クラーン・ハーオ領主は、あらたに王の尊名、「ポークン・シー・インタラーティット」王と称して、スコータイ都の王となった。この王名は、略して、一般に「シー・インタラーティット」王と呼ぶ。スコータイ王国の初代の王となったのである。

この王の出身地は、第二碑文が伝えたように、「ムアン・パーン・ヤーン」で、この土侯国の地は、おそらく、スコータイ都から近い土地、シーサッチャナーライとウッタラディット（図13参照）との中間あたりに、あったのだろうとみなされている。スコータイ都の北北東にあって、それほど遠くはない。

一方、相棒のパームアン領主の出身地、「ムアン・ラート」という土侯国は、一説では、タイ国東北部のナコーン・ラーチャシーマーであろうという。[25] この地は、スコータイより南東へ約五百キロも離れた遠方である。

3．ワット・マハー・タート寺の創建

スコータイ王国の初代王、シー・インタラーティット王が支配した版図は、きわめて小さかった。それは今日のスコータイのあるスコータイ県の広さより、小さな領土であった。まず、スータイ王国の王都の跡を示した、古都スコータイの遺跡分布図（図2）を、ここにかかげおく。王都はご覧の通りの方形で、その都城内のほぼ中央に、今日、「ワット・マハー・タート」と呼ばれる、大仏教寺院跡がある。この古き寺院跡の境内の様子を示した、平面図（図8）を、次に見てもらいたい。境内はほぼ正方形で、その真ん中に、いわゆる「中央塔堂」がある。これがこの大寺院の中心部にあたる。この中には、かつて釈尊の遺骨がおさめ、まつられた。そこで、寺院の名前の、「ワット」は寺を、次の「マハー」は大きいを、「タート」は釈尊の遺骨こと、仏舎利を意味する。それらをあわせて、寺院の名前は、「大仏舎利寺」となる。

この大寺院跡は、これより述べていく、スコータイ遺跡のうち、最も広大で、最も尊厳のある魅力的な聖城である。スコータイ王国の王権と、王国の諸王が信奉した上座部仏教の中心的な聖なる大寺院であった。かつて境内に建っていた建造物は、ほとんどがレンガとラテライトの積み上げによって建てられた。が、長い年月をへて、屋根などがすでに壊れ落ち、悲惨である（図版48）

明治時代に、この大寺院跡を訪れ、その時の様子を記録したフランス人がいた。この記録は、明治二十八年（一八九五年）に、書箱『古代シャム』[38]と題して出版された。著者はフルノー氏である。氏はこの本の中で、当時のワット・マハー・タート寺の境内には、建造物の総数が一八九もあり、その内、仏塔が一六一もあったと、数えて記録していた。実に多くの数であったが、今日では、それらがすでにかなり崩壊・消失してしまっている。

これらの大半の建造物は、王家および高位の方々の遺骨をおさめた、墓塔、簡単に言うならば、お墓であった。この大寺院の創建は、いつで、また誰によって建て始められたのか、不明である。しかし、それはおそらく、スコータイ王国の初代の王、シー・インタラーティット王であったのであろう。それ以降、長い間、先の中央塔堂を中心にして、布薩堂、仏堂が、さらに先に述べた墓塔が次々と建て加えられていったもの、と思われる。

第三節　スリランカ仏教への憧憬

1．プラ・プッタ・シヒン仏の渡来

スコータイ王国の初代の王、シー・インタラーティット王の治世に、スリランカから貴重な仏陀像が、スコータイ都にもたらされた。この仏陀像は、「プラ・プッタ・シヒン」と呼ぶ仏像で、その意味は、ライオン仏（獅子仏）にあたる。この仏像についての伝説は、次の通りである。

「仏暦七〇〇年（西暦一五六年）、」あるセイロン（スリランカ）の王は、釈尊の肖像を見たく、寺へ行き、仏僧にたずねた。『釈尊がこの世におられし頃、釈尊は三度も、セイロン島へこられた。現在、だれか釈尊を見た者は、いないものか』と。

その時、突然、龍王が現れ、龍王は人間、青年の姿に化身して、釈尊像を造った。そこで、セイロンの王は、国で第一の彫刻師をよんで、まず朧でもって釈尊像こと、仏陀像を造るように、命じた。龍王が造った仏陀像と、まったく同じものを、造らせた。

次に、その像から、新たに一体の仏陀像を鋳造させた。鋳造には、金と銀と錫とがまぜられて造られた。形ができあがり、みがきあげると、その像は、実に生きた釈尊のように、輝きを見せた。

仏暦一八〇〇年（西暦一二五六年）のこと、スコータイ王国のローチャラーチャ王は、メナム・チャオ・プラヤー河をくだって、はるか南のナコーン・シー・タムマラートへと、出向いた。この都の王は、ローチャラーチャ王に、奇跡をひきおこす、セイロンの仏陀像について、話してきかせた。ローチャラーチャ王は、ナコーン・シー・タムマラート都の王にたずねて、『セイロンへ、その仏陀像を見に行けるか』と。ところが、ナコーン・シー・タムマラート都の王は、答えて『できない』と。なぜなら、ナコーン・シー・タムマラート都の王が申すのに、『セイロン島には、四人の強力な守護神が住んでいて、不可能だ』と、言うのであった。

そこで、この二人の王は、話しあいのすえ、セイロン島へ、一人の使節を派遣することとなった。やがて、その使節は、セイロン島につくと、セイロンの王は、使節に一体の仏陀像を与えた。実をいうと、この王は、仏陀像を七日間も、昼夜、熱心に拝して、その後に、この仏陀像を、使節に与えたのだった。

使節は喜んで、その仏陀像を船の板上に安置し、セイロン島を後に出航した。ところが不幸にも、途中、船は大嵐にあい、ついに暗礁にのりあげてしまった。しかし、幸運なことに、龍王の守護力によって、船はその後の三ヶ月間、流れに流されて、なんと、ナコーン・シー・タムマラート都の海岸に、たどりついた。

ナコーン・シー・タムマラートの王は、こわれた船を見つけ、船上の仏陀像を見て、大いに喜び、あつく礼拝したのだった。そこで、王は、すぐにスコータイ国王のローチャラーチャ王へ手紙を出した。その手紙には、例のセイロンの聖なる仏陀像が、今や、手にはいったことを伝えた。ローチャラーチャ王は、喜んで、早速、ナコーン・シー・タムマラート都へと出向き、その聖なる仏陀像を、ナコーン・シー・タムマラートの王より拝受した。そして、スコータイ王国へと持ち帰った。王は、スコータイにて、改めてその聖仏をあつく崇めた。この聖仏とは、その名を、『プラ・プッタ・シヒン』という仏陀像なのである。」

このプラ・プッタ・シヒン仏については、一五二八年に著作された、タイ国の年代記『チチカーラマーリー』の中に、記されてあった。この聖仏が現在、タイ国に三体、残っている。その一体は、バンコック国立博物館のプッタイサーワーン堂に安置されている（図版129）。像高が八十三センチあり、青銅製で、その表面が黄金色に、鍍金されてある。

この仏座像は、スリランカのほとんどの仏像のように、両手で禅定印をなす。しかし、その頭部、身体は、明らかにスリランカ製でなく、タイ製である。この像は、本来のプラ・プッタ・シヒン仏から模造して、後世に何度か再鋳造されてきたものなのであろう。それも第一回目の模造作では、ないはずである。

その他の二体とは、一体が今日、タイ国北部チェンマイのワット・プラ・シン寺にある。そして、もう一体がタイ国南部のナコーン・シー・

タムマラートに残っている。この二体も、明らかにスリランカ製の仏座像ではなく、バンコック国立博物館にある仏像と同様に、後世に、鋳造されたものであろう。

ともかく、先の年代記の伝説と結びついた、「プラ・プッタ・シヒン」仏が、三体、現存している。先の伝説中のローチャラーチャ王とは、一二五六年の年代から言うと、シー・インタラーティット王のことなのであろう。この王は、この聖仏の伝説から知るように、上座部仏教の信奉の国、スリランカへ、あこがれをいだいていたことが、想像される。

第三章

バーン・ムアン王

第一節　スコータイ王国初期の仏像

1. ワット・プラ・パーイ・ルアン寺の廃墟仏塔

シー・インタラーティット王の後継者は、バーン・ムアン王であった。その在位期間の年代は、明確にわからないが、おそらく、一二七〇年頃から一二七九年頃か、と想定されている。この王は、後で述べるスコータイ王国第一碑文の中に記されたように、初代のシー・インタラーティット王の次男であった。長男が幼くして死んだので、兄にかわって、次男が王位をついだのである。

バーン・ムアン王の治世に建立された、とみなされる遺構が、一つ残っている。これは写真（図版14）に示しておいたように、今日では、すっかり壊れた廃墟となってしまった。しかし、ここに残った仏座像は、スコータイ王国初期の遺例として、貴重な作品類である。この仏像群の年代をめぐって、かつて長い間、論争があった。

この廃墟は、本来、ピラミット型に上へと高く、おそらく五層に積みあげられた形の仏塔であった、とみなされる。スコータイ都の地図（図2）をみるとわかるように、今日のスコータイ都城跡のすぐ北側にある。その名前は、「ワット・プラ・パーイ・ルアン」寺である。

この大寺院跡の境内の図（図5）を、ここに示しておく。境内の西側には、すでに述べたアンコール帝国のクメール族が建てた、三基のクメール式塔堂跡（図版1）がある。この塔堂の東側に、ここで述べようとする貴重な遺構――廃墟仏塔がある。

2. 初期チェンセーン様式の仏座像

ワット・プラ・パーイ・ルアン寺の廃墟仏塔は、一九六〇年代終わり頃（?）、タイ国芸術局によって、その土砂がとりのぞかれ、発掘がなされた。この遺構は、ラテライトで積みあげ、その表面が漆喰で装飾されてあった。全体はピラミッド状で、各層には幾つもの仏龕があって、その中には各々に、仏座像が安置されてあった。その仏龕も、わかりにくく不均整に配置され、この複雑な構造は、創建以後に改築された、増築によっていた。

しかし、その仏龕内の仏座像類は、当時のままの姿で保存されてあった。そのほとんどは、先の発掘後、次代に仏座像の頭部が打ち壊されて、現地から消えていった。ある仏頭は、バンコックの古美術商の店内に陳列されてあったのを、見たことがある。一九七〇年代初め頃に生じた、ワット・プラ・パーイ・ルアン寺からの盗難の悲劇である。

先の仏龕の形は、カンボジアのアンコール帝国、ジャヤーヴァルマン七世王の時代に流布した、いわゆる「バイヨン様式」と、よく類似していた。仏龕に見る鬼面カーラや、その両端のマカラ（摩竭魚）の意匠は、その十三世紀初めごろの作かとみなされた。そして、仏龕内の仏座像は、おそらく、このスコータイ王国二代目のバーン・ムアン王の時代の作と想定された。

そこで、ここによく残った一体の写真（図版16）をかかげておく。仏像はしんがラテライトで、その表面を漆喰でぬって、仕上げている。この美しい一体は、今日、スコータイ都城跡内のラーム・カムヘン国立博物館に、展示されている。

ワット・プラ・パーイ・ルアン寺の仏像は、スコータイ王国の最初期の作品として、注目される。この仏像の全体の作りは、いわゆる「初期チェンセーン様式」と「スコータイ様式」とが混合している。初期チェンセーン様式とは、十三世紀初め頃から中頃にかけて、タイ国北部で栄えた、もう一つ別のタイ族の王国、ラーン・ナー王国の地域にて、流布した仏座像の形である（図6）。

この初期チェンセーン様式の源流は、はるか遠いインドのパーラ王朝（八〜十二世紀）にあった。この王国の版図は、今日のベンガル州やビハール州である。このインド東北部から、この元の様式は、まずミャンマーのバガン帝国（十一〜十三世紀）のバガン都に伝わった。そこからさらに、先のタイ国北部のラーン・ナー王国地方に流伝したのである。

ここでは細かく、この初期チェンセーン様式の仏像の特徴について述べないが、図版16の仏座像は、明らかにこの初期チェンセーン様式によって造られていた。具体的に言うと、この仏像の左肩の上から垂れる細長い布（タイ語で「サンカーティ」）に、注目されたい。この垂布サンカーティは、その長さが実に短く、その先端が乳首の上の所で切れている。これが、この様式を示した第一の特徴である。

ワット・プラ・パーイ・ルアン寺の廃墟仏塔の仏座像の中には、先の垂布が実に長い像もある。また、仏座像はすべて半跏趺坐にすわっている。先の初期チェンセーン様式の仏座像は、結跏趺坐にすわるのが大きな特徴である。そこで、この仏像群は、すでに述べたように、初期チェンセーン様式と、後で述べるスコータイ様式とを、混合させた姿なのである。

いずれにせよ、ここで強調しておきたい点は、すでに述べたアンコール帝国の支配下にあった頃のクメール式の仏像（図4）と、このワット・プラ・パーイ・ルアン寺の仏座像の顔やその全体の姿とを、比較させるなら、人は誰もが、その両者に、いちじるしい相違、その変わり様が、理解されよう。この変容した点は、これより後で述べるが、タイ族独特の様式を、誕生させていくのである。

3．仏陀像の三十二相と表現上の慣習

釈尊のお姿、仏陀像には、一般の人間とは違った、特別な形をそなえる。これは「三十二相」と呼ばれる。大乗仏教では、その特別な相を、三世紀のインドの仏僧ナーガールジュナ（龍樹）の著者、『大智度論』（鳩摩羅什の訳）の巻四に記されてある。[29] 一方、上座部仏教では、『ブラフマーユ・スッタ』（マッジマ・ニカーヤ）[28][30]の中に、それについて拝読しうる。

ここではその三十二相についての各々の特徴を述べないが、古来、インドから始まった仏陀像の造り方は、各時代の彫刻師によって、その三十二相の特別の形を意識しながら、なされてきた。特に仏陀像の頭部についても、そのようであった。例えば、仏陀の頭上には、肉の髻（もとどり）があった。さらに言うならば、顔は卵形で、眉毛は弓状で、鼻はおうむの口ばし風である、と。

そこで、ここでとりあげているワット・プラ・パーイ・ルアン寺の漆喰製の仏陀像（図版16）も、明らかにそのように造られている。しかし、接近してその顔をよく見ると、その顔は人間味にあふれ、聖なる釈尊という感じをあたえない。ここに、その頭部のみの遺例を一個（図版17）、

かかげておこう。

その顔からわかる通り、ワット・プラ・パーイ・ルアン寺の漆喰製仏頭の共通した顔つきは、次の通りである。すなわち、顔は丸まるとふとる。眉毛は高くつりあがる。鼻は鉤鼻で、その左右の鼻の穴の位置（小鼻）が上へあがっている。上唇は侮蔑したような感じに、左右の端を鼻にかけて上げ、下唇を突き出す。あごはあつめで肉付きがよい。で、顔は一見して、全体に満足しきったような高慢な感じをあたえる。

この顔つきは、おそらく、スコータイ王国の第二代目のバーン・ムアン王のお顔であろうとみる。仏像の顔は、当時の王の顔ににせて造る。このようなやり方は、すでにアンコール帝国のクメール族の王、ジャヤーヴァルマン七世王（在位：一一八一～一二二〇年？）の治世にもなされた。例えば、この王が建てた大寺院、バイヨンの観世音菩薩の多くの顔は、この王のお顔を写していた。

このようなやり方は、今日のタイ国でもなされている。これは長い間の慣習のような方法である。つまり、仏像を造ってくれるように依頼されて彫刻師は、その依頼主――施主の善業の意をくんで、その施主の顔を仏像の顔にして、仏像を製作するのである。

第四章

ラーム・カムヘン大王の広大な支配

第一節　ラーム・カムヘン大王の碑文

1．第一碑文の発見とその趣旨

スコータイ王国の歴史などを知る史料には、石柱や石板に刻まれた碑文や、年代記がある。特に、碑文はその解明に、貴重な役割をはたした。この碑文類の内、スコータイ王国にかかわる公式碑文番号、「第一碑文」は、最も貴重な存在である。この第一碑文は、スコータイ王国の三代目の王、ラーム・カムヘン王により設置され、またこの王の当時の事情を伝えた唯一の内容を、伝えた。そこで、一般に、「ラーム・カムヘン王碑」（図版20）の名前で知られる。(36)

この王碑は、一八三三年（江戸時代の天保四年）に、スコータイ都城跡の中、王宮跡のレンガの廃墟から発見された。発見者は、当時まだ王子で、仏僧であられた後のラーマ四世王（モンクット王）であった。碑文は方形の石柱で、その全高がほぞを含めて、一・一一メートル、幅が三五センチある。石柱の全四面に、古タイ文字で記されてあった。その第一面と第二面とが、各々に三五行あり、第三面と第四面とには、各々が二四行ある。

そこで、大王碑の内容は、全体で三部からなる。第一部は、第一面一行から十八行目までで、ラーム・カムヘン大王のご自身により、一人称で、やわらかく、それでいて大王の勇気強さによって語られる。第二部は、第一面十八行から第四面十一行までで、今度は三人称で、王国の慣例、王都の状態、聖座の設置、仏舎利の発見と秘蔵、タイ文字の創作について記した。そして、第三部は、第四面十一行から二十七行目までで、筆体を異にし、後世の加筆によって記され、ラーム・カムヘン大王への賛嘆と、その支配範囲――版図をあかしている。(39)

ラーム・カムヘン大王碑の設置の目的は、一二九二年、スコータイ都の王宮の糖樹林の中に、石造の聖座を安置し、それを記念するためであった。この第一碑文は、現在、バンコック国立博物館のスコータイ室に展示される。また、先の石造の聖座も、同時の一八三三年に、ラーマ四世王によって発見された。それは今日、バンコックの王宮に、大切に収蔵されている。

第二節　ラーム・カムヘン大王への忠誠

1．ラーム・カムヘン大王の広大な支配

ラーム・カムヘン大王の家族については、先の第一碑文の冒頭に述べられてある。この碑文の和訳を、この本の終わりにて、紹介してある。それによると、大王の父は、スコータイ王国の初代、シー・インタラーティット王であった。母は「ソアン」と言った。その父母から、子供が全部で五人うまれた。その内の三人が男で、残る二人が女であった。その長男は、子供の頃に死んだ。次男が王国の二代目、バーン・ムアン王であった。そして、三男が、このラーム・カムヘン王である。

その碑文に記されてあったように、ラーム・カムヘンは、まだ若い十九歳の時、ムアン・チョット（図14を参照、今日のメー・ソード）の領主と、象の上に乗っての一騎打ちをなした。この戦いで、ラーム・カムヘンは、父王にかわって相手を打ちたおした。

この大王碑文の終わりに記されてあったように、王の支配範囲——図版は、実に広大な領土であった。碑文に則して述べると、次の通りである。まず東の領土は、サラ・ルアン（ピサヌローク北方）、ソン・クウェ（ピサヌローク）、ラム・バー・チァーイ（パーサック川沿岸）、サカー（パーサック川沿岸）、メーコーン河岸、ヴァン・チャン（ヴィエンチャン）、ヴィヤン・ガームが含まれる。

次に、南の領土は、コンティー（カンペーンペッ）、プラ・バーン（ナコーン・サワン）、プレック（サンカプリー）、スワンナプーム（スパンブリー付近）、ラーチャプリー、ペチャブリー、シー・ダルマラーチャ（ナコーン・シー・タムマラート）、海岸まで含まれる。

次に、西の領土は、ムアン・チョット（メー・ソード）、ムアン・？（消失）、ハンサーバティ（ハンサヴァティ：ペグー）、海へ至る。

次に、北の領土は、ムアン・プレー、ムアン・マーン、ムアン・？（消失）、ムアン・プルワ（ナーン県ポア）、メーコーン河を超え、ムアン・

ジャワー（ルアン・パバーン）まで含まれる。

このラーム・カムヘン大王の版図を、改めて地図にして、ここに示しておく（図9）。それを見てわかる通り、北はラオス、南はマライ半島のナコーン・シー・タムマラート、西は下ビルマ、東はヴィエンチャンまで及んでいた。その広さは、現在のタイ国全土を、ほぼおおっていた。

さて、なぜラーム・カムヘン大王は、カンボジアのアンコール帝国のクメール族支配から独立して後、このような広大の領土を、支配できえたのか。それは、第一に、当時のアンコール帝国が、すでに衰退化の一途にむかい、帝国自体が、弱体化していたからである。そのすきをねらって、いいかえれば、その好機に乗じて、ラーム・カムヘン大王は、東側の大国、アンコール帝国の領土をのぞいて、いきおいよく、その勢力をもりあげたのである。

当時のアンコール帝国がすでに弱体化していた事情は、中国の元朝よりカンボジアのアンコール都へ派遣された使節の随行人、周達観の記録に述べられてあった。周達観は、その著者、『真臘《しんろう》風土記』の中で、そのアンコール都の様子を伝えた。一二九八年（元貞二年）に、アンコール都へ入った。その時の記録の中で、次のように述べていた。

「しばしば暹人（タイ族）と交兵したために、遂に（地方の村落は）みな広々とした荒地となるに至った。(37)」とある。

この一二九六年とは、スコータイ王国のラーム・カムヘン大王の治世にあたる。当時のカンボジア側のアンコール帝国の王は、ジャヤーヴァルマン八世王（在位：一二四三〜一二九五年頃）の時代であった。後で述べるが、このアンコール都のジャヤーヴァルマン八世王は、従来の大乗仏教の信仰を破棄し、仏教を弾圧したヒンドゥー教のシャヴァ派の信奉者であった。この八世王の治世に、多くの仏像が破壊された。このような東側の宗教事情の時期に、スコータイ王国は、独自に存立しようとした。いいかえると、もはやアンコール帝国のクメール族の王が信奉した、大乗仏教やヒンドゥー教シヴァ派とは別個の宗教が、新鮮な教えとして、注目されたのであろう。それがスリランカに源を発した、上座部仏教であった。

2. 誓忠式と灌頂アビセーカ

ラーム・カムヘン大王の広大な領土は、王都スコータイを中心に、東西南北にある、さまざまな地方の都市からなる。先の碑文にもあったように、「ムアン」とは都市のことで、地方都市は、国であり、国には太守、領土が王としていた。それらの国には、大小があったが、太守や領主たちは、スコータイ王国の王に対し、忠誠を誓った。この忠誠を誓うための神聖な儀式がある。これが「誓忠式」である。この時に、王は地方の領主たちに、「アビセーカ」という、王位を示す尊称名が、授けられた。

この誓忠式は、本来、カンボジアのアンコール帝国のクメール族から、とりいれた儀式である。その忠誠の内容は、アンコール帝国の王都、アンコール・トム城内にある、遺跡ピメアナカス近くから発見された碑文から、理解される。この碑文は、一〇一一年の作で、当時のクメール族の王、スーリャヴァルマン一世王（在位：一〇〇二〜一〇四九年）に対する忠誠文であった。森幹男氏[32]によった名訳を、ここに記しておく。

「……我等、王に背くことなからむ。敵にくみすることなからむ。王を害することなからむ。……戦い起こらば、王がため、この生命捧げなむ。形勢利あらずとも、夢、戦場に退くことなからむ。我等、非業の死を遂げんとても、自ら首をはねて死なんとても、そは我が王の為なり。いついかなるときも我等、身命かけて、王の為、義務果たさむ。……

もしこの誓いを怠りし時は、王よ、我等を有りとある刑罰以て、懲らせ。而してこの身、三十二地獄へ生まれ変わり、およそ太陽と月のつきざるあいだ、未来永却に呪われてあれ……」

この誓忠式は、現在のタイ国で行われる王宮での国儀で、国土への忠誠がすべての文官・武官に対し、誓わされている。[33]この時、聖水や聖剣が用いられる。タイ国の歴史では、軍隊の配下の将兵に、忠誠を誓わせる、国王の儀式[35]だったのである。

3．忠誠の担保仏・二体の発見

このような誓忠式が行われると、各地方の都の領主（王）は、常にスコータイ王国のラーム・カムヘン大王に、忠誠の意を向ける。その忠誠の誓いとして、各都の大切な仏陀像を、その命の証明として、スコータイ王国の王都スコータイへ、あずけることになる。この種の仏陀像は、忠誠の証明としての担保であった。このような大王と領主との間での、厳粛なやりとりがあった。

このような担保仏の慣習は、タイの年代記に見られるという。ある領主は、誓忠式をなしていても、時に謀反をおこし、侵略行為をなす。このような領主は、徹底的に打ちのめされる。そして敗北しても、その王としての領主の王位は、退けられない。その代償として、敗戦国の大切な仏陀像、国の繁栄と守護をなす守護仏を、戦勝国へ担保として、奉納したのである。

この種の担保仏であったのだろう、とみなされる仏陀像が、二体、スコータイ遺跡から発見された。両者の石仏は、共に、スコータイ王朝時代の作風によって造られておらず、明らかに、それよりさらに古い様式の仏像であった。

その一体は、かつてスコータイ都城の中の、ワット・マハー・タート寺より発見された。この仏立像（図版18）は、高さが約三メートルある、石灰岩製の直立した姿の像で、その作りは、明らかにドヴァーラヴァティー様式によっている。この様式は、タイ国中部を主に、六～十一世紀に栄えたモン族のドヴァーラヴァティー王国の仏像の作り方である。その顔や衣の形は、明らかに、そのドヴァーラヴァティー美術の石仏である。おそらく、七世紀頃の作とみなされている。

この石仏は、一説によると、タイ国中部のスパンブリーにあった都、小国からの担保仏であったのだろう、とみている。スパンブリーは、後のアユタヤー王国の都、アユタヤーの西北西にある（図14参照）。

もう一体は、スコータイ都城跡の外側、西域の山中にある、ワット・サパーン・ヒン寺（図2参照）より、発見された。残念ながら、その頭部がないが、その衣の形は、同じくスコータイ王朝時代の仏像の様式によっていない。左腕から下へとたれる衣の線が、大きく波をうっている。この作風は、タイ国南部に栄えていた、シュリーヴィジャヤ帝国（七～十四世紀）のシュリーヴィジャヤ美術の様式によって、造られていた。

制作の年代はおそらく、八世紀頃とみなされた。

発見された場所のワット・サパーン・ヒン寺跡は、すでにふれたラーム・カムヘン大王碑（第一碑文）の中に記された「アランニカ」寺院のことである。その碑文にあったように、この寺院は、タイ国南部のナコーン・シー・タムマラート（図1）から来られた、高僧（大僧正）の寺院であった。

そこで、この仏立像は、おそらく、ラーム・カムヘン大王の治世に、タイ国南部のナコーン・シー・タムマラート都からの、担保仏であったのであろう、とみなされた。大王は先の高僧にあずけて、高僧の出身地からの担保仏を、このワット・サパーン・ヒン寺に、安置したのであろう。この寺（図版22・23）については、後でもう一度、述べることになる。

第三節　スコータイ都の様子

1．第一碑文が伝えたスコータイ都

ラーム・カムヘン大王碑文（第一碑文）の和訳を、この本の終わりにのせてある。この碑文は、当時のスコータイ都城の内部、およびその外側の様子を伝えている。ます、スコータイ都城の囲壁については、次のように記していた。

「このスコータイ都をかこむ三重の囲壁は、三千四百尋（ワー）ある。」

現在のスコータイ都城跡の地図（図2）を、まず見てもらいたい。それを見てわかる通り、都城跡は、東西に長い方形をなす。碑文が伝えたように、三重からなる囲壁によって、おおわれていた。その出入口（城門）は、東西南北の各辺のほぼ中央に、あいていた。この囲壁の全長は、碑文の中で、「三千四百尋」とあって、尋はタイ語で「ワー」と発音し、当時の長さの単位である。

そこで、現在の囲壁の長さは、全長（周囲）が六三二〇メートルある。その内、東西の長さが一八〇〇メートル、南北のそれが一三六〇メートルある。したがって、碑文中に見る尋（ワー）という値は、計算すると、一尋が約一・八六メートルに相当する。この全長が六三二〇メートルあるという長さは、三重の囲壁の内、一番内側の塁壁の長さに対する数である。

この塁壁の頂には、当時、木造の柵が設けられていた、と伝わる。しかし、それらは今日、すっかりなくなり、見られない。この塁壁と塁壁との間には、水で満たされ堀がめぐらされてあった。

都城の入口は、興味ぶかいことに、人が都城の入口（城門）を通りぬけるのにあたり、わざと直進できないようになっている。これは外からの敵兵が、都城内に簡単に進入できないようにしたためである。故意に、城門の通路は、内部へジグザグに進まなくてはならないように、工夫をこらしている。その構造を、今日の都城跡の北側、南側、西側の各入口（城門）に見ることができる。

次に、ラーム・カムヘン大王碑文は、都城の中の仏像について、述べていた。その個所の一文を引き出すと、次のようにある。

「このスコータイ都の中には、お寺ウィハーラがあり、黄金の仏陀像があり、また高さ十八キュビットある像もある。また、そこには巨大な仏陀像や、中位の仏陀像があり、大きなお寺ウィハーラや、中位のお寺ウィハーラもあり」

この個所の一文は、スコータイ都城の中にある、ワット・マハー・タート寺の境内の様子を、語っているのだろう、と考えられた。その内、特に注目する仏像は、その「高さ十八キュビットある像」という記述である。この十八キュビットとは、パーリ語で「アターラサ」と呼ぶ。当時のタイ族は、仏陀の背の高さが、十八キュビットあった、と信じていた。この一キュビットは、先に述べた尋（ワー）の四分の一の長さで、したがって、十八キュビットは、八・三七メートルにあたる。この長さがアターラサム仏の像の高さである。

そこで、現在のスコータイ都城の中の、ワット・マハー・タート寺の境内に、なんとその「十八キュビットある像」が二体、残っている。正しく「アターラサ仏」と呼ばれる仏立像で、その一体の写真（図版28）を、ここにかかげておく。この二体は、ワット・マハー・タート寺の中央塔堂、その北西隅と北東隅とにある（図8の5番6番の位置）。仏像の体は、レンガ造りで、その表面を、白色の漆喰でぬって、仕上げられていた。

次に、ラーム・カムヘン大王碑文は、スコータイ都城の周辺の様子も、記し残した。まず、その北側について述べた碑文の中の一文を、引き出すと、次のようにある。

「このスコータイ都の北には、市場があり、アチャン像があり、塔堂プラーサーダがあり」

市場は、碑文の中で、「パサーン」と呼んで記された。パサーンとは、タイ族が発音するペルシア語の「バザール」から来た、音声表記である。それは簡単な屋外市場でなく、きちんと屋根のついた小屋からなる、市場であったのだろう。事実、都城跡の北側入口（北門）より、そう遠くない所から、当時の市場の跡と思われる、多くの屋根瓦が発見された、ときいている。

碑文の中にある「アチャン像」とは、碑文の原語では、「プラ・アチャナ」とあって、仏陀像のことである。この仏陀像は、スコータイ都城跡の北西の角から、すぐ近くにあるワット・シー・チュム寺の大仏のことであろう、と考えられている。図2の地図を見てわかる通り、この「アチャン像」は、スコータイ都城の北ではなく、正確に言うなら、北西の位置にある。その大仏の写真（図版26）を、示しておこう。

もう一ヶ所、碑文の中にある「塔堂プラーサーダ」とは、明らかにクメール族の塔堂、クメール語の「プラサート」のことである。それはすでに前に述べた、ワット・プラ・パーイ・ルアン寺跡に残った、立派なクメール式塔堂（図版1）を、指している。当時は、整然と横並べに、三基が建っていたはずである。碑文が述べていた通り、スコータイ都城の北に位置している。

次に、スコータイ都城の外側、その南側の様子については、ラーム・カムヘン大王碑文の中で、次のように述べていた。その個所の一文を引き出すと。

「このスコータイ都の南には、お寺ウィハーラをともなう僧房クティーがあり、お坊さんがたがおり、ダムがあり、ココナツやパラミツの林、マンゴやタマリンドの林もある。山や川、それに精霊プラ・カプンがいる。この山の精霊は、この王国のいかなる他の精霊たちよりも、威力がある。このスコータイ王国を支配し、帝王がこの精霊に、正しきお供物でもって、礼儀正しく敬意を表するなら、この王国は、長続きし、栄えよう。しかし、礼儀正しく敬意をはらわず、お供物が正しくないなら、この山の精霊はもはや、王国を守護せず、王国は消え去ることになろう。」

この碑文の個所で、最も注目すべき語は、「精霊プラ・カプン」という神の存在である。この神（精霊）に対し、あつく敬意を表し、お供物をささげないと、スコータイ王国は、繁栄せず、衰退しようことを、忠告している。この精霊プラ・カプンをまつったお堂の跡は、現在、不明だが、この精霊が山の精霊であった。そこで、この山とはスコータイ都城跡の南西にある。碑文では、都城の南とあるが、その南には山がない。そこで、この山とは、正確に言うと、南西であったはずである。

事実、この南西には、碑文の中で述べていた、「ダム」の跡がある。その光景の写真（図版21）を、ここに示しておこう。そのダムは、山と山との谷間に流れる川を、土堤でもってさえぎった土手であった。その土手の長さは、約四百メートルあり、このダムから流れ出た水は、当時、水路へ、堀へ、そして都城内の池へと流れ込んでいったのであろう。このダム（貯水池）の位置は、スコータイ都の地図（図2）を、見てもらいたい。

2．大僧正のワット・サパーン・ヒン寺と巨大な仏立像

現在のスコータイ遺跡のうち、最も魅力あふれる寺院跡は、第一に、ワット・サパーン・ヒン寺である。これはスコータイ都城の外、西側の山中にあって、その所在地がよい。寺へ至るには、山麓から素朴な大岩の上を歩く道にそって、登っていく（図版23）。

山中には、かつて仏堂があったが、その建物は、ラテライト造りの石柱を残して、屋根と壁がすっかり落ちて、なくなってしまった。その仏堂の中に、一体の立った姿の仏陀像が残る。その高さは、十二メートル半あり、美しく堂々とした、見事な作りである（図版22）。

この寺は、ラーム・カムヘン大王碑文の中で述べてあったように、この大王によって建立された。また、この大王碑文の中で、この寺院には、当時、スコータイ王国で第一の大僧正、サンカラーチャーが住んでおられた。サンカラーチャーとは、仏教僧伽の大長老のことで、今日のタイ国南部、ナコーン・シー・タムマラート（図1参照）からの出身者であった。

ラーム・カムヘン大王碑文では、このワット・サパーン・ヒン寺について、三個所にて述べている。まず、その一個所は、次のようにある。

「このスコータイ都の西には、大僧正マハーテーラ・サンカラーチャーへの贈り物として、ラーム・カムヘン王によって建てられた、アランニカ寺院がある。この聖者は、仏典をはじめから終わりまで習得され、王国第一の聖者であられる。ムアン・シー・タンマラーチャから、この地へこられた。このアランニカ寺院の中には、巨大なお堂ウィハーンがあり、高くきわめて美しく、そして十八キュビットの立った姿の仏陀像が、一体ある。」

この碑文の文中にある「ムアン・シー・タンマラーチャ」とは、今日のナコーン・シー・タムマラートのことである。ワット・サパーン・ヒンという寺の名前は、今日の呼び名で、この寺の当時の名前は、「アランニカ」寺であった。アランニカは、パーリ語の「アーランニャカ」で、林住を意味する。

また、「十八キュビット」とは、すでにスコータイ都城の中にあるワット・マハー・タート寺の大仏二体で述べたように、パーリ語で「アターラサ」と呼ぶ、仏立像のことである。アターラサ仏とは、本来、高さが八・三七メートルあることになっていた。

碑文の中での、もう一個所では、ラーム・カムヘン大王による、このワット・サパーン・ヒン寺への参拝の様子が、述べられた。

「新月と満月との日、ルーチャーシーと称する白象が、くらかごや、ふさをつけた頭飾でかざられ、両牙に黄金がかぶされる。その時、ラーム・カムヘン王は、この白象に乗り、先のサンカラーチャー（大僧正）に敬意を表しに、アランニカ寺院へ、行ってくる。」

さて、もう一つの碑文の中の一文は、国民がワット・サパーン・ヒン寺（アランニカ寺院）から、都城の中の王宮街まで帰る時の情景を記した。この情景は、今から約七百年前の様子を描写していたが、その国民の明るく、楽しさが、ひしひしと伝わってくる。その一文を引き出すと、次のようにあった。

「みんなはカティナ祭での吟唱のために、あのアランニカ寺院へおもむく。人々が都にもどる時になると、みんなでそのアランニカ寺院から、都の王宮街まで、一列をなして歩く。楽器演奏や歌をともない、くりかえし歓呼・感謝する。浮かれたい者は浮かれ、笑いたい者は笑い、歌いたい者は歌う。このスコータイ都には、四つの巨大な門があり、人々は、いつも群がってやってきて、王がローソクに火をつけ、花火をあげるのをみる時、都はまさに破裂するほどに、にぎわう。」

第四節　仏舎利の発見

1．仏舎利の発見地チャリエンのワット・マハー・タート寺

引き続きラーム・カムヘン大王碑文について述べる。この大王碑文の中で、仏陀の遺骨――仏舎利がラーム・カムヘン大王によって発見された、重要な事件を伝えていた。その碑文の中の一文を、再び引き出して、ここにまず、記しておく。

「シャカ暦一二〇七年、いのしし年、帝王はご仏舎利を掘りあて、みんながそれを見ることができた。ご仏舎利は、一ヵ月と六日間、あ

がめられ、そこでシーサッチャナーライのまん中に秘蔵し、その上に仏塔セティヤが建てられ、その建立工事は、六年間で完成した。このご仏舎利プラ・ダーツをかこむ岩の塀も、つくられ、それは三年で完成した。」

この碑文の一文の中で記していた、シャカ暦一二〇七年とは、西暦一二八五年に相当する。また、「帝王」とは、ラーム・カムヘン大王のことである。残念ながら、仏舎利が掘りだされた場所は、記されていなかった。しかし、これまでのタイ国側の考えでは、一般に、仏舎利の発見の場所は、今日のチャリエンの地、そこのワット・ハマー・タート寺であった、とされている。まず、そのチャリエンの地図（図3）を、かかげておこう。

その地図を見てわかる通り、ラーム・カムヘン大王は、まずチャリエンのワット・マハー・タート寺で、仏舎利を掘り出した。この寺の正式名は、「ワット・プラシー・ラッタナ・マハー・タート」である。この仏舎利は、一ヵ月と六日間、礼拝され、その後、「シーサッチャナーライ」に移された。そのシーサッチャナーライとは、地図（図3）の左側にある都城跡である。先のチャリエンのワット・マハー・タート寺より、西へ三キロ行った所にある。

碑文は伝えていたように、仏舎利はそのシーサッチャナーライのまん中に秘蔵され、その上に、仏塔が建てられた、とあった。その仏塔の建立にかかった期間は、六年間であった。この仏塔とは、後で、再びくわしく述べるが、シーサッチャナーライの都城跡の内部、その中央に建つ、「ワット・チャーン・ローム」と呼ぶ寺の大仏塔と、考えられている。おの大仏塔の中に、ラーム・カムヘーン大王の発見の仏舎利が、秘蔵され、まつられている、と信じられているのである。その大仏塔の写真（図版37）を、ここに見せておく。

さて、再び話をもどして、聖跡チャリエン（図3）は、スコータイ王国の首都、スコータイ都城跡から北へ約五十五キロ行った所にある。ヨム川が蛇行して流れる、川と川との間の地帯、そこに大きな仏教寺院が残る。これがワット・マハー・タート寺である。この寺の境内の伽藍配置（図10）を、ここに示しておく。

聖跡チャリエンは、スコータイ王国の遺跡のうち、最も魅力あふれる地の一つである。ヨム川の川岸にあり、また昔は、このヨム川を渡るのに、北側の自動車の走る公道から、ゆらゆらとゆれうごく、つり橋を渡って、反対岸にあるワット・マハー・タート寺跡を、訪れたものであった。実は、この地は、スコータイ王国の誕生以前から栄えていた、クメール族の聖地であった。

くわしく述べると、このチャリエンは、クメール族のアンコール帝国のジャヤーヴァルマン七世王（在位：一一八一〜一二二〇年？）の治世に、この帝国の地方行政がおかれた地であった。現在あるワット・マハー・タート寺の境内にあるクメール式塔堂（図版30）の位置には、その当時のクメール族によって建てられた、クメール式建築の仏塔があった。ジャヤーヴァルマン七世王は、そのクメール式仏塔の基底部に、仏舎利を奉安したのであろう。その仏舎利塔から、仏舎利を掘りだした人が、後のタイ族の王、ラーム・カムヘン大王であった。

このチャリエンのワット・マハー・タート寺の中心部をなす、中央塔堂（図版29）は、タイ語で「プラ・プラーン」と称する、典型的なタイ式建築である。実に高く堂々とした姿の塔堂であるが、この建立は、かなり後世、スコータイ王国の後についだ、アユタヤー王国の時代である。アユタヤー王朝初期、十五世紀中頃の造営であった。その後、アユタヤー王朝後期、十八世紀の初め頃に、再び修復された建物、とみなされる。もう一度、改めて言うと、ラーム・カムヘン大王は、一二八五年に、今日見るチャリエンのワット・マハー・タート寺の中央塔堂基底部から、仏舎利を掘り出した。その当時の仏舎利を秘蔵していた古き遺構は、現在見ることができない。それは今日の中央塔堂の基底部にあって、後世の造営の際に、すっかり隠されてしまったのである。

2．ワット・チャーン・ローム寺の仏塔と仏陀像

ラーム・カムヘン大王の碑文に記された、仏舎利は、シーサッチャナーライのまん中に秘蔵された。そしてその上に、仏塔が建てられた。この仏塔は、今日に残るシーサッチャナーライ都の中央の位置、そのワット・チャーム・ローム寺の大仏塔である。とみなされている。きわめて立派な仏塔で、その写真（図版37）を、まず見せておく。現在知りうる限りでは、この仏塔こそが、ラーム・カムヘン大王の建立にかかわる、唯一の遺構である。

この大仏塔について述べる前に、まずシーサッチャナーライにふれておく。この地は、スコータイ都跡から、北へ約五十五キロ行った所にある。昔の「サンカローク」と呼ばれた所で、そこには今日、スコータイ都跡とはもう一つ別個の、都跡がある。こらが「シーサッチャナーライ

都」跡である。この都城跡の地図（図3）を、ここにかかげておく。

シーサッチャナーライ都跡は、ヨム川のほぼ西側の川岸にあった都城の跡で、スコータイ王国を語る上で、貴重な遺跡である。つまり、ここは、スコータイ王国の第二の都、副王都であった。スコータイ王国の時代、国王はスコータイ都に住み、その後継ぎ息子、王子がこのシーサッチャナーライ都にいた、と一般に言われる。都城の囲壁は、ややゆがんではいるが、ほぼ長方形をなす。その南北の長さは、約一・二キロもある。都城の内部には、その北域に二つの山があり、その南側の麓、その平地に、ここでとりあげるラーム・カムヘン大王の大仏塔がそびえたつ。

さて、すでに述べたように、ラーム・カムヘン大王の大僧正、スコータイ王国仏教僧伽の大長老は、タイ国南部のナコーン・シー・タムマラートからの、出身者であった。残念ながら、ラーム・カムヘン大王碑文には、その実名が記されていなかった。このナコーン・シー・タムマラートと、スコータイ都の関係は、王国の初代の王、シー・インタラーティット王の治世にまで、さかのぼる。前に述べたこの王の頃に、プラ・プッタ・シヒン仏は、このナコーン・シー・タムマラートから、スコータイ都に持ち込まれた。

このようにスコータイ王国の初め頃は、ナコーン・シー・タムマラートと、親しい関係があったのだろう。プラ・プッタ・シヒン仏は、本来、スリランカより伝来した、神聖な仏像であった。この仏像の縁起が語ったように、当時の仏教——上座部仏教は、スリランカから、海をこえて、タイ国南部のナコーン・シー・タムマラートに伝わり、そこから陸路で、スコータイ都へ入ってきた。

この点は、シーサッチャナーライ都のワット・チャーム・ローム寺の大仏塔にも、認められる。その一点は、この大仏塔の形が、まず、ナコーン・シー・タムマラートにあるワット・マハー・タート寺の大仏塔（図版24）を規範にして、それをまねて建てていた。この両者の形は、共にきわめて類似している。

さらに、このタイ国南部仏塔の形の源流を求めると、その原型は、スリランカにある。スリランカのアヌラーダプラ都にある、スリランカ第一の大仏塔、ルワンワリサーヤ大仏塔に見出される。この大仏塔は、西暦前一世紀に創建されたが、その後、修復がなされ、今日に至っている。この大仏塔の真下、すぐ横脇に建てられた小仏塔は、十二世紀のニッサンカマッラ王（在位：一一八七〜一一九六年）によって建てられた。白色の大理石製で、大仏塔が修復される以前の原形を模型として造られた。その写真（図版25）を、ここに見せておく。仏塔をのせた基壇の周囲には、象たちが全部で三十五頭、並べられた。それはあたかも象たちが、仏塔をかついでいるかのようである。

実は驚くことに、ワット・チャーム・ローム寺の大仏塔の形は、このスリランカ仏塔に由来している。ワット・チャーム・ローム寺の大仏塔でも、同じように、仏塔の周囲に、象たちが並べられている点に、気づかれよう。

さて次に、ワット・チャーン・ローム寺の大仏塔の平面図を、見てもらいたい。大仏塔は、二層の基壇があり、その上に仏塔をのせた構造である。この第一層の上に、先の象たちが並べられた。そして第二層の上には、全部で二十体の仏陀の座像――仏座像が、安置された。仏座像は、仏塔の周囲に並べ置かれ、その一体の写真（図版35）を、ここに示しておく。

これらの仏座像は、ラーム・カムヘン大王の治世につくられた作品として、貴重である。前代のバーン・ムアン王の治世の仏像――ワット・プラ・パーイ・ルアン寺の仏座像（図版16）と比べると、その姿は、変わってしまっていた。特に、それが頭部と、左肩から垂れさがった重布（サンカーティ）に認められる。

これら全二十体の漆喰製の仏座像は、次のように特徴づけられる。まず、頭部は全体に、以前の傲慢な顔から、高貴な感じの顔へと変わっている。顔は幾分やせて、あごの肉付けもほっそりとなる。鼻はより長くなり、螺髪は以前よりやや小さく、その数も多くなる。そして頭上の肉髻は、よりはっきりと表されている。

さらに重要な特徴は、左肩の上から垂れさがる垂布サンカーティにある。以前のバーン・ムアン王の治世の仏座像は、その垂布が短く切れていた。これはタイ国北部の造り方――初期チェンセーン様式によっていたからである。ところが、このラーム・カムヘン大王の時代の仏像は、明らかに、タイ国南部の造り方によっている。

この垂布の形は、腹部にかけて実に長く、その形は、折りたたまれ、その末端がジグザクの形をなす。この一種独特な形は、タイ国南部のチャイヤーより出た、有名な名作「グラヒ仏」の垂布に、認められる。チャイヤーはナコーン・シー・タムマラートから近い所で、この青銅製の仏像は、その貴台に銘刻された銘文から、一一八三年に鋳造された。

この垂布の類似性から、ワット・チャーン・ローム寺の大仏塔の仏座像は、タイ国南部の造り方によった。それもそれらを造った彫工は、同じくタイ国南部の出身者であったのだろう。そこで、タイ国南部の出身者には、同じく、ラーム・カムヘン大王の大僧正がいた。この大仏塔の建立にあたり、この大僧正は故郷のタイ国南部から、彫工をふくむ工人たちを、まねいたのかもしれない。

ラーム・カムヘン大王の碑文に記されてあったように、この大仏塔は、建立の工事に、六年間を要した。また、この仏舎利をかこむ「岩の塀」の建設には、三年間かかった。この岩の塀とは、チャリエンのワット・マハー・タート寺の境内をかこんだ囲壁のようであったのだろう。ラテライト造りの、実に頑丈な作りで（図版34）、その入口の門上には、漆喰製で人の顔（図版33）が、表わされている。

第五節　ラーム・カムヘン大王時代の彫像

1．チャリエンの遊行仏の傑作

ここで、ラーム・カムヘン大王の治世に造られた傑作を一体、紹介しよう。この作品は、現在、チャリエンのワット・マハー・タート寺のクメール式中央塔堂の東側にある。その正確な位置は、図10の平面図に示しておいた。

この仏像は、ラテライトを身にして、その表面を漆喰でぬって形どった遊行仏（図版31）である。遊行仏とは、歩いた姿の仏陀像をいう。この遊行仏は、高さが約三メートル半あり、丸彫に近い高浮彫である。この仏の描きおこし図（図12）を、ここに示しておく。この図を見てわかる通り、この遊行仏の左肩から下へたれる垂布（サンカーティ）の形は、すでに前で述べた、シーサッチャナーライ都のワット・チャーン・ローム寺の大仏塔で見た仏座像の垂布と同じである。この形は、同じルーツである、タイ国南部の「グラヒ仏」のその表現法によっていた。

顔は幾分やせて、あごの肉付けもほっそりとなり、鼻が長い。これらの特徴は、ワット・チャーン・ローム寺の仏座像の顔と類似している。この両者の仏像の顔は、おそらく、ラーム・カムヘン大王の治世終り頃の、理想化した王の肖像であったのではなかろうか。この遊行仏は、肩幅が広く、豊かな胸と、ひきしまった腰をなす。この治世より後のリ・タイ王の時代に至って、丸彫によるすぐれた遊行仏が熟成する、その草創期の作品であったのだろう。

残念ながら、ラーム・カムヘン大王の時代の仏像は、かなりあったと思われるが、その多くは、漆喰製で弱かったため、今日までに残らなかった。ここで取りあげたチャリエンの一体は、その意味で貴重な存在である。

2．ヒンドゥー教神像とバラモン僧の役割

スコータイ王国の王たちは、仏教を主に信仰したが、王宮にはヒンドゥー教のバラモン僧たちを、かかえていた。このバラモン僧をはじめとする王族が信奉した、ヒンドゥー教の神像が、幾体も今日に残っている。これらは、幸運なことに、壊れにくい青銅製で造られてあった。今はなきタイ王家のディサクン殿下が、この種の青銅製ヒンドゥー教神像について、研究をなされた。神像に見る衣裳や装身具の様式的な分析による、各像の時代的前後関係を想定した編年であった。この研究の成果によると、図版45のヴィッシュ神像は、スコータイ王国の初期の作とみなしている。それもおそらく、このラーム・カムヘン大王の治世の作と見ておられる。

像の高さが一・三二メートルあり、四本の腕をもつヴィシュヌ神で、現在、バンコック国立博物館に陳列されている。この像で注目すべき個所は、顔にある。このお顔はすでに前でふれた、チャリエンの遊行仏（図版31）の顔と似ている。チャリエンの遊行仏の顔が、ラーム・カムヘン大王の顔の写しとみなされたように、このヴィシュヌ神の顔も、ラーム・カムヘン大王の顔からとって、表現しているのであろう。貴重な仏像や神像を造るのにあたり、その当時の王の顔を、それらの像の顔にうつして、肖像のようにする彫工のやり方は、アンコール帝国の支配下の時代からあった。そこで、このヴィシュヌ神像の顔も、王の顔なのであろう、と見るわけである。

さて、このような立派なヒンドゥー教神像を礼拝していた、スコータイ王国のバラモン僧とは、王宮でなにをしていたのか。王はバラモン僧から、王国の政策や法についての助言を得ていた。バラモン僧は、暦を調整し、星占いをなした。ぶらんこ祭、春耕祭、風雨乞いの儀式をなした。また地方から来る領主らに飲ませる忠誠の聖水をととのえた。さらに、王宮の宝物や財産を管理し、王の巡幸を手配し、王族の剃髪式や就任式や葬式までも、とりおこなった。

バラモン僧には、このような役割があった。しかし、スコータイ王国時代の仏教僧は、それらの儀式などのことに関与しなかった。といって、

当時の上座部仏教の僧侶たちは、王宮のバラモン僧と、衝突するようなことは、けっしてなかった。タイ国では一般に、このように考えられている。

第六節　宋胡録

1．中国人陶工とサワンカローク陶器

さて、今日のスコータイ都城跡（図2）のすぐ北側には、スコータイ王国の時代に用いられた陶器を焼いた窯跡が、残っている。正しくは、ワット・プラ・パーイ・ルアン寺のすぐ北西にある。その一つは、展示用模型として、ラーム・カムヘン国立博物館にて、再現されている（図版40）。実は、スコータイ王国の遺跡は、古くから陶器と共に知られてきた。その陶器は、わが国で「宋胡録」の名で知られ、安土桃山時代や江戸時代に、茶人たちによって親しまれてきた。宋胡録とは、タイ国の「サワンカローク」窯のことで、わが国では、戦前に、故三木栄氏[31]によって、先駆的な研究がなされた。

このスコータイ都城跡の北西域からは、今なお壊れた陶器が、多量に出土されている。一九七〇年代には、それら出土した破片類を、村民が土産品として、売っていたのを想い出す（図版43）。それらのほとんどは、白地に黒い線で魚の図など入れた皿（図版44）や、青色の皿の陶器であった。古き窯跡は、スコータイ都城跡の近くから、四十九個、副王都のシーサッチャナーライ都城跡の近郊から、百四十五個が認められている、と言われる。[34]スコータイ王国がいかに、サワンカローク陶器の、多量の生産国であったかが、想像される。

さて、陶器の生産は、スコータイ王国の誕生以前からあった。アンコール帝国のクメール族の支配時代には、シーサッチャナーライでなされた。その陶器は、暗褐色の上薬をかけた品が主で、一見して暗くおもい感じの陶器であった。この種の陶器は、一般に「チャリエン」陶と呼ばれたが、今日のチャリエン（図3）の地には、それを造った窯跡が残っていない。チャリエン陶は、シーサッチャナーライ都城跡から北へ、五ない

し六キロ行った、バーン・コ・ノーイにて造られた。この地は、ヨム川をさかのぼった、川の右岸に位置し、そこには、多くの窯跡が残っている。

このクメール族式のチャリエン陶を造る伝統の上に、新しい陶器の作風を導入した王が、スコータイ王国三代目のラーム・カムヘン大王であった。大王は、中国の磁州から、磁州窯とその陶器の技法を教える、中国人の陶工たちを、スコータイへ招いた。磁州は、今日の北京の南にあり、陶工たちはスコータイ都へやって来て、その都城のすぐ北側に住んだ。すでに述べたように、そこには多くの古窯跡がある。

中国人陶工たちが教えた陶器は、磁州窯の磁器と似た品々であった。これらは、一見してわかるように、従来の暗い感じのチャリエンから一変し、明るく、それも楽しい作りの磁器であった。

その造る過程を述べると、粘土はむしろ粗く、にぶい灰色である。それにまず、白色のスリップ（白化粧）をかける。次にその面に、暗褐色か黒色（鉄絵具）で、意匠文様を描きこむ。その後、黄色味がかった灰色の上薬をかけて、焼きあげる。するとその表面は、美しくガラスのように透明となる。

この種の重要な製品は、皿、鉢、蓋のある鉢で、多くはむしろ大きな品ばかりであった。かつて、現地から出土し、すでに壊れてしまった皿であったが、そこに描かれた植物の意匠は、実にみごとである。ここに、その二つの例（図版38と39）を、見せておこう。

第五章

ロ・タイ王と上座部仏教の伝来

第一節　ロ・タイ王の治世

1．ロ・タイ王とその支配範囲

スコータイ王国の第四代目の王は、ロ・タイ王である。先代のラーム・カムヘン大王の息子にあたる。後で述べる第二碑文（ロ・タイ王碑文）の中で、ロ・タイ王は「よく功徳と法に通じ、最もすぐれ、言うにいえぬ知慧を有していた。」と記されてあったように、非常に信仰心のあついお方であった。しかし、王は、先代の王が保有していた広大な領土を、失ってしまった。つまり、王はピン川沿いにあった、様々な都市（図14）をすっかり失い、スコータイ都とシーサッチャナーライ都とを中心とした地方しか、統治しえなかった。

ロ・タイ王の治世、王への忠誠を誓った各地方の領主（王）らは、謀反をおこしたからである。その北方の領土は、今日のラオスのルアン・パバーン、タイ国北部のナーン（図1）があり、またタイ国南部のナコーン・シー・タムマラートが独立を宣言した。さらに下ビルマのペグー（今日のバコー）の王までも、ロ・タイ王への忠誠を放棄したのだった。

ロ・タイ王の統治期間は、おそらく、一二九八年より、一三四六年頃までと、約五十年間と長い。残念なことに、この王の政治史については、後で述べる第二碑文の中で、何も伝えていなかった。しかし、王の治世の宗教事情については、幸運なことに、タイ年代記の中で、いわば多くを伝えていた。

ロ・タイ王は、スコータイ都城に住み、王の長男で後にリ・タイ王となる王子は、副王都のシーサッチャナーライ都城に住んだ。この王子のほかに、もう一人別の王子は、父親のロ・タイ王の命令によって、スコータイ都の南南西にあるカンペーンペット（図13）に住んだ。このカンペーンペットの都城跡（図34）は、このロ・タイ王によって、建設された。スコータイ王国の三大都城跡の一つである。

このカンペーンペットの都城にいた、ロ・タイ王のもう一人の王子について、その名前は知らない。タイ人の一説によると、この王子とは、ロ・

タイ王の死後、王位に登ったグア・ナムトム王（第六章）である、と言われる。

2．第二碑文の内容とその趣旨

スコータイ王国の第四代目のロ・タイ王について知るには、スコータイ王国碑文の公式番号、(40)第二碑文しかない。この碑文には年代が記されていたのだろうが、消滅し、不明である。しかし、その刻記した年代は、おそらく一三四五年頃、と想定されている。この年は、ロ・タイ王の治世である。碑文の作者も、このロ・タイ王自身とみなされる。

この第二碑文は、一八七七年（明治十年）に、現在の王朝のラーマ五世王（チュラロンコーン王）の役人によって、スコータイ都城跡の北西にある、ワット・シー・チュム寺（図2）から発見された。正しくはこの寺跡のトンネルの階段に転倒していた。その大きさは、高さが二・七五メートル、幅が六七センチもある長く大きな石板である。この表面には、一〇七行が、裏面に、九七行にわたるタイ語による長い文が記されてあった。

この大碑文の設立の趣旨は、スコータイ王国の中心寺院、スコータイ都城の中心に占めるワット・マハー・タート寺（図2）の中央塔堂を修復し、それを記念することにあった。この修復工事は、増築を含めた改築であったとみなされる。この時、この中央塔堂の中に、仏舎利が納められ、まつられた。この仏舎利は、シースラダー大長老によって、スリランカより、持ち込まれた。そこで、碑文の大半は、この仏教僧、シースラダー大長老がなした、さまざまな善業について記している。大長老は、若い頃から神のような人で、後に出家なされた。ロ・タイ王は、明らかにこのシースライダー大長老を敬愛し、その人徳をたたえ、碑文に刻んで記念としていた。

この大長老の正式な名前は、碑文中で「マハーテーラ・シースラダー・ラーチャチュラームニ」と称した。すでに第二章第二節で述べたように、クメール族の太守をスコータイ都から追い出した領主がいた。その領主は、パームアンといったが、実にこの大長老は、そのパームアン領主の甥（兄弟の子）に当たる、と碑文は伝えている。

第二碑文は、さまざまな個所が消滅し、読みにくい。そのために理解しにくい個所があり、したがって和訳もなしがたい。しかし、碑文の中で記録された、このシースラダー大長老という聖者の善行は、読者に感銘をあたえる。その一例をあげると、碑文の裏面十五〜十六と、十七〜

十八行に、次のようにある。

「ある場所で、市場を歩きまわり、あらゆる生き物を買いあさり、自由に放ってあげた。人、やぎ、豚、犬、あひる、にわとり、がちょう、鳥、魚、鹿、といったあらゆる種類の生き物で、立派な身体で美しい姿の（消）」

「ナーン・ターイ山の（消）の森のある場所にて、仏陀像を参拝しに、象に乗って行き、その場で、その象を自由に放ってやった」

第二節　ワット・マハー・タート寺　中央塔堂の修復

1．中央塔堂の修復工事

スコータイ王国のスコータイ都城の中にある、ワット・マハー・タート寺は、王国が信奉した上座部仏教の中心の寺院であった。「ワット」は寺を、「マハー」は大を、「タート」とは仏舎利を、それぞれに意味した。この大寺院の跡は、スコータイ遺跡の内、最も魅力のある境内（図版48）で、この境内での中心的な建物が、ここで言う「中央塔堂」（図版47）である。

前の第一節で述べたように、ロ・タイ王が著者であった第二碑文の中で、ロ・タイ王は、このワット・マハー・タート寺の中央塔堂の修復工事について記していた。まずここに、その個所をとり出し示しておこう。

「マハー・タート寺院の基壇は、東側、十二ファトムの長さが崩壊した。心をつくし、よくできたレンガでもって基壇を修復し、その全面を漆喰で塗装した。尖塔の頂きから地面まで、漆喰がぬられると、それはまるでカイラーサ山のようで、白く美しく、雄大であった。

私はまた、仏陀像の足、手、身体をも塗装した。幾つかの点で、いそいで引き継ぎ、きわめて美しい石仏らと共に、塔堂を建てた。多くの積善につくし、一日にして、二十八の行をなした。」（二面四十五～四十八行）

この碑文の個所について解釈する上で、まず先に、ワット・マハー・タート寺の中央塔堂の構造を示した、平面図（図13）を見てもらいたい。現在の中央塔堂は、正方形の基台の上に、全部で九基の塔堂が並ぶ。その配置法は、基台上の真中に、一番高い中心塔堂（「蓮華萼塔」）がそびえ立ち、その周囲に、全部で八基の塔堂がおかれた。それら八基の内、東西南北の各方向に建つ塔堂を、「軸塔」と称し、一方、各々の隅角に建つ全四基のことを「隅塔」と、仮に呼ぶこととする。

さて、碑文中、ロ・タイ・王は、長さが十三ファトムある東側の基台が、崩壊したので、レンガと漆喰とでもって、修復をなしたとある。さらに王は加えて、石仏と共に塔堂を建てた、と記していた。この碑文の個所については、従来、このように解釈されている。

この修復工事の以前には、ラテライト造りの基台があり、その上に、同じくラテライトで建てられた中心塔堂と四基の軸塔（図13参照）とがのっていた。ロ・タイ・王は、まずその中心塔堂を、そのまま中に納めて、今日に見る新しい中心塔堂（「蓮華萼塔」）に建てかえた。そしてさらに、基台上の四隅に、まったく新しい四基の隅塔を、レンガで建て加えたのである。

このようにして後、基台と全九基の塔堂類は、すべて白色の漆喰でもって、美しく装飾された。碑文ではその全体の美しさを、ヒマラヤ山中のシヴァ神の住居、カイラーサ山のようだとたたえていた。

基台の上の隅角に建つ全四基の隅塔は、ロ・タイ王によって建てられた、新しい建物である。この隅塔の完全な姿は、シーサッチャナーライ都のワット・チェディー・チェッ・テーオ寺に残る一つの塔堂のようであったのだろう。その写真（図版75）をここに示しておこう。

次に、この第二碑文の中で、ロ・タイ王は、「多くの積善につくし、一日にして、二十八の行をなした。」と記していた。この「二十八」という数字は、一説によると、先の中央塔堂の軸塔と隅塔にある仏龕の、総数であろうかと言う。四基の軸塔には、それぞれ三つの仏龕（図版49参照）があり、一方、四基の隅塔にも、それぞれ四つの仏龕がある。これらの仏龕の中には、当時、すべて立った姿の仏陀像――仏立像がおさまっていた。そこで、全部で二十八の仏龕に入っていた全二十八体の仏立像の数が、この「二十八」という数字だろう、とみる。ロ・タイ王は、一日で、全二十八体の仏陀像の開眼会をなした、と解釈したのである。また、二十八体の仏陀といえば、上座部仏教で信奉される「過去二十八仏」の数を、思い出す。しかし、残念にも、この仏龕の全二十八体は、現在、その内の三体（図版49）しか、残っていない。

2．スリランカ伝来の仏舎利と奉安

次に、同じくロ・タイ王の第二碑文は、ワット・マハー・タート寺の修復の時、その中央塔堂の中に、仏舎利がおさめられ、まつられたことを、伝えていた。第二碑文の中の、その大切な記述の個所を引き出し、ここに示しておく。

「サムテック・プラ・マハーサーミ長老は、セイロンを去るのに、一群の信徒たちをつれてきた。（消失）下からレンガを積み上げ、修復し、心をこめて九基の聖塔を完成させた。そしてまた、セイロンから二個の貴重な仏舎利をもたらし、その中に秘蔵した。我らは、長老がなされたすべてのことを、つぶさに語りえない。」（二面四十～四十二行）

まず、この碑文の個所に見る、「サムテック・プラ・マハーサーミ長老」とは、前の第一節3で述べた、シースラダー大長老のことである。この聖僧は、スコータイ王国の建国に際しての祖先、パームアン領土の甥であった。「九基の聖堂」とは、前で述べたワット・マハー・タート寺の中央塔堂のことで、それを構成した中心塔堂と四基の軸塔と四基の隅堂とで、合計して全九基となる。それらの聖なる塔堂類をさしている。「セイロンから二個の貴重な仏舎利をもたらし」とは、シースラダー大長老が、今日のスリランカ（旧セイロン）から持ち帰ったのである。この二つの仏舎利とは、第二碑文の別の個所で、「ケサータート」と「キーワァータート」とであった。ケサータートは釈尊の遺髪であり、キーワァータートとは釈尊の首都の遺骨である。

再び碑文の個所へもどすが、「その中に秘蔵した。」と続いていた。すなわち、このスリランカ伝来の仏舎利は、スコータイ都のワット・マハー・タート寺の中央塔堂に、奉安されたのである。その奉安の個所は、全九基からなる塔堂類の中心をなす、中心塔堂の中であった。ロ・タイ王は、中央塔堂の修復に際し、その中心塔堂の中に、先の仏舎利をおさめいれる工事をも、なしたのである。

この修復と仏舎利の奉安の工事は、第二碑文の別の個所に記されてあったように、シースラダー大長老の指揮によってなされた。この大長老の正式名は、「マハーテーラ・シースラダー・ラーチャチュラームニ」であった。大長老は、スリランカに長く滞在し、当時のスリランカの王より、「マハーサーミー」の尊い名を得て、スコータイ王国に帰った王族の出身の高僧であった。

この高僧は、スリランカから帰る時、スリランカの人々をつれて、スコータイ王国にもどった。前に示した碑文の和訳の個所に、「セイロンを去るのに、一群の信徒たちをつれてきた。」とあったように、この一群の信徒とは、スリランカ人、正しく言うとシンハラ人たちであった。シンハラ人たちは、スコータイ王国のスコータイ都城の中、ワット・マハー・タート寺の中央塔堂の修復工事に、参加し、手助けをしたのである。

3．中央塔堂に見るスリランカ式の破風浮彫

ロ・タイ王の第二碑文の内容から推察して、中央塔堂の修復に指導した、シースラダー大長老は、一三三三年頃から一三四三年頃まで、スリランカに滞在したのであろう。そして、その次の一三四四年頃から、一三四五年頃にかけて、中央塔堂の修復をなしたのであろう。工事は、二ヶ年間位かかり、この間に、スリランカ出身のスリランカ人の彫工や工人たちが参加し、かかわった。

実は、このことが中央塔堂に残る、漆喰製の浮彫から立証される。この漆喰製の浮彫は、明らかにスリランカ人の手によって造られた作品類であった。そのことが、当時のスリランカの漆喰製浮彫と、このスコータイ都の中央塔堂に残った漆喰製の浮彫とを、比較することによって理解されうる。

まず先に、スコータイ都のワット・マハー・タート寺の中央塔堂のどこに、それらの漆喰製の浮彫が残ったか。その明確な位置を示しておきたい。第二碑文が伝えたように、ロ・タイ王は、中央塔堂の全面を、漆喰でもっておおった。しかし、今日では、それがすっかりはがれ落ちてしまい、わずかな個所にしか、残っていない。

中央塔堂の全四基の軸塔は、すべてラテライトの切り石を積んで建てられた。その形は、クメール族のクメール式建築にもとずき建てられた、

一見して頑丈な造りである（図版49参照）。この各々の軸塔には、一側面に二つの破風が上段と下段とにある。その上段の小さい破風の浮彫は、消滅してしまった。その下段の方の破風は、一基に三面あり、したがって、全四基の軸塔には、当初、大きい破風が合計で十二面あった。

これらの破風、全十二面には、当時、それぞれの破風の中に、スリランカ風の高浮彫があった。全破風が漆喰製であったので、保存に弱く、すっかり消滅してしまった。そこで、この本に示した写真（図版51と52と54）は、保存のよい状態の個所の浮彫である。破風の内側には、釈尊の生涯の各場面を表した、仏伝図であった。この仏伝図が今日、二面しか残っていない。

その一面（図版51）は、東側の軸塔の東面に見える。釈尊の誕生の光景――仏誕図である。釈尊の母、マーヤー夫人がルンビニー園のサーラ樹の下で、釈尊をご出産される場面を、描写している。画面に向かって右側には、マーヤー夫人が右手をあげて立ち、それを支える人物は天女であろう。また、その左側半分には、二人の天人が立つ。四人の人物の宝冠と衣装は、明らかにスリランカ風である。

もう一面（図版54）は、二層からなり、その上層には、頭を北に向けてなくなる釈尊の死――涅槃の光景がある。その下層には、全四人がすわり、その中央、やや左側の比丘は、仏弟子の一人、アーナンダであろう。四人が釈尊の死をいたむ情景を、見せていた。

さて、この本に示した図版53の写真は、スリランカのキャンディ市の郊外にある古寺、ランカーティラカ寺の本堂にある本尊寺である。注目すべき個所は、本尊仏の頭の上の後壁の意匠にある。このランカーティラ寺は、なんと、スコータイ都のワット・マハー・タート寺の中央塔堂の修復工事の時と、同じ年に建立された。それは一三四四年であった。この本尊仏の頭上の背後を飾った、漆喰製の浮彫の意匠（図版53）と、今ここで注目している中央塔堂の破風の形（図版54）とを比較すると、両者は明らかに作風が同類で、同様であることに、気がつこう。

ここで改めて言うと、スコータイ都のワット・マハー・タート寺の中央塔堂の破風は、スリランカ人が造った、スリランカ製なのである。中央塔堂の破風を示した、図版51と図版52と図版54は、それらの破風が全体に山型となっていて、その頂点には鬼面のキルティムカ（カーラ）がのる。栄光の鬼面で、これでもって富と活力を象徴する。そして山の左右の端には、半人半島の姿を天界に住む鳥――キンナラ（図版51や52）を配する。また、その代わりに、その両端には、海に住む想像上のワニ――マカラ（摩竭魚）がつけられる（図版54）。この同じ構造をなす意匠が、スリランカの同時代に建立された古寺に、認められるのである。

第三節　ビルマのパーンからの仏教伝来

1．史書『ムラーサーサナー』が伝えた上座部仏教の伝来

スコータイ王国のロ・タイ王の事情については、前に述べた第二碑文をのぞいて、何もない。しかし、幸運なことに、この王の時の仏教事情については、タイ族の年代記、『ムラーサーサナー』の中に、記録されてあった。このムラーサーサナーは、タイ国北部の仏教史を知る上で、別の年代記『チナカーラマーリー』と共に、重要な史書である。

ここでとりあげる年代記『ムラーサーサナー』は、一四二〇年代に、タイ国北部のチェンマイで、ブッダニャーナ比丘によって、タイ語で著作された。一四二〇年代とは、ロ・タイ王よりかなり後の時代にあたり、スコータイ王国の第八代、マハー・タムマラーチャー三世王から、第九代、マハー・タムマラーチャー四世王までの間である。この年代記の中で、ブッダニャーナ比丘は、いかにして、上座部仏教がその本拠地、スリランカから、ビルマに入り、やがてスコータイ都に入ったか、を明白に述べていた。

この『ムラーサーサナー』の記録は、きわめて貴重であり、ここにその個所を和訳し紹介しておこう。スリランカと、ミャンマー（旧ビルマ）と、タイ国のスコータイ王国との関係ルートが、理解されうる。

「シャカラージャ暦六九三年（西暦一二七一年）、十二人の仏僧が、セイロンからパーン（下ビルマ）へともどった。十二人はラーマンニャデーサ国（下ビルマ）のスタソマ王からのご好意により、セイロンへ行き、カッサパ大長老の僧団にて、再得度した。十二人のセイロン滞在中、ラーマンニャデーサ国の王は、遠くセイロンのカッサパ大長老のご人徳を聞いて、この大長老を自分のそばに、おきたく思った。王は一艘の船をしたてて、使いをセイロンに送り、この大長老を招こうとした。しかし、カッサパ大長老は、ついに来なかった。

そのかわりに、その弟子の一人が、やって来た。このお方がアヌマティ比丘である。この比丘は、セイロンのウダンバラの出身であった。セ

イロン人アヌマティ比丘は、このお方の甥にあたる沙弥を一人つれた。さらにすでにセイロンに来ていた、パーン（下ビルマ）の全十二人の比丘らをともなって、パーンへと出向くことになった。

船旅の準備がととのい、一行は師であるカッサパ大長老に、あつく敬意をはらい、別れの挨拶をなした。船に乗りこみ、パーンのスタソマ王の願いどうり、パーンへと出航した。

アヌマティ比丘は、パーンで伝道活動をなし、まず結界石のある戒壇院を建てた。次に布薩の儀式をなし、先にのべた十二人の比丘らと共に、雨安居修了式をなした。その後、アヌマティ比丘は、パーンの多くの住民を、得度させた。住民はすべて厳しい戒律に従ってくれたので、パーンでの仏教は、次第に栄えていった。

スタソマ王とパーンの住民は、アヌマティ比丘の人徳に感服し、ぜひとも比丘に、尊名をおつけしようと考えた。話しあいがあり、『特別なお名前を、何とおつけいたそうか』と。すると、パーンの賢き住民は、スタソマ王に申し上げて、『陛下、いちじく花は、この世でまれです。その数も実に限られています。アヌマティ比丘のようなご人徳のお方は、そのいちじく花のようでございます。ですので、尊師に「ウダムバラプッパー・マハースワーミー」と名付けられたら、いかがでしょうか』と。

王と住民は、それに賛成し、アヌマティ比丘に、そのお名前をおつけした。それ以降、仏教はますます、このモーン族のラーマンニャデーサ国にて、大変に栄えた。

さて、当時、ここパーン（下ビルマ）には、タイ族のスコータイ出身の長老が二人来ていた。その一人が、アノマダッシー比丘である。もう一人がスマナ比丘であった。二人は、もともと、スコータイ都の僧団長、マハー・パルバタ大長老の弟子であった。二人ははじめ、スコータイ都から南へくだって、アヨーダヤー（アユタヤー）で、パーリ三蔵を学んだ。その後、以前の僧団長マハー・パルバタ大長老のもとへ帰って、再び修業をなした。

実は、この二人は、昔、多くの商人から、セイロン人、ウダムバラプッパー・マハースワーミー大長老のご人徳について、聞いていた。そこで、二人は、スコータイ都からパーン（下ビルマ）へと出向き、その高僧の弟子となった。その時の事情を語ると、二人はパーンに行き、一度、還俗して、俗人となった。その上で改めて、セイロン人のウダムバラプッパー・マハースワーミー大長老の僧団にて、出家・得度をなした。

大長老は、二人を確かに受戒した。その時、すでにセイロンから来ていた大長老の甥、沙弥も得度した。アノマダッシー比丘とスマナ比丘とはパーンにて、パーリ三蔵とその註釈書とを、五年間かけて学んだ。その後、尊師のウダムバラプッパー・マハースワーミー大長老から去り、スコータイ都へと、帰ることになった。

大長老は、二人に「ニサヤムッタ」の尊称を授け、『これからはもう、助けはいらん。スコータイ都へ帰って、そこに五年間留まって、その後、再び私に会いに、戻ってきたまえ。君らに、尊称「ニサヤムッタ」を授ける』と申した。

ウダムバラプッパー大長老の命を受けて、二人は、十三頭陀支を遵守し、それをあらたに誓った。そこで、スコータイ都へと帰り、都に五ヶ年間、住んだ。大長老のお言葉通り、再びパーン（下ビルマ）へもどった。その時、二人は八人の比丘らをともなった。その名前は、アーナンダ比丘、ブッダサーガラ比丘、スジャータ比丘、ケマ比丘、ピヤダシー比丘、スヴァンナギリ比丘、ヴェサブー比丘、サダーティッサ比丘、とであった。

合計して全十名の比丘は、パーンのウダンバラプッパー大長老の僧団に着くと、再び新たに受戒しようと希望した。ウダムバラプッパー大長老は、アノマダッシー比丘を、三人の僧、すなわちケマ比丘、スヴァンナギリ比丘、ピヤダシー比丘の、兄貴僧とした。一方、スマナ比丘を、他の五人僧、つまりアーナンダ比丘、ブッダサーガラ比丘、スジャータ比丘、ヴェーサブー比丘、サダーティッサ比丘の、兄貴僧となした。

以上の全十名の僧たちは、先の僧団にて、再受戒の得度をなした。その後、全員は約三ヶ月間、滞在し、ウダムバラプッパー大長老は、全十人に次のように申された。『気をつけよ。私がセイロンからもたらした仏教は、ここモーン族の王国の地（パーン）に、まだしっかりと根づいていない。仏教が、確固となって、君らの国にも、これから五千年間、続くように願う。だから急いでも、この仏法を、君らの故国へも取りもどさせ、自国に仏教を根づかせてくれ』と。

ウダムバラプッパー大長老の言葉を聞いて、十人は旅支度をなし、大長老に敬意を表し、別れをつげた。その時、アノマダッシー比丘が全員の最上僧であったので、ウダムバラプッパー大長老は、この最上僧の仏鉢を取った。また、大長老は、スマナ比丘の仏鉢を取りあげて、アノマダッシー比丘の肩にかけた。

それを見た他の比丘たちが言うのには、『スマナ比丘の仏鉢を、肩につるして行くのですか』と。そこで、ウダムバラプッパー大長老は答えて、『いやそうでない。見おくるのにあたり、スマナ比丘の仏鉢を取りあげたのではない。セイロンから持ってきた仏陀の仏鉢を、肩につるして運ぶのだ。その仏鉢を、タイの国にしっかりと根づかせよ。仏教が五千年間、続くよう、そう願って見送る。』と。

アノマダッシー比丘とスマナ比丘とは、他の八人の比丘らをともなって、スコータイへとおもむいた。アノマダッシー比丘は、さらにサチャナーライ都（シーサッチャナーライ）へ行き、その都の赤森寺に住んだ。都の住民は、アノマダッシー比丘を出迎え、大変に喜んで、この高僧に、「スワーミー」の尊称をおつけした。

一方、スマナ比丘は、スコータイ都へと向かい、この都のマンゴ樹林に住まわれた。二人はともに仏道にはげみ、境界石を設立し、住民を得度させ、仏門に入らせた。もちろん、二人には、たがいの助けあいがあり、スマナ比丘は、アノマダッシー比丘の助けをえて、受戒の希望者をつのり、サチャナーライ都（シーサッチャナーライ）にて得度させた。同じく、アノマダッシー比丘は、スマナ比丘の協力をえて、住民をつのり、スコータイ都で得度させた。

さて、他の八人の仏僧について言えば、ピヤダシー比丘は、アヨダヤー（アユタヤー）で仏法をひろめた。アヨダヤーの住民は、ピヤダシー比丘に、「マハースワーミー」という尊称をおつけした。スヴァンナギリー比丘も伝道にはげみ、ルアン・プラ・バーン（ラオス）で、仏法をひろめた。そこの住民も、このスヴァンナギリー比丘に、同じく尊名「マハースワーミー」をおつけした。

ヴェサブー比丘は、ナーン（北タイ）に仏法をひろめ、そこの住民もヴェサブー比丘に、「マハースワーミー」の尊称をおつけした。アーナンダ比丘は、スコータイ都のマンゴ樹林で、仏道にはげんだ。なお、先のスマナ比丘は、後に仏教伝道のため、北のチェンマイ都へと移り住んだ。残りの仏僧たち、ブッダサーガラ比丘、スジャータ比丘、ケマ比丘、ケダーティッサ比丘は、仏教伝道のため、ソン・グウェ（ピサヌローク）都へと向かった。さて、我々は今や、スマナ比丘がいかにして、チェンマイ（北タイ）に仏教を伝え、根づかせたか、について語ることにする。」

2. ウダムバラプッパー大長老

さて、以上のタイ年代記『ムラーサーサナー』の和訳から、いかにしてスコータイ王国の上座部仏教が、遠いスリランカから伝えられたがわかる。その最初に記された一二七二年は、スコータイ王国の第二代目のバーン・ムアン王の治世である。この時、モーン族の十二人の仏教僧が、セイロンから、下ビルマの「パーン」に帰ってきた。パーンとは、今日のマルタバンの近くにあった。当時、この地域を支配していた国が、「ラーマンニャデーサ」国であった。この国のスタソマ王によってセイロンへ派遣された十二人の仏教僧が、パーンに帰国した、と伝えている。

この十二人の仏教僧は、セイロンで「カッサパ」大長老のもとで得度し、修学をなした。後に、ラーマンニャデーサ国のスタソマ王は、十二人の仏教僧たちの師であった、カッサパ大長老を、下ビルマへ招こうとした。しかし、それはかなえられず、その尊師のかわりに、「アヌマティ」比丘が、下ビルマのパーンにやって来た、と言う。

実に、このアマヌティ比丘が偉大なスリランカ僧であった。先に述べた十二人のモーン族留学僧たちは、このアヌマティ比丘と共に、下ビルマのパーンに帰国したのだった。このアヌマティ比丘による、仏教の伝道活動がパーンで開始され、スタソマ王とパーンの住民は、この聖僧に、尊名をさずけ、「ウダムバラプッパー・マハースワーミー」と、お呼びした。

この高僧は略して、「ウダムバラプッパー大長老」と呼ぶと、スコータイ王国のロ・タイ王の仏教の伝道の上で、きわめて重要な人物である。この大長老はスリランカ人で、スリランカの「ウダンバラ」の出身者であった。このウダンバラの地とは、今日の古都跡、ポロンナルワの南東、約十五キロにある、ディムブラーガラである。

ディムブラーガラは、別名を「ウダンバラギリ」と称し、岩山からなる景観の聖地で、その麓には、現在、「ウダムバラ・マハーヴィハーラ」という大きな寺がある。ここにその写真（図版84）をかかげておこう。

この聖地、ディムブラーガラは、スリランカのポロンナルワ王朝（十一世紀初め〜十三世紀初め）の都、ポロンナルワから近い。山野の林の中に住むことを尊重した仏教僧は、「アラナヴァシー」（林住僧）と呼ばれた。十二〜十三世紀のスリランカでは、林住修業の中心地が、このディムブラーガラにあった、と言われる。多くの比丘たちが瞑想にやってきた聖地であった。

3．アノマダッシー長老とスマナ長老

タイ年代記『ムラーサーサナー』は、引き続いて、前に述べたスリランカ人のウダムバラプッパー大長老のもとで学んだ、二人のタイ族の仏

教僧について語る。この二人は、共に、スコータイの出身者で、一人が「アノマダッシー」比丘、もう一人が「スマナ」比丘とであった。

二人はもともと、スコータイ都の僧団長、マハー・パルバタ大長老の弟子であった。はじめ、南方のアユタヤーへ行き、仏教経典、パーリ三蔵を学んだ。その後、多くの商人から聞いた話しから決心し、下ビルマのパーンにおられた高僧、ウダンバラプッパー大長老のもとへ出向いた。この大長老のもとで、五年間、パーンに滞在し、パーリ三蔵を学んだ。

その後、二人は、故郷のスコータイ都へ帰り、その地に五年間いた。そして再び、下ビルマのパーンへおもむいた。この時、八人の比丘らをともなった、と伝えている。そこで、二人を含めて、全十人は、パーンに入り、三ヶ月間、そこに滞在した。この全十人の仏教僧は、パーンのスリランカ人、ウダンバラプッパー大長老の命を受けて、パーンを去った。一三四二年頃、スコータイへ帰った。この大長老の命令とは、各々の比丘に希望した、各地方への、仏教伝道であった。

年代記『ムラーサーサナー』は、その伝道僧の名前と、伝道先の地名を記していた。その比丘名と地名とは、和訳に見られる。その伝道の地域は、今日のタイ国の北部と中部、それにラオスであった。その全十名の内、兄貴僧が、アノマダッシー比丘とスマナ比丘である。アノマダッシー比丘は、スコータイ王国の副王都、シーサッチャナーライ都へ、一方、スマナ比丘は、スコータイ都へと入った。

アノマダッシー比丘は、シーサッチャナーライ都の都城外、囲壁の南南西にある山中に住んだ。そこには、「カオ・パシー」という小高い山がある。その山頂には、「ワット・パー・デン」という寺があった（図3参照）。この名前は、赤林寺の意味である。一九八〇年代に訪れた時、この山中には、確かに壊れた塔堂が建ち残っていた。

一方、スマナ比丘は、スコータイ都城の外側、都城の囲壁のすぐ西側に、「ワット・バーマムアン」寺という寺跡があり（図2）、そこに住んだ。その意味は、マンゴ樹林寺である。この寺跡は、今日でも残っている。この本に、この古寺の跡の写真（図版66と67）を、二枚かかげておこう。

以上、述べてきたスリランカのディムブラーガラから、ビルマのパーンへ、そこからタイ国のスコータイへと入った、上座部仏教の伝来ルートは、図15のようになる。当時、実に長い海路と陸路との行程であった。

4．スマナ長老による仏舎利の発見

スマナ比丘こと、スマナ長老は、スコータイ王国のスコータイ都へ、上座部仏教を伝道した偉大な高僧であった。霊格が高く、霊能力の強い人物である。そのことを、年代記『ムラーサーサナー』の記録の中から、感受しうる。前文の1にて、『ムラーサーサナー』の和訳文を紹介したが、その後に引き続く和訳文を公開いたす。その内容は、このスコータイ王国のロ・タイ王の治世に、スマナ長老が仏舎利を発見した記述である。ゆっくりと、事件の推移を読んでもらいたい。

「昔、スマナ比丘がサーチャナーライ都へと向かい、途中、人々に慈悲と平静心とを説きながら、歩いて旅をなした。比丘は、スコータイ都から北方へ二ヨージュナ、サーチャナーライ都から一ヨージュナあるバーン・チャーという地に泊まり、その地で説法をなした。

この地に着いて、ある日、村民がスマナ比丘に言うのには、『大昔、この地に、アショーカ王（インドの大王）によって派遣され、もたらされた仏舎利が、地元の仏塔の中に秘蔵されてあった。しかし、その仏塔は、すでにくずれ落ちて、だれ一人として礼拝する人もいない。その仏舎利は、おそらく、もうすでに他所へ移されてしまったかも、しれない。』と。

スマナ比丘がこの地に来てから、ある奇跡がおきた。不思議なことに、突然、多くの仏舎利が、日夜、現れた。村民たちは、その奇跡を目にした。村民たちは、その奇跡について、スマナ比丘に語ったのだった。

その夜、仏舎利を守る精霊が、梵天に扮して、スマナ比丘の夢の中に現れた。そこで、このように告げた。『スマナ比丘よ、この仏舎利は、きわめて見出しがたい。仏舎利は、大昔、この地に埋められ、今や掘り出されるのをまっている。村民を集め、みんなと一緒になって、仏舎利を掘り出してくれ。』と。

次の朝、村民が集められ、スマナ比丘は申して、『仏舎利よ、我らがために、現れますように』と。比丘がそのように言うと、すべての村民たちの心は、清められた。早速、村民らは、その場を掘りさげた。やがて、レンガと多くの石ころの混った土層に、つきあたった。見ると、そこから陶器製の壷が一個、出てきた。

村民たちは喜び、それをスマナ比丘の所へもっていった。比丘はその壷をあけて、中を見ると、銀製の容器が一個、はいっていた。再び比丘は、その銀製容器をあけると、その中には、黄金製の容器が一個あった。そこで、その蓋をあけると、今度は、珊瑚製の容器が一個、おさめられてあった。

はじめ比丘は、それが珊瑚なのか、わからなかったが、よく見ると、それが明らかに珊瑚であった。比丘はその容器をあけ、中を見ようとした。が、蓋があかない。明らかに、舎利容器だと思ったのだが、はたして、その中には、仏陀の遺骨が入っているのか。そこで、スマナ比丘は、さまざまなお供物をそなえて、容器に向けて拝し、このように念じた。『これがほんとうの舎利容器なら、蓋よあいてくれ』と。比丘は、蓋に目を向けると、容器はあいた。おもむろに、舎利を取り出し、黄金鉢の中に入れて、洗い清めた。

舎利は見まもる村民たちに、真実の奇跡をおこした。たちまちにして、一個の舎利が、二個、三個にわかれ、ついに八十個となり、黄金鉢の中の水面に、浮かびあがった。スマナ比丘は大歓喜した。この不思議な奇跡は、スマナ比丘によって、すぐに伝えたく、使いがサチャナーライ都の王（後のリ・タイ王）に送られた。

王はすばらしき知らせを聞き、すぐにサチャナーライ都のまん中に、大天幕を建てさせた。そこで、ぜひとも仏舎利を持って、我が都に、スマナ比丘が来られますように、伝言を送り返した。

王はサチャナーライ都から、バーン・チャーまでの道路を、きれいに掃かせ、各所を平らに整美させた。道路の両側には、バナナの木、さとうきび、香りのある物、いった米、お花を列にし、またランプも置かせた。そして、さまざまな音楽、楽団を配備させた。

仏舎利を出迎えるために、特別な臣下を、出向かせた。サチャナーライ都からバーン・チャーまでの距離は、一ヨージュナある。そこで、王は、サチャナーライ都への道中、楽団に太鼓を打たせ、みなの者に、仏舎利の到来を歓待するよう、命ぜられた。

サチャナーライ都の住民は、そのバーン・チャーからの太鼓の音を聞いて、バーン・チャーの方に向け、両手を頭上にあげて合掌し、歓喜した。その騒ぎは、鳥肌のたつようで、すべての者が仏舎利の到来を出迎えようと、一緒になって進んだ。

王は、象兵や馬兵をつれて、また都や地方からの知られた王侯貴族らをも、ともなった。貴族らは、豪華な衣装をつけ、いった米、さまざまな花を運び、高位にふさわしく振るまい、礼儀正しく会話しあった。一方、住民らは、とぎれることなく行列をなし、一組、一群となって、王の後ろに続いた。全員は仏舎利を出迎え、再び都へと、方向を変えて進んだ。その道中、王と都の住民らは、仏舎利と共に歩き、多くの花々、いった米を、まきちらしていった。

さて、スマナ比丘は、仏舎利を容器からとりだし、王の目の前において、お見せした。王は仏舎利を讃え、楽団に命じ、音楽をかなでさせた。仏舎利は、不思議な奇跡をおこした。王は大変に緊張し、鳥肌をたてた。しばらくして、王はスマナ比丘を都にまねき、その仏舎利を持ってきてもらった。両手を高くあげて、仏舎利に敬意を表し、黄金製厨子の中におさめ、それを王専用の象の背上に乗せた。その行列は、都へともどっていった。

仏舎利が都城内に入ると、王は黄金製の厨子をおろし、仏舎利を王の武具の中にいれ、ご自身の手でもって、大天幕の中に奉安した。王は音楽をかなでさせ、太鼓をたえず打ちならさせた。

仏舎利が大天幕に奉安されると、大変におどろくべき奇跡が、再びおきて、人々に歓喜と崇敬の念をもたらせた。スマナ比丘は、シリパバタ山の山麓近くに招かれ、そこに住まわれた。王は再び不思議な仏舎利を拝見いたしたく、崇敬の念をもって、仏舎利に多くのお供物をそなえ、スマナ比丘に敬意を表し、語った。『尊師よ、すべての民のために、奇跡をおこす仏舎利を、拝見させていただきたい』と。

王の願いを聞くと、スマナ比丘は、舎利容器を順序よくあけ、心地よい香水に手をひたし、仏舎利を外に取り出し、王をはじめとし、人々に見せた。王と集まった民は、仏舎利を拝見し、全員が狂喜した。多くのお供物がそなえられ、仏舎利に崇敬の念がはらわれた。スマナ比丘と王は、黄金鉢に入れられた香水でもって、仏舎利をあらいきよめた。すると、仏舎利は、おどる鵞鳥のように、黄金鉢の中の香水面に浮びあがった。おどろくべき奇跡がおき、五色の光線を放った。人々の疑念は消え、それはまさに、仏陀の真正の遺骨であることを証明した。その時、仏舎利は、それ自体が二つに分かれた。全員はみたことのない、不思議な奇跡を、目にしたのだった。スマナ比丘と王、それに民は、賞賛のさけび声をあげ、人々は疑念なく、敬意をもって、布やスカーフを百度も、空中へなげあげた。その後、仏舎利は再び結びついて、一個となった。

全員はこのおどろくべき奇跡を見て、前より以上に狂喜し、きわめて多くのお米を、お供物として仏舎利にささげた。仏舎利は、人々に奇跡を見せつけ、確かに人々の心を歓喜させたのだ。スマナ比丘は、再び香水をつけ、仏舎利を手にし、前の舎利容器へともどした。

さて、スコータイ都の王（ロ・タイ王）は、この仏舎利の知らせを聞くと、栄誉ある高官に手紙を持たせ、スマナ比丘のもとへと派遣した。王が言うのには、『我らは尊師に、一つお願いごとがございます。慈悲深き尊師よ、どうかご仏舎利を、我が都にも、お持ちくださらんか。我らの願いを、おくみとりいただけませんか』と。そこですぐに、スマナ比丘は、大慈悲心をもって、王の伝言を聞きいれた。栄誉ある高官は、スコータイ都へと、スマナ比丘をおつれし、仏舎利は都へと、運びこまれた。

王（ロ・タイ王）は、直感でもって、今や仏舎利が来るのを知った。あらゆる品々でもって、公道を飾りたてさせた。その品々とは、花束、国旗である。王は大天幕を建てさせ、その屋根は、きよい白色の布でもっておおった。さらに王は、仏舎利への清めのため、さまざまなお供物を、準備させた。

王（ロ・タイ王）は、王国の主権者であり、お花類をお供物として、用意させた。やがて、仏舎利とスマナ比丘が王都に着くと、すべての兵士らを出し、仏舎利とスマナ比丘とを、歓待させた。ついに仏舎利がスコータイ都に入ると、王はスマナ比丘を案内いたし、戒律厳守のお方にふさわしきお寺（マンゴ樹林寺）に住まわせた。

その同じ日、王は信心あつく、仏舎利を拝した。その後、スマナ比丘に敬意を表し、次のように申した。『我らが尊師に、お願いごとがございます。尊師はかくも美しきご人徳をそなえられる。我らすべての者のために、奇跡をおこすご仏舎利を、どうか拝見させていただきたい』と。慈悲深きスマナ比丘は、王の願いを聞くと、ご自身の手でもって、珊瑚製容器をあけた。

王は仏舎利に見とれた。仏舎利は王のため、すぐれし瞑想の的となった。王とすべての臣下らは歓喜した。そこで、王は布でおおった大天幕に、仏舎利をいれ、中をきよめさせた。

王はうやうやしく自らの手で、仏舎利を取り上げた。黄金製の鉢に移し、さまざまな香水の中にひたし、次のように申された。

『釈尊のご遺骨よ、ここに集まれり一同のために、ご慈悲をたわまれますように。奇跡をお示しくださりませ。都の民の心を開花させ、我らと民に、光を感じさせたまえ。拝しさせたまえ。』と。

ところが、その時、何の奇跡もおこらなかった。効力なきがためか、王都はもはや、釈尊のご遺骨が、とどまる所では、なかったからであろうか。」

ロ・タイ王の治世に発見された仏舎利と、その奇跡について、記録していた。仏舎利は、スマナ長老によって発見された。この仏舎利は、最初に、当時まだ王子（副王位）であった、後のり、タイ王が見た。その後に、ロ・タイ王が見た。リ・タイ王は、仏舎利による奇跡を見、一方、その父親にあたるロ・タイ王は、それからの奇跡を見なかった。このことは、まさしく父王のロ・タイ王よりも、息子のリ・タイ王の方が、先天的な霊格が高かったことを、物語っている。

第四節　ロ・タイ王時代の彫像と陶器

1．チャリエンのワット・マハー・タート寺の蛇上仏

スコータイ王国のロ・タイ王の治世には、多くの仏陀像が造られたはずである。しかし、そのほとんどは消滅し、この時代の作であるとする、年代を銘刻した仏像がいない。そこで、仏像の様式の類似性から推して、この王の頃の作品であろうと見る一体の仏像がある。

この仏像は、副王都のシーサッチャナーライ都の東にある、聖跡チャリエン（図3）に残る。この地にあるワット・プラシー・ラッタナ・マハー・タート寺（略して、ワット・マハー・タート寺）の境内にある。この寺跡のクメール式中央塔堂の北東隅にあり、その正確な位置を、図10に示しておこう。

この仏像は、高さが約一メートル半位の漆喰製で、七つの頭をなす大蛇、ムチャリンダ龍王の上に乗って、瞑想中の釈尊の姿をなす。このような座像を、仮に「蛇上仏《だじょうぶつ》」と呼ぶと、一九七〇年代に撮った写真（図版32）を、ここに見せておく。漆喰製のため、壊れやすく、この時点でも、蛇上仏はその頭部が後世になされた修復のため、本来の形をかなり変えてしまっていた。

この蛇上仏で特に注目すべき個所は、左肩から下へと垂れる垂布（サンカーティ）の形にある。縦に折りたたまれた形は、すでにラーム・カ

ムヘン大王時代の仏陀像に、認められた。例えば、シーサッチャナーライ都のワット・チャーン・ローム寺の仏座像（図版35）や、チャリエンの遊行仏（図版31）が、この種の同類である。この特徴から、この蛇上仏は、むしろラーム・カムヘン大王の頃の作品とみなされよう。

従来の考えによると、この蛇上仏は、ロ・タイ王の治世の頃の作、と考えられてきた。この頭部の顔がロ・タイ王時代の作、と見たが、顔と螺髪と肉髻が、すっかり修理されてしまったので、制作年代は、曖昧である。

全体の作りは、七頭の大蛇が迫力に富む圧巻である。大蛇は、全五層に積重なって、とぐろをなす。さらに釈尊の背後にまわって、「8」字を横にした形をなして、寄り掛り用のクッションの役をなしている。このような形はめずらしい。

2. ヒンドゥー教神像

ラーム・カムヘン大王の治世と同様に、ロ・タイ王の時代でも、王宮にはバラモン僧がおり、青銅製のヒンドゥー教神像を、礼拝していたはずである。故ディサクン殿下によるスコータイ王国の青銅製ヒンドゥー教像についての編年は、それらの宝冠と衣裳による比較研究によった。その成果によると、ロ・タイ王時代のヒンドゥー教神像は、図版46に示したシヴァ神像であろう、とみなされた。

この神像は、一見してわかるように、全体に生気がなく、実にか弱そうな人形のようである。顔は神経質そうで、上半身は筋肉質でなく、両手も弱々しい。ロ・タイ王の在位期間は、約五十年間と長く、されども、王は王国の領土のほとんどを、失ってしまった。このシヴァ神像は、その王のか弱さを反映していたかのようである。

3. 青磁とサンカローク陶器

ロ・タイ王の時代になると、スコータイ王国の陶器の製造は、一層さかんになった。王は、新しい陶芸の技術を、中国から導入することになる。それが今日の浙江省の龍泉からの中国人陶工たちの活躍である。

この陶工たちは、スコータイ王国の副王都であった、シーサッチャナーライ都より、北へ約五キロ行った所にある、今日のバーン・コ・ノーイにて、陶器をつくった。この地は、ヨム川岸にあって、現在この地一帯には、当時の陶芸をしのばせる窯跡が、約一二〇個も残っている、と言われる。

この龍泉風の陶器は、薄い緑色をした青磁で、当時のスコータイ王国のタイ族は、この新鮮で美しい色の皿を見て、愛着したはずである。この青磁が多くの地でつくられ、後に、これらの青磁は、「サワンカローク」の名前で知られるようになった。

青磁の皿は、その表面に線刻で、花の模様を入れ、その後に、上薬をかけて焼かれた。あるいは灰色の皿の面に、暗褐色もしくは黒色で、花などの図様を描き、その後に、上薬をかけて焼くと、明るい薄緑色の皿となる。

また、この種の青磁には、小型の人形類が多くつくられた。男子像の場合は、楽器や雄鶏をもつ。女子像では、子供をかかえたり、手に団扇や花をもつ姿をなす。そして亀、鶏、犬、馬、象、小鳥といった単独の動物たちの像もつくられた。これらは子供がもって遊ぶ玩具と思われるが、楽しい置物である。

さて、もう一ヶ所、別の窯跡を紹介しよう。これは「バーン・ヤーン」といって、今日のシーサッチャナーライ都の都城跡、その北側の囲壁から、約七〇〇メートル北へ行った、ヨム川岸にある。この地には、現在、約二十個の窯跡が残る、と言われる。ここでは、ロ・タイ王の時代に、多くの陶器製の建材類が、製造された。それらは、建物の手すり、柵、格子、瓦などである。白色の表面に、暗褐色もしくは黒色で、大胆に線描した後、上薬をかけて焼かれた。建材なので大型なものが多く、この本では、この種の二つの楽しい作品を、かかげておこう。

その一つは、建物の入口の階段、その左右に置かれる龍（図版41）である。顔と口は、想像上のワニ――マカラ（摩竭魚）のようにも見える。また、もう一つは、明らかに仏堂などの入口、その左右に立て置かれる守門神（図版42）である。カンボジアのクメール族の古代彫像によく見かけた、ドヴァラパーラ像にあたる。今は消失していないが、この守門神の立像は、本来、両手で棍棒をもっていたはずである。

第六章

グア・ナムトム王の簒奪

第一節　碑文が伝えたグア・ナムトム王の最後

スコータイ王国の第五代目の王は、グア・ナムトム王といった。この王の名前は、一九五九年（昭和三十四年）に、スコータイ都城跡のワット・マハー・タート寺から発見された碑文中に、記されてあった。この碑文には、スコータイ王国の王族の系譜が見られ、そのロ・タイ王と、リ・タイ王（第六代目）との間に、「プラヤー・グア・ナムトム」という王名があった、と言われる。この人物が、スコータイ王国の王族の一人であったのか、その出身については、何も記されておらず、ただ名前だけであった。この王の在位期間は、実に短く、一三四六年より、一三四七年までであったのであろう、と考えられている。

グア・ナムトム王は、おそらく、前代ロ・タイ王の法的正統性のあった後継者ではなく、スコータイ王家のある一員でしか、すぎなかったのかも知れない。すでに述べたように、このグア・ナムトム王は、ロ・タイ王の長男でない、別の息子であろう、とする考え方もあった。また、この王は、ロ・タイ王の後に、王位を簒奪した人物、ともみなされている。この根拠は、このグア・ナムトム王の後に、王位についた、スコータイ王国第六代目のリ・タイ王の第四碑文の中で、その簒奪とその王位の終わりを、暗示していたからである。

リ・タイ王が著者であった、公式碑文番号、第四碑文は、一三六一年の年代を入れたクメール語で記された。この碑文の全文の和訳は、この本の終わりに、紹介しておいた。その最初の部分を、ここに引き出し、示しておこう。

「シャカ暦一二六九年（西暦一三四七年）、猪年、リ・タイ王は、ラーム・カムヘン王の孫で、兵をシーサッチャナーライより、すばやく都城（スコータイ）の外に配備させた。金曜日、チャイスタの陰月の五日、王は、兵に、接近、包囲、占領せよと命じ、門を壊しあけて、攻撃し、敵兵をすべて打ちたおした。その後、王は父や祖父の後継者として、スコータイの国土を支配するため、都城に入った。」

この碑文の個所は、明らかに王位簒奪者の存在を暗示し、そのスコータイ都での支配主、グア・ナムトム王の最後を、物語っている。

第二節　仏足石の信仰

1．グア・ナムトム王治世の仏足石と百八吉祥文様

仏足石とは、釈尊の足跡を石面に刻んだものである。この足跡を釈尊として礼拝する習慣があった。日本でも奈良の薬師寺の仏足石（七五三年作）を最古の例として、それ以降、多くの仏足石が残っている。(41) 日本の仏足石は、一般にその足跡の面に、八種類のおめでたい吉祥文様が入るが、スコータイ王国の仏足石は、足跡面の中央に法輪（車輪）があって、その周囲に、百八種類もの吉祥なる文様が線刻される。

スコータイ王国の仏教美術に見る最大の成果は、一つに、この仏足石がある。この種の遺例の源流は、遠くスリランカにあり、それが後にミャンマーに伝わった。その仏足石の信仰は、ミャンマーのバガン王朝（一〇四四～一二八七年）のバガン都から、スコータイ王国に入ったのである。

スコータイ王国の仏足石は、六代目のリ・タイ王によって造られた四個が、有名である。それらについては、次の第七章で述べるが、その四個に先だって造られた仏足石が、一個あった。しかし、この仏足石は消失し、その仏足石の百八種吉祥文様について、記した碑文が残っている。これはその図様の種類を明記した、目録のような内容であった。仏足石の百八種の図様を知る上で、きわめて貴重な碑文であった。

この碑文は、一九〇八年（明治四十一年）に、ワチラーウット王子（後のラーマ六世王）によって発見された。その場所は、スコータイ都城跡の西側にある、ワット・プラバーッ・ノーイ寺（図2）へ登る山道脇からであった。この山道脇には、今は消滅してないが、「ワット・トラパーン・チャーング・プアク」（白象池寺の意）という寺があり、この寺跡から発見された、と言われる。

碑文は、高さが一・二九メートル、幅が五十一センチあり、両面に文字がほられてあった。その第一面は、タイ語を古スコータイ文字で記し、この面には一三八〇年に相当する年代が含まれてあった。一方、第二面は、パーリ語をクメール文字で記し、年代が入っていない。しかし、この面では、一三四一年より一三四七年の間に、刻まれた、とみなされている。[42] それは、このグア・ナムトム王の治世にあたる。全十七行からなる偈文で、これが仏足石の百八吉祥文様の目録である。この第二面を和訳すると、次のように記されてあった。

「偉大なる聖者のおみ足跡は、轂と輞と千本の輻からなる法輪があり、すべて完璧によく造られた。（また）そこには、次のような（文様）が見られる。シュリーヴァッサ文、卍字、花文、宮殿、……（消失）、容器、白い日傘、剣、しゅろの葉の団扇、団扇、孔雀の羽の団扇、ターバン、椀、花輪、宝石、青・赤・白の百合と蓮華、大洋、皿、繁栄の壺、ヒマラヤ山、鉄囲山、星、須弥山、太陽と月、四大陸：勝身洲、瞻部洲、瞿陀尼洲、倶盧洲、右巻きのほら貝、家来をともなう転法輪王、双魚、車輪、旗、ワニ、七本の河、七大山、七大湖、旗、いすかご、黄金の払子、黄金の獅子王、トラ王、馬王、象王、カイラーサ山、鵝鳥、赤い鵝鳥、蛇王、インドラの神の乗り物となる象、インドのカッコウ、黄金の蜂、……（消失）、……（消失）、野鳥?、アオサギ、黄金の船、四面の梵天、キンナラとキンナリ、キジ、六欲天：四王天、三十三天、夜摩天、都率天、楽変化天、地化自在天、十六梵天。以上（の図様）は、一〇八種の吉祥文様であり、また、法輪への飾りでもある。その法輪を伴《ともな》うおみ足跡に帰依したてまつる。」

2．仏足石の文様の典拠

スコータイ都の都城外の西側、その山中から発見された、今はなき自象池寺の碑文に見た、仏足石の百八種の図様リストは、きわめて貴重な情報を伝えていた。その碑文の中にあったように、百八種の図様は、「法輪への飾り」である。法輪とは、釈尊が説かれた教法を、象徴させた形、車輪である。この周囲に、それを飾ったものが、百八種の図様である。この飾り類があることによって、足跡（仏足石）は、尊敬すべきうやうやしいものとなる。

この荘厳された仏足石の百八種の文様は、よく見ると、大きく分けて、三種類からなる。その一種は、仏教の宇宙観で説く須弥山と関係する図様である。もう一種は、インド古来からのおめでたい文様である。そしてもう一種は、王や僧侶の儀式用の聖なる品々である。

これらはすべて、尊くおめでたい吉祥文様をなす。したがって、当時のスコータイ王国のタイ族は、この足跡（仏足石）を、のぞきこむように上から拝見することによって、幸福をえたのである。

わが国で和訳された、上座部仏教のパーリ三蔵の経典類『南伝大蔵経』には、この仏足石の百八種の吉祥文様について、説いた個所がない。しかし、仏教経典の註釈書の中に、この百八吉祥文様のリストがある、と言われる。一例をあげると、『チナーランカーラ・ティカ』と称する経典が、それである。この経典に見る仏足石の百八吉祥文様は、この白象池寺の仏足石の文様リストと、ほぼ同一にして、合致している。

第七章　リ・タイ王の上座部仏教の高揚

第一節　リ・タイ王の偉業

1. タイ文化の古典期

スコータイ王国は、全七代続いたが、それらの王たちの内、最も文化・芸術の上で、偉大な偉業をとげた王は、このリ・タイ王である。芸術、特に美術の世界で、リ・タイ王の時代は、タイ族のタイ美術の「古典期」にあたる。つまり、この時代に生み出された美術は、この王以降に展開していく美術の基礎となった。その代表的な例は、後で述べるが、「遊行仏」の誕生である。

この偉大な美術を生み出した原動力は、リ・タイ王の高い霊性とその人格によったものであろう。その偉大な成果が、また後に述べるが、リ・タイ王が著作した、仏教経典『三界経』（トライ・プーム・プラ・ルーアン）にあった。この三界経は、タイ族がつくった最古の仏教聖典であり、それ以降のタイ族の信仰上の基礎となっていた。

また、リ・タイ王は、スコータイ王国の諸王のうち、最も多くの碑文を残した。このことは、きわめてありがたいことで、それらの碑文を通じて、わたしたちは、リ・タイ王の理想とした信条にふれ、また王の履歴についても、理解しうる。したがって、この本では、このリ・タイ王が後世に残した碑文類を、すべて和訳した。そして、その内容を紹介すると共に、リ・タイ王がいかに偉大な名君であったかが、理解されよう。

2. リ・タイ王の碑文

リ・タイ王の碑文は、全部で六個が残っている。それぞれの碑文には、公式な碑文番号がついている。この六個の内、五個は、タイ語で、第三碑文、第五碑文、第七碑文、第八碑文、第十一碑文第一面が、それである。ただ第四碑文がカンボジアのクメール語である。以上の碑文は、すべての著者がリ・タイ王であるが、あと残る第六碑文は、パーリ語による偈文で、それをタイ文字で記した。この第六碑文の著者は、リ・タイ王によって下ビルマのパーンより招かれた高僧であった。

碑文が記された年代は、第三碑文が一三五七年であり、一方、第四碑文と第五碑文と第六碑文と第七碑文は、すべて一三六一年の筆であった。のこる第八碑文と第十一碑文には、年代が記されていなかった。全部で六個の碑文は、リ・タイ王自身、およびこの王がかかわった事情を知る上で、きわめて貴重な情報の源となっている。

3．リ・タイ王の即位

リ・タイ王が王位についた即位については、第四碑文に記されてあった。すなわち、

「リ・タイ王は、ラーム・カムヘン王の孫で、兵をシーサッチャナーライより、すばやく都城（スコータイ）の外に配備させた。（略す）王は、兵に、接近、包囲、占領せよと命じ、門を壊しあけて、攻撃し、敵兵をすべて打ちたおした。その後、王は父や祖父の後継者として、スコータイの国土を支配するため、都城に入った。

すばやく、四方向に住む太守は、王冠、聖剣チャヤシー、白傘を持ちこみ、王に灌頂の儀式をなした。そこで、王の尊名、プラ・パーダ・カムラテン・アン・シー・スーリヤヴァムサ・マハーダルマーラーチャーディラーチャがつけられた。」

リ・タイ王は、ラーム・カムヘン大王の孫である。父親は、ロ・タイ王であった。ロ・タイ王は、在位中、スコータイ都城に住み、その息子で、後にリ・タイ王となる王子は、副王位として、シーサッチャナーライ都城に住んだ。現存の碑文には、いかなる理由があって、父親のロ・タイ王の後、グア・ナムトム王が王位についたのか、述べられていない。いずれにせよ、グァ・ナムトム王は、簒奪者のように王位に登り、その王位から引きおろした人物が、このリ・タイ王であった。リ・タイ王の兵が、スコータイ都城にせめ入り、王が明白に、王位を確得した。右の碑

文は、明白に当時の事情を伝えていた。

4．リ・タイ王の支配範囲

リ・タイ王の版図については、第八碑文の中で伝えていたが、消失した文字の個所があり、不明な地域がある。すなわち

「王国のナーン川北域は、ムアン・ナーン、ムアン・プルア（プワ）の太守、チャウ・プラナー・パー・コンの領土と接する。王国のナーン川南域は、王の弟であるチャウ・プラナー（消失）の領土に接する。東域は、メコン河、そしてプラナー・ダーウ・ファー・ノムの領土に達する。西域は、（消失）、息子である（消失）チャウの領土に接する。」

リ・タイ王の版図は、無論、スコータイ都を中心にして述べているが、残念ながら、その南域と西域とは、不明である。まず北域は、タイ国北部のナーンとプワ（図1）とを指して、スコータイ王国は、その北域と接していた。また、東域には、「プラナー・ダーウ・ファー・ノム」王の領土があり、この領土と接している、とある。この王は、ラオスのルアン・パバーンを都とした、ラン・サン王国のファー・グム王（在位：一三五三〜一三七四年頃）のことである。

スコータイ王国は、リ・タイ王の父親、ロ・タイ王の治世、終わりから衰退していった。リ・タイ王は、王位を得るために戦い、そして失ったさまざまな地方の太守や領土を、とりもどさねばならなかった。

5. リ・タイ王の人格

リ・タイ王は、基本的に、仏陀になろうとした王である。このことは、第三碑文の中で、明白に述べ記していた。すなわち

「王をけなし、うらぎり、あるいは王の御物を盗む者をとらえても、その者を殺し、なぐったりなどは、けっしてしない。たとえ害を王に向けた、わるい者が、いても、王は数えきれぬほど、きわめて多く、何度も釈放してやった。理由は、人に対し、怒りたいことがあっても、寛容であられたからだ。王が親切、慈悲ふかくあられたのは、王ご自身が、仏陀とならんと、また、輪廻転生の苦をぬけて、あらゆる生き者を、救わんと、決心されたからである。」

さて、リ・タイ王が仏陀となろうと、決心した背景には、無論、王自身の学識による。第四碑文は、リ・タイ王の学識について、次のように伝え、記していた。

「王は、三蔵を完全に学ばれ、毘奈耶や阿毘達磨をも、習学された。従来のクルティヤ尊師より、バラモン僧や行者として始めて、ヴェーダ、シャーストラ、アーガマ、宇宙法とその解釈書を学んだ。天文学の緒論で始まり、（消失）年、月、日食、月食、それらほとんどを知りつくし、王の知識は、はかり知れなかった。」

この第四碑文で語っていた「三蔵」とは、上座部仏教のパーリ三蔵経典である。また、リ・タイ王は、それだけでなく、バラモン教の聖典類も、拝読していたことが知られる。当時のスコータイ王国には、すでにそれらの経典類に接しうるだけの、十分な貝葉経類が収蔵されていた、ということなのである。

そこで、リ・タイ王がなしていた日常の信仰生活とは、いかなる日々であったのであろうか。第三碑文は、それについても、次のように言い

残している。すなわち

「王は、一日たりとも欠かさず、王宮の（消失）に帰依し、満月には、王自身が奉安した仏舎利に、参拝する。王は、仏法の説教に、耳をかたむけ、（消失）に布施をなされる。布薩日には、いつも八斎戒を厳守される。さらに、（消失）王は、三蔵経典によく通じ、多くの比丘たちに教えられ、（消失）長老や大長老（消失）、あらゆる種類の（消失）。」

この一文の内、特に「三蔵経典によく通じ」とあるように、リ・タイ王は、基本的に上座部仏教のパーリ三蔵経典を、よく読み知っていたのである。そして、「八斎戒を厳守」とあるが、八斎戒とは、一つには、生き者を殺さないこと、二つには、盗みをしないこと、三つには、性交をしないこと、四つには、うそをいわないこと、五つには、酒を飲まないこと、六つには、装身化粧をやめ、歌舞を聴いたり見たりしないこと、七つには、高くゆったりしたベットに寝ないこと、八つには、昼以後、何も食べないこと、である。

この八斎戒に関係付けて、同じく第三碑文の別の個所で、リ・タイ王は、日常の信條を語った一文があり、つぎのようにある。

「『そこで、リ・タイ王が知る上での信條とは、（一体）なになのか。』と。これに答えて言うのには、『リ・タイ王は、いかなる時でも、五戒を厳守している。』と。」

この一文にある「五戒」とは、先に述べた八斎戒の八つの戒めの内、最初の一から五つまでの戒律のことである。五戒は、後で述べるリ・タイ王の著書、『三界経』でも説かれたように、仏法の最も基礎なのである。

6. リ・タイ王の国民への希望

リ・タイ王が当時の国民、そして後世の人々に願った気持ちは、王の著書『三界経』でも、力説していた。それは同じように、リ・タイ王の碑文の中でも、語られていた。その気持ちとは、善行の積みあげにはげめ、ということであった。ここに、三つの碑文から、その希望の個所を取り出し、示しておこう。まず、第三碑文では、次のようにある。

「その時より以降、人類の中で、さまざまな善業の功徳について知る者は、まったくいなくなる。人々はいつも、常に罪を犯し、地獄へと生まれかわろう。そこで、今より以後、善良となる人は、すべて、仏法が存続する限り、仏法に従い、いそいでも、善業の積みあげにはげめ。現在の一生は、仏法を知る上で、無量な好機にあたる。だれしも我らの釈尊に帰依すると同様に、仏塔、仏堂、菩提樹に、あつく参拝すべきである。」

また、第四碑文でも、次のように語っていた。すなわち

「王は、この石碑を立てて、それによって、だれしもが、功徳と非功徳とを知り、いそいでも善業功徳の積み上げにはげめとした。だれしもが、この点に、よく注意すべきである。この現世では、明らかに善行なる行為には、結果がある。すなわち、我らは、けっして過去を見るな。(消失)我らは、仏法を開き、今や善行なる行為によって、明らかによき結果を見る。だれしもが、(消失)に精進し、悪業をなすなかれ。」

つまり、リ・タイ王が力説した結論は、こうである。別の第八碑文にて、再び次のように説き、記し残していた。すなわち

「（消失）一刻を失うことなく、人々よ、たえまなく善行にはげめ、と人々を導きたもうた。」

7．リ・タイ王の勅令

リ・タイ王は、行政上の姿勢を、いたって簡単に述べた一文が、第三碑文の中に見られる。それは臣下に命じた勅令といったほどの強固な表現でなく、次のように王自身の心のうちを、さらけだしている。すなわち、

「王は、仏僧に対し敬意を表し、両親をうやまい、兄や弟を愛し、老人を尊ばねばならん。人の仕事は、健康体であるなら、王は、その人に仕事をあたえる。しかし、健康体でないのなら、仕事をさせてはならん。老人であられるなら、好きなようにしてあげるとよい。また、王は、ムアン（都城）の中に、米と、多くの塩とを、確保せねばならない。そうでないと、（消失）。もし他国の太守が、王に助けを求めてきたら、助けてやらねばならん。そうでないと、その太守は、他国に助けを求め、ついには王を軽蔑し、（消失）。国民、あるいは高位高官の男子が、死んだら、（消失）、王は、その者の身分を、奪いとってはならない。つまり、父が死んだら、その人の身分は、息子に受け継がせねばならず、同様にして、兄が死んだら、兄の身分は、弟に継がすべきである。この原則にしたがう太守は、長い間、ムアン（都城）を支配し、それを犯す太守は、まったく長く続かない。」

この一文から知るように、特に老人への尊重と配慮、父から子へ、兄から弟へと継承される、変わらぬ身分・位が注目されよう。

8．リ・タイ王による予言

リ・タイ王が残した碑文類の中で、王は将来の不幸について、予言を記していた。その一つは、仏教僧侶の堕落である。もう一つには、人間

の寿命の短縮である。実におそろしき予言を、石板に刻した。まず、仏僧の堕落は、第三碑文に、次のようにある。

「一千年後、四つの戒を厳守する仏僧は、いまだにいるが、多くの仏僧のうちで、戒律を守る者は、ことごとくいなくなろう。また、一千年後、法衣をまとう仏僧は、まったくいなくなり、耳の後ろに、わずかに黄布がつくほどで、それで仏僧だとわかる。一千年後、法衣は消滅いたし、まったく仏僧なのか、わからなくなるだろう。」

この一文中の「四つの戒」とは、すでに述べた五戒のうちの四つで、一つが生き者を殺さない、二つが盗みをしない、三つが性交をしない、四つがうそをつかない、の戒である。

次に、将来に現れる人間の寿命の短縮化について、第七碑文の中で、次のように記していた。

「悪人は、彼らの悪のために、この人生で、責務をおわされる（消失）がある。悪人は、少なくとも、来世にて、地獄界の一つへと向かう。そしてその後、いつも（消失）の不幸に出あう。

この雄牛の年、ダイ計算のルワン・プラウから、四十二万七千五百三十九年後、つまりダイ計算のカッ・マウ・、兎年に、その時、到来する災害の兆しが、知られる。父親、子供、兄弟、姉妹（消失）。人々の身長は、立っている時、ただの一キュビットとなる。人々は、非常に歳をとると、自然と手と足とで、はうようになる。そして人々の寿命は、自然と少しずつ減少し、ついに人々は、ただの十年間生きて、死ぬようになる。」

9．副王都シーサッチャナーライ

スコータイ王国の首都は、スコータイであり、この都城内に、リ・タイ王は住んだ。しかし、王となる以前の王子であった頃は、ここでとりあげる副王都、シーサッチャナーライにいた。スコータイとシーサッチャナーライの両都城は、スコータイ王国の本拠、二大都城であった。この慣例は、リ・タイ王以前にもあり、三代目のラーム・カムヘン大王がスコータイ都にいた時、副王位であった四代目のロ・タイ王は、ここシーサッチャナーライ都に住んだのである。

副王都のシーサッチャナーライ都城跡は、スコータイ都城跡の北、約五十キロの地点にある（図1）。ヨム川の西岸に、その川に接近してある方形の都城の跡（図3）である。その都城の囲壁は、東西の幅が約六百メートル、南北の幅が一キロある。囲壁は頑丈なラテライトのブロックを積みあげて、建てられてあった。

都城の内部には、その中央に、すべてに述べたラーム・カムヘン大王が仏舎利をまつり、建てたとみる、ワット・チャーン・ローム寺の大仏塔がある。そして、その都城内の北側には、二つの山がある。その各山の山頂には、「ワット・カオ・スワンキリー」寺と、「ワット・カオ・プノム・プーン」寺との跡がある。この山頂から、南東に向けた景観は、すばらしく、第一に、都城内のワット・チャーン・ローム寺仏塔が目に入る。また、ヨム川、の流れから望んだ、先の二つの山と、その山頂に建つ仏塔の光景も、忘れられない。タイ国にある多くの仏教遺跡のうち、シーサッチャナーライは、まさに最高の地と称えられる。

10・チェディー・チェッ・テーオ寺

副王都シーサッチャナーライの都城内で、第一に重要な寺跡は、ワット・チャーン・ローム寺で、第二がその南東隣りにある、ワット・チェディー・チェッ・テーオ寺である（図3）。ここに、この寺院の伽藍配置を示した、平面図（図16）をかかげておく。正面入口は、東南に向き、境内の中心は、中央塔堂と仏堂とからなる。

この二つの建物を中心にして、その周囲には、現在、三十三基の塔堂類がならんで、建っている。この他に、すでに壊れてしまった塔堂もある。この寺院の景観のすごい点は、この周囲をかこんだ、塔堂類（図版73・78・79）にある。これらは、スコータイ王国の地方の太守、領主の遺骨を納めた墓塔、簡単に言うと、お墓であったのだろう、と考えられている。

これらの墓塔類には、その形に多様性がある。この点については、墓塔がそれぞれの太守や領主の住んだ、地方建築の味を、現しているのであろう。図版78や79の写真で見せたように、身舎の上層部には、鐘状の仏塔がのる。建材はラテライトが多く用いられ、建物の表面には、白色の漆喰がぬられた。

中央塔堂（図版74）は、明らかに、スコータイ都城のワット・マハー・タート寺の中央塔堂（図版47）を、まねて建てられていた。この建立年代は、リ・タイ王がまだ副王位にあり、ここシーサッチャナーライ都に住んでいた頃、建てられたのだろう。しかし、これをかこんだ先の全三十三基の墓塔類は、建立年代が定まらないが、中央塔堂より後世に、順次に建て加えられていった、建築と思われる。

なお、この寺院の境内に、一体の蛇上仏が残っており、この像は、きわめて目立った存在である。北西側の一基の塔堂、その外壁の仏龕の中に、おさまっている。図16に、その正確な位置を示しておこう。頭部が消失しているが、漆喰製の立派な仏像である。蛇ムチャリンダの上にのった釈尊像（図版72）である。この種の蛇上仏は、カンボジアのクメール族が好んで造った仏像であったから、この一基の塔堂は、この種の図像を好んだ地方、そこの領主の墓塔であったのであろう。

第二節　リ・タイ王の蓮華莟塔

1．蓮華莟塔の構造

スコータイ王国の建築に見る、独創的な形がある。それは、仮に「蓮華莟塔《れんげがんとう》」と呼ぶ、塔堂建築をさす。この名称は、塔堂の上部の形が、一見して、蓮華の莟《つぼみ》の形をしているからである。その形をわかりやすく示すために、この本の中で、作図（図17）でもって説明しておこう。

蓮華莟塔は、レンゲが開花する以前の莟（つぼみ）の状態の時の姿を、連想させる。この形をした塔堂は、すでに述べたスコータイ都城内のワット・マハー・タート寺の中央塔堂（図版47）や、シーサッチャナーライ都城内のチェディー・チェッ・テーオ寺の中央塔堂（図版74）がそれである。

この一種独特なタイ族の建築は、スコータイ王国第六代目、リ・タイ王の治世に、流行し、かつ建てられた。それらは、このリ・タイ王の支配範囲の地域内に、限定したかのように建て続けられていった。それによって、リ・タイ王は、王都スコータイと、地方のさまざまな都城とを、親しく連結させたかったからであろう。

その形とは、図17に、示したように、基本的に、四つの部分からなる。下から述べていくと、二層の基壇部があり、その上に塔身部がのり、さらにその上に、例の「蓮華の蕾」状の円形屋根がのる。そして最後の頂上に、尖塔部が立つのである。

蓮華蕾塔の最初の形は、おそらく第四代目、ロ・タイ王の治世に、スコータイ都のワット・マハー・タート寺中央塔堂で、創案されたのであろう。この王による中央塔堂の再建については、すでに述べた。この王の時、スリランカより仏舎利がもたらされ、それがこの中央塔堂の中におさめ、まつられ、蓮華蕾塔が誕生したのである。

この仏舎利の安置にともなう中央塔堂の再建の際、当時の建築師は、おそらくスリランカより持ち込まれた仏舎利の容器、その形をまねて、蓮華蕾塔を建てたのであろう。図17の蓮華蕾塔に見る、「尖塔部」と「蓮華蕾部」とをつなげた形は、全体で、スリランカ製の仏舎利容器を、想わせてならない。その容器とは、鐘状の仏塔ストゥーパの形をしている。

2.　蓮華蕾塔の普及

スコータイ王国の四大都城跡は、スコータイと、シーサッチャナーライと、カンペーンペットと、ピサヌロークとである。これらの地には、今日、それぞれすぐれた蓮華蕾塔が、残っている。

まず、スコータイ都では、ワット・トラパーン・グァン寺（図版76）があげられる。寺の名前は、銀池寺の意味で、都城の内側に建つ（図2）。次に、シーサッチャナーライ都では、同じく都城の内側にある、ワット・スワンケーオ・ウタヤーン・ノーイ寺（図3）が、美しく残った例（図版77）である。カンペーンペット都は、スコータイ都の南西八十二キロにあり、この地には、二基の立派な遺例が残っている。その一つは、カンペーンペット都城跡の北東、約三五〇メートルにある。その名は、ワット・カロータヤ寺の蓮華蕾塔（図版80）である。もう一基は、同じく都城跡の南、一キロにあり、ピン川の西岸に建つ。その名は、ワット・チェディー・クラーン・トン寺の蓮華莟塔（図版81）である。ピサヌローク都は、スコータイ都の南東、五十八キロにある。現在、当時の都城の囲壁跡は残っていないが、その都城の中心よりやや西に建っていた、堂々たる蓮華莟塔（図版82）がある。その名は、チェディー・トーンで、黄金塔を意味する。リ・タイ王の第八碑文によると、リ・タイ王は、七年間、ピサヌロークに住み、その間に、ワット・マハー・タート寺を修復していた。この寺とは、このチェディー・トーンの蓮華莟塔であろうか、と考えられている。

さて、スコータイ都からかなり離れた地方の一例をあげると、旧タ一ク（図14）にも残る（図版83）。この地は、スコータイの西方、ビルマへと向かう方角にある。第四代目のロ・タイ王の章で述べた、スマナ長老の甥にあたる、ターク都のディット王によって、建立された。ディット王は、当時、スコータイ王国のリ・タイ王の臣下であったのだろう。

第三節　ビルマからの高僧の来朝

1．碑文が伝えたパーンからの高僧

リ・タイ王の偉業の一つは、すぐれた高僧を、下ビルマより、招いたことにある。その高僧の招来については、第四碑文と第五碑文に記されてあった。[50] クメール語で刻まれた第四碑文の方に見る、その一文の個所を引き出し、示しておこう。すなわち

「一二八三年（シャカ暦）、雄牛年、王は、パーンより、高僧マハーサーミー・サンカラーチャーを招こうと、尊者一人を派遣した。この高僧は、戒律を厳修し、パーリ三蔵経を完全に学び、古来、戒律厳守の聖僧のいるランカードヴィーパ（スリランカ）に、住んでおられた。」

碑文中にあるシャカ暦一二八三年は、西暦の一三六一年に相当する。「高僧マハーサーミー・サンカラーチャー」は、尊称で、真に個人の名前でない。ただ、この高僧は、明らかにスリランカに住んだお方で、パーリ三蔵経を完全に学ばれた、と理解する。

リ・タイ王は、この高僧の来朝にあたり、大変な敬意をもって歓迎なされた。その情景が同じ碑文の中に、記されてあった。すなわち

「王は、人をつかわし、(都城の)東門から西門への王宮通り、さらにそこから僧房と仏堂とが建つ予定の、マンゴ樹林へと至る道を、掃ききよめさせた。王は、太陽の強い光線をさえぎるよう、その道筋に、多色の日除けを取りつけさせた。両側には、日除け、花環をたて、五色の布をひきしめ、高僧マハーサーミーの足裏が、地面に、直接ふれないようになされた。王は、大変な敬意を心にしめて、高僧の来朝にそなえた。たとえるなら、王宮通りは、まるで美しき天界への参道のようであった。」

また、この高僧は、下ビルマのパーンより出発して、どのようなルートを通じて、スコータイ都へ、やって来たかが記されてあった。すなわち

「王は、大臣、相談役、王家一員を派遣し、高僧を、チョットからチェン・トーンへ、そこからバーン・チャーン、バーン・パーンへと、最後に、ここスコータイ都へとおつれした。」

この第四碑文の中に記された、高僧のルートは、図14の地図を参照されたい。碑文中の地名、「パーン」とは、現在のビルマのマルタバンの近くである。高僧は、このパーンから、川を東方にさかのぼり、まずカウカレークの近くまでくる。そこから陸路で当時の「チョット」、今日のメー・ソードまで行く。そこから東北東に向いて進み、今日のタークのやや南のピン川沿いにあった、「チェン・トーン」に至る。そこから舟で、ピン川をくだる。このようにして、今日のカンペーンペットの北にある「バーン・チャーン」に達した。

このバーン・チャーンは、スコータイ王国の重要な公道(図14の点線)の南端にあたる。この公道の北端が、スコータイ都を通過して、北上したシーサッチャナーライ都である。高僧の一行は、この公道にそって、まず「バーン・パーン」を通過し、北北東へ進み、やがて、スコータ

イ都城に入ったのである。

2. ワット・バーマムアン寺建立

リ・タイ王は、高僧マハーサーミー・サンカラーチャーをスコータイ都に招き、この高僧が住まわれる寺を建てた。それがワット・バーマムアン寺(マンゴ樹林寺)である。この造営については、第四碑文と第五碑文の中で、共に記されていた。両碑文のその個所を、引き出すと、次の通りであった。

「この高僧の来朝にあたり、王は、職人をつかわし、スコータイ都の西、マンゴ樹林に、僧房と仏堂ウィハーラを建てるよう、準備させた。王は、寺の境内を整地させ、砂でおおい、あたかもヴィシュヌカルマン神がなしたかのように、どこもかしこも、整美させた。」(第四碑文)

「この高僧マハーサーミーが来朝される間、王は、僧房と仏堂一基とを、このマンゴ樹林に建て、それらは見るに美しい。建築神ヴィシュヌカルマは、それらを建設し(消)。」(第五碑文)

この両碑文で記した「マンゴ樹林」の寺とは、スコータイ都城の西門からすぐ近い所にある(図2)。この寺跡は、「ワット・バーマムアン」寺と呼ばれ、現在、その廃墟が残っている。その寺跡の写真(図版66と67)を、ここに示しておく。そこには、レンガ造りの仏堂と布薩堂との基壇が、見られる。また、ラテライト造りの石柱(図版66)が一本、立っており、その頂上には当初、石造の法輪がのっていたものか。今は消失して、見られない。

3．リ・タイ王の出家

リ・タイ王は、王位にあったが、一時、出家して、仏教僧侶としての日々をおくった。このことについての碑文が、全部で三つ残っている。その内の二つは、リ・タイ王自身が著者で、もう一つが例のビルマから来た高僧、マハーサーミー・サンカラーチャーの著述であった。まず、二つのリ・タイ王の第四碑文と、第七碑文に記された、それぞれの個所を引き出し、示しておこう。

「その仏像は、毎日、王によって礼拝され、王宮内に安置されてあった。そこで王は、高僧マハーサーミーをはじめとする、すべての僧たちを、王宮内の黄金殿に招き、沙弥としての受戒をなされた。得度し、戒律の厳守を誓約されると、王は立って、両手をあげて、その黄金仏に、また王宮に収蔵された三蔵経典、さらに大僧正マハーサーミーに敬意を表された。」（第四碑文）

この碑文の中にある「沙弥として」とは、全十種類の戒律を厳守する、二十歳以下の少年僧のことである。比丘になる候補者で、まだ全二二七種類の戒律（具足戒）を、受けていない男子をいう。

「不動な（消失）の知慧のある僧伽、（消失）パーリ三蔵によく通じた大僧正サンカラーチャーは、セイロン僧伽で得度され、この地に来て、（消失）この地にて、プラナー・シー・スーリヤヴァムサ・ダルマラーチャディラーチャ王（リ・タイ王）を得度させた。このマンゴ樹林の大地は、振動し（消失）。」（第七碑文）

この碑文中の「大僧正サンカラーチャー」とは、言うまでもなく、リ・タイ王が招いた、下ビルマからの高僧マハーサーミー・サンカラーチャーのことである。

次に、この高僧の著述によった、第六碑文は、実に興味ぶかい。一三六一年に、パーリ語の偈で、クメール文字で記された。その内容は、リ・

タイ王のマンゴ樹林での、出家・得度を讃嘆し、記念したものである。すなわち、その個所に次のようにある。

「積善の豊庫であり、仏法、全宇宙からの恵を求め、確固たる王位を放棄された。ジャナカ王のごとく、この世から出家を決意され、顧問、臣下、天女のような王の婦人たち、親族からの反対をおしきり、永遠の菩薩行をなし、わずらわしき王位を捨て、だれもが涙を流す中、黄色い法衣をまとわれた。」

右の碑文の中で記した、「ジャナカ王のごとく」とは、リ・タイ王の出家がジャナカ王のようである、と言う。ジャナカ王とは、マハージャナカ本生話（『南伝大蔵経』第三七巻所収）に出る主人公で、釈尊の前世でのお姿にあたる。確かに、リ・タイ王の出家には、当時、周囲の人々から反対があった。それをおしきっての出家であったことが、理解される。

リ・タイ王は、一三六一年の十一月に、出家し、僧侶としての仏門に入った。その仏門生活は、三ヵ月間以上で、しかし六ヵ月間以内で、すなわち一三六二には、還俗したものと思われる。

4．高僧マハーサーミー・サンカラーチャー

リ・タイ王が招き、リ・タイ王を出家・得度させた、リ・タイ王の国師と言うべき、この高僧は、一体、誰であったのか。「マハーサーミー」は、大きい主、「サンカーラーチャー」は、僧伽の王の意味で、スコータイ王国の国師というべき尊称である。グリスウォルド博士は、この高僧が第五章の第三節で述べた、ウダンバラプッパー・マハースワーミーであろうとした。あるいは、このウダンバラプッパー大長老の弟子の一人であろう、とみなした。

また、スリランカの故パルナヴィターネ博士によると、この高僧は、「メーダンカラ・サンカラーチャー」というお方であろう、とする。ここでは、仮に「メーダンカラ大長老」と呼ぶと、この高僧は『ローカパディーパサーラ』（世灯精要）という、パーリ語宇宙論の著者で、知られていた。このメー

ダンカラ大長老こそが、一三六一年に、リ・タイ王によって招かれた同一の高僧であり、実にリ・タイ王の師であったと述べている。(51)

メーダンカラ大長老については、ビルマの仏教史書『サーサナヴァンサ』の中に記されてある。この書は、一八六一年、パンナサミ長老の著者である。これによると、この大長老は、下ビルマのマルタバン（当時「ムッティマ」）都城の、ビンニャ・ウ王（別名セティビンダ王、在位：一三五三〜一三八五年）の母親である、バッダー王后（別名スサダマハー・デーヴィ妃）の教師であった。

この大長老は、ビンニャ・ウ王の母堂が建立した、金銀造りの寺院に住み、スリランカへ留学した。下ビルマのマルタバン（パーン）出身の、モーン族僧であった。また『サーサナヴァンサ』は、この大長老が森林派に属する仏僧であったことを、伝えている。森林派とは、パーリ語で「アランニャーヴァシー」と称し、森林の中に住んで修行する僧侶たちをいう。(44) 当時、スリランカでの、この森林派の中心的な修行の寺院は、ウダンバラギリにあった。この地は、現在、「ディムブラーガラ」と称し、古都ポロンナルワの東にある（図版84）。

スリランカのディムブラーガラの位置は、図15の地図に示しておいた。すでに第五章でも述べたように、スコータイ王国の第四代目、ロ・タイ王の治世に、下ビルマのパーン（マルタバン）から、スリランカへ留学したモーン族僧たちも、ここディムブラーガラへと、出向いたのであった。

第四節　リ・タイ王の仏足石信仰

1．スリランカ仏足信仰の高揚

スリランカの歴史書『マハーヴァンサ』（『南伝大蔵経』第六十巻所収）の第一章によると、釈尊は、スリランカへ来られて、山頂に足跡を残された、とある。この歴史書は、五世紀に編纂され、そこに記録された釈尊の足跡――仏足跡は、今日のスリランカ島の中ほどにある、スリ・パーダの山頂に、残っている。この聖山は、スリランカで「サマンタクータ」山と呼ばれ、古くから釈尊の聖なる足跡を信奉する、仏足石信仰の源流とされてきた。

スリランカには、釈尊のスリランカ島への来訪と、その聖なる仏足跡のあるサマンタクータ山をたたえた書がある。それは『サマンタクータヴァンナナー』[52]と称し、おそらく十三〜十四世紀頃の作とみなされ、七九六偈からなる。著者は、ヴェーデーハ・テーラという比丘である。この書を通じて、スリランカでは当時、サマンタクータ山の山頂の仏足跡への参拝が、高揚していたのであろう。それはスリランカ島の内部だけでなく、遠くタイ国のスコータイ王国にも、知られていったものと思われる。

後で述べるが、スコータイ王国のリ・タイ王は、そのスマナクータ山へ、使いを派遣し、その仏足石を模写させ、帰国させていた。それのみならず、リ・タイ王は、自国のスコータイ都の郊外にある小高い山を、スリランカの例のスマナクータ山になぞられて、その山頂に、仏足石を安置したのだった。当時、リ・タイ王がスリランカへ、思いをよせていたことは、まちがいない。

2. リ・タイ王による仏足石の安置

リ・タイ王は、一三五七年に相当する第三碑文の中で、リ・タイ王が奉安した、四つの仏足石について、記していた。[48]この四つは、スリランカのスリ・パーダ山の頂上の仏足跡を、模写させた仏足石である、という。その第三碑文の個所の一文を、ここに引き出し、示しておくことにしよう。すなわち

「この仏足石について、王は、シンハラ（スリランカ）に使節を派遣し、スマナクータパルヴァタ山の山頂に踏み残された、釈尊の足跡（仏足石）、その大きさを計らせ、人々に礼拝させるため、その写しを持ち帰らせた。

その模刻の一つは、シーサッチャナーライの（消失）山の山頂に、安置された。もう一つは、スコータイのスーマナクータ山の頂上に、おかれた。また一つは、パーン・バーンのナーン・ドン山の山頂に、奉安された。そして一つは、パーク・プラ・パーン（ナコーン・サワン）の山頂に、安置された。」

まず、この第三碑文に記された、四つの仏足石は、スリランカの「スマナクータパルヴァタ」山の仏足跡からの、模写であった。この山は、今日、「スリ・パーダ」と呼ばれ、高さ二千三百メートルもある聖山である。次に、リ・タイ王が奉安した、それら四個の仏足石は、現在、おどろくことに、すべてが残っている、[43]と言われる。

「シーサッチャナーライの（消失）山の山頂に」とは、シーサッチャナーライ都の都城外の北東、約三百メートルにある、カオ・プラ・バート山である。この「シーサッチャナーライ」都の東にある、チャリエンのワット・プラシー・ラッタナ・マハー・タート寺（図3・10）に残る仏足石（図版69）は、実に第三碑文に記されたそれである、と言われる。

また、「スコータイのスーマナクータ山の頂上に」とは、スコータイ都城の外側、その南西にある小高い山、「カオ・プラ・バート・ヤイ」（図2）のことである、と考えられている。この山頂から出た仏足石が、現在、スコータイ都城跡の内側にある、ラーム・カムヘン国立博物館の隣りの、ワット・トラパーン・トン寺（図版68）に残っている。

次に、「パーン・バーンのナーン・ドン山の山頂に」とは、パーン・バーンがスコータイから約五十キロたらずの所で、スコータイとカンペーンペットとを結ぶ、公道上にあるバーン・パーンと言われる。ここにあった仏足石は、一九二三年（大正十二年）に、バンコック国立博物館に持ち込まれ、この博物館の二階のスコータイ室に、現在、展示されている。

最後の一つは、第三碑文に、「パーク・プラ・パーンの山頂に、安置された。」とある。パーク・プラ・パーンは、今日のナコーン・サワン（図1）である。この地のカエル山（図版71）の山頂には、当時の仏足石（図版70）が、お堂の中にまつられ、残っている。

以上、リ・タイ王が奉安した四つの仏足石は、すべて単足のみで、その足跡の面には、線刻によって彫り出された、百八種の吉祥文様がある。しかし、図様は、各所がうすれて、見えなくなってしまっている個所がある。

3．第八碑文が伝えた仏足石

リ・タイ王が著者である別の碑文、公式「第八碑文」には、再びスリランカのシリ・パーダ山こと、サマナクータパルヴァータ山への、使節の派遣について、記していた。それによって、スコータイ都の近くの山に、仏足石を安置している。その仏足石は、スリ・パーダ山の仏足石の模造であった。さらに、スコータイ都の山には、スリランカのスリ・パーダ山と同じ名前をつけて、「サマナクータパルヴァータ」山と、なぞらえていた。

この第八碑文は、一九〇八年（明治四一年）に、当時のワチラウッ王（現在の王朝のラーマ六世王）によって発見された。碑文は高さが九十センチあり、全三面には、タイ文字で記されてあった。碑文は、一三七〇年頃に刻まれた。しかし、この碑文は、最初、一三五九年に、仏足石の造立と共に刻まれたが、その後、一度、こわれてしまった。そこで、後の一三七〇年頃、リ・タイ王は、この碑文と仏足石を、再び訪れた時、一三五九年の碑文の最初の部分の文章を再生させて、一三七〇年頃に新しい碑文を、造って立てたのである。いいかえると、第八碑文は、古い碑文を修復させた、仏足石への奉献碑である。このことを知った上で、第八碑文を読むと、理解ができる。仏足石の造立にかかわる個所を、まず最初に引き出して、ここに示しておこう。

「この山は、スマナクータパルヴァタと呼ばれ（消失）。そのように名付けられた理由は、使節が我が釈尊のお足跡を、模写せんがために、派遣されたからである。そのお足跡とは、遠くランカードヴィーパ（セイロン）のスマナクータパルヴァタ山の山頂に、踏み残されてある。使節は、その模写図を持ち帰り、この山の山頂に、（仏足石）を安置せんとした。」

当時のスコータイ都の住民たちは、この仏足石への参拝に、非常なよろこびを感じていた。その情景がはっきりわかるほど、第八碑文の中の一文は、次のように記し、伝えている。

「スコータイ都からこの山頂（仏足石の所在地）へ至る道は、荘厳に飾りつけられた。道の両側には、龍草がそえられ、花環がつりさげられ、燈明がともされ、お線香がつけられた。これらの香りは、いたるところにただよった。旗が立てられ、道路の両側には、びんろうの実とその葉の盆が並べられた。だれしもが参拝し、喜び踊って、いたるところが陽気にみちあふれた。人々は、歓喜の声と共に（消失）し、参拝し、そしてまた楽団、ドラや太鼓をうって、その音は、地すべりがおきるほど、ものすごい騒音であった。」

この第八碑文の一文に見る、「この山頂」とは、スコータイ都城の南西にある、「カオ・プラバート・ヤイ」山である。この聖山が「スマナクータパルヴァータ」山と呼ばれた。この山頂に、リ・タイ王は、一三五九年、仏足石を安置した。その後の一三七〇年頃、リ・タイ王は、この仏足石を再訪し、参拝した際、碑文には何も記されていないが、おそらく、仏足石はこわれていたのだろう。そこで、年代が消失しているが、リ・タイ王とその王妃とは、新しく吉祥文様を入れた仏足石を、彫らせて、つくらせたのである。その事情が、第八碑文の、次の一文から推祭されよう。

「シャカ暦一二八一年、猪年、仏足石が運びこまれ、スマナクータパルヴァタ山に安置された。(消失)九十八日(消失)、そこで、だれしもがこの仏足石に参拝した。シーサッチャナーライ・スコータイの支配者であるプラヤー・リ・タイ王が計りて、それら(?)を記しとどめた。一二(消失)年、王と王妃とが、この仏足石を彫らしめ、人々を招いて、また人々を歓喜せしめた。」

この第八碑文の一文に見る、「シャカ暦一二八一年」とは、西暦一三五九年にあたる。この一三五九年の時点に、リ・タイ王の仏足石は、あったのである。それを後に、リ・タイ王が再訪した際、おそらく第八碑文と共に、新しくつくったのであろう。現在、スコータイ都城の隣にある、ワット・トラパーン・トン寺の仏足石(図18)は、リ・タイ王が再訪した時、一三七〇年頃に造られたものなのであろう。

したがって、すでに述べた第三碑文に記された、リ・タイ王が奉安した四つの仏足石の内の一つ、「スコータイのスーマナクータ山の山頂に、おかれた」という仏足石は、同じくカオ・プラバート・ヤイ山に安置された。しかし、第三碑文の一三五七年の仏足石と、第八碑文の一三五九年作の仏足石とは、両者が別個のものであろう。さらにワット・トラパーン・トン寺に、現在、まつられてある仏足石(図版68・図18)も、一三五九年作の仏足石と別個のもので、およそ十年位後の、一三七〇年頃の作とみなされよう。

第五節　スコータイ仏の誕生

1．スコータイ様式の仏陀像

スコータイ王国の六代目、リ・タイ王の治世に至って、タイ族の独特な姿の仏陀像が、誕生した。このような仏陀像は、一般に「スコータイ仏」、「タイ古典期仏」と呼ばれ、その定まった仏陀像の全体の姿は、「スコータイ様式」と言われる。タイ族が創造したユニークな美しい形である。このため、スコータイ仏は、東洋の仏教美術史の上で、タイ族が世界に誇りうる姿である、と称えられる。

スコータイ仏は、一言でいって、顔、身体がすべて柔和を、理解として表現している。すでに述べた、スコータイ王国の誕生以前の、クメール族の仏陀像とは、まったく異にしている。クメール仏（図4）は、一見して、かたさがある。それは特に、眼の形の表現にある。クメール仏の眼は、杏仁形である。一方、スコータイ仏は、ふし眼をなしている。

それでは実際に、スコータイ仏のよき作品の例を、示しておこう。座った仏陀像では、野外にある一例として、シーサッチャナーライ都城跡の東にある、チャリエンのワット・プラシー・ラッタナー・マハー・タート寺（図3・10）の西端にある。ここにその写真（図版86）を、かかげておく。そこには、前と後ろに二体あるが、前におかれた像は、実に整っていて、美しい。

また、室内にある作品の一体は、現在、バンコックのワット・ベンチャマーポピット寺（大理石寺院）の廻廊にある。この座った姿の仏陀像――仏座像は、オリジナルの仏像をもとに、再鋳造したブロンズ製の作品である。ここに、その青銅製の写真（図版58）を、かかげておく。この像で、特に注目すべき個所は、先に述べたふし眼、そして右手の形、それに後でふれる、頭上より放射した光（ラッサミー）にある。

それではまず、スコータイ仏の形について、その共通した特徴は、次のように指摘できる。スコータイ様式の仏陀像を示した、描きおこした絵（図19）を参照されたい。

仏陀像の頭の上には、火炎状の長いもの、タイ語で「ラッサミー」（光）が、とびだす。頭の螺髪の一つ一つが、小さく造られる。顔は、全体に卵形である。まゆ毛は、弓をはりつめた時のような曲線をなす。口は、微笑をうかべ、口びるはいわばうすい。その肩は、あつく幅広いが、それに対し、腰がしまって小さい。

特に、スコータイ様式に見る重要な特徴は、左肩の上から下へとたれさがる、細長い垂布にある。これをタイ語で、「サンカーティ」と呼ぶが、この垂布は、実に長く、へその近くまでたれさがる。そして、その末端が、さかさになったV字形に、切れることを、特徴としている。足は、両足で半跏趺坐にすわり、左手をへその下におき、右手で城降魔印をとる。台座は、一般に、のっぺりとした単純な台となっている。

さて次に、このスコータイ仏の頭部に限って述べてみる。まず、図21を参照されたい。この図には、スコータイ仏（十四～十五世紀）を中心にして、それと同時代に造られた、さまざま地域の仏頭を示している。それは、スコータイ仏の頭部と、それぞれの地域の仏陀像の頭部を、比較させるためである。

この比較上、特に注目すべき個所は、頭部の頭上に放射した、火炎状の光、「ラッサミー」と、眼の形とにある。そこで、見てわかる通り、スコータイ仏は、スリランカ仏（一二～一三世紀）と、南インド（ナガパティナム）仏との、火炎状の光に似ている。このことは、スリランカ仏が、スリランカ、あるいは南インドの仏像の造り方により、その両地域から影響を受けて、造られていたことがわかる。

次に、スコータイ仏の眼について見ると、眼は、明らかにスリランカ仏と類似し、それも、非常に下方を向いた、ふし目である。スコータイ仏には、明らかに、スリランカ仏からの影響が感じられる。しかし、そのスコータイ仏の顔は、きわめてデリケートである。スリランカの当時の仏像の顔にない、一種独特な顔つきを、なしている。この独自性は、スコータイ王国のタイ族が創造した、スコータイ地方の、タイ族の好みによっているのであろう。

かつて、バンコックのシラパコーン芸術大学の初代学長、故シラパ・ピラシー教授は、すてきな考えを出された。教授はイタリア人で、画家、彫刻家でもあった。シラパ・ピラシー教授は、スコータイ仏の顔が、スコータイのタイ人女性を、モデルにして造られている、と言って、そのスケッチを提示された。(49) 図20は、教授のスケッチ図をもとにして、あらたに模写した描絵である。両者は実に似ている。

以上、スコータイ仏に見る深いふし眼と、うすい口びるで、その左右の端を上にあげた口は、独特である。眼は人々の苦しみを知って、涙を流す状態である。口は、人々のあがったり落ちたりする、どうすることもできない無常の世を、ほほえんだ形なのだろう。釈尊が説く「四無量心」の内、悲カルナーは、眼を表わし、喜ムディターは、口を表す。慈メッターは、顔全体で表し、捨（静）ウペカーは、頭の中を表している。
いうまでもなく、慈は、いつくしみでみたすこと、悲は、あわれみでみたすこと。そして、喜ば、よろこびでみたすこと、捨（静）は、愛と憎しみのない平静さをいう。

2. 遊行仏の独創

「遊行仏」とは、釈尊が歩いている姿の像を言う。この種の作品は、すでにラーム・カムヘン大王の治世に見た。それはチャリンのワット・プラシー・ラッタナ・マハー・タート寺にある、高浮彫の遊行仏（図版31）であった。この高浮彫に造り出された遊行仏を、丸彫りにして彫り出した像が、完全な姿の遊行仏である。この種の最高の傑作（図版59）は、バンコックのワット・ベンチャマーポピット寺（大理石寺院）の廻廊にある。

遊行仏を丸彫りで完成させた事は、東洋の仏教美術史の上で、このスコータイ王国のタイ族が、最初である。この意味で、スコータイ王国の遊行仏は、タイ民族の世界に誇りうる、独創といえる。

なぜこのような歩いた姿の、楽しい仏像が誕生したのかは、やはりスコータイ王国のリ・タイ王が、この遊行仏をうむ、背後の思想を大変に尊重したからなのであろう。それは、人間が死後に再生してもらいたい、という天界に対する強い意識によっていたからであろう。当時、リ・タイ王の精神的な崇高さから、すぐれた彫刻師が王のもとに集まったのだろう。それによって、他の国々にない、独自のすぐれた作品――遊行仏が誕生したのである。

遊行仏は、本来、釈尊が忉利天という天界から、この地上、インドのサンカーシャへ降りてこられる時の光景から、取っている。この光景は、一般に「三道宝階降下図」と呼ばれる。釈尊の生涯の物語――仏伝図の中で、有名な出来事の一場面である。釈尊は、天界におられる母親、マヤー夫人を訪れて、母親のために説法し、その後、黄金の階段にそって、地上におりてこられた。リ・タイ王をはじめとする彫刻師らは、この天界と結びついた説話を、特に好んだのであろう。

この三道宝階降下図は、スリランカのポロンナルワ都にある、ティヴァンカ・ピリマゲ堂に壁画がある。これは十三世紀のパラークラマバーフ二世王の時代の大画面の壁画である。おそらく、リ・タイ王の時代の絵師は、このティヴァンカ・ピリマゲ堂の壁画を見たのであろう。それを参考にして、その三道宝階降下図を、まず、後で述べるスコータイ都のワット・トラパーン・トーン・ラーン寺の外壁の大壁画に、浮彫で表わし出したのだろう。その三道宝階降下図の写真（図版57）を、ここにかかげておこう。

そこで、当時の彫刻師は、その大浮彫図に表された、釈尊の歩いた姿（高浮彫）を、完全に外へ取り出し、独自に丸彫にして創りあげたのである。これが丸彫りの遊行仏の誕生である。遊行仏の仏像は、一見すると、平地を歩いているのであるが、その本来の気分は、天界から今や、この地上へ、階段にそって、一歩ずつおりてくるお姿なのである。

さて、再びワット・ベンチャーマーポピット寺の遊行仏（図版59・60）にもどると、この青銅仏は、本来、オリジナルの像から、全く同じに再鋳造された作品である。「タイ歴史学の父」と一般に言われる、ダムロン・ラーチャヌパープ親王（一八六二～一九四三年）が、仏像の図像のちがいを、タイ国民に知らせるために、多くの青銅仏を造り、それらを先の寺院の廻廊内に、陳列したのである。その内の一体（図版58・59）が、この本の中に入っている。

時代の決め手となっている、左肩から垂れる垂布サンカーティは、三代目のラーム・カムヘン王の頃の遊行仏（図版31）の垂布と、まったく異にしている。その形は、仏座像（図版58）と同一で、へその近くまで垂れて長く、その先端は、逆V字型に切れて、魚尾のような形に、まったく変わってしまった。

この最盛期の傑作にあたる遊行仏の特徴を述べると、全体が内からもりあげるように、力強く、またバランスがよくとれている。するどい頭上のラッサミー（光）の放射、半球体の肉髻をなし、その螺髪は、一つ一つがするどい螺施をなす。顔は、後で述べるリ・タイ王が造ったヒンドゥー神像（図版61・62）と違うが、基本的に同じ作風にもとづき造られている。

胸から胴体は、ライオンのようで、乳首がつきでて、腰はふくらんでいる。法衣は完全に透薄で、水浴び後に、法衣が身体にぴったりとくっいたようである。腕は実に蛇のようで、手は開きかけた蓮華の一枚の蓮弁のように、やや後方にそっている。足の裏はまっ平らで、そのかかとは、著しく後ろにつきでていよう。

3．ワット・プラ・パーイ・ルアン寺から出た涅槃仏

スリランカの涅槃仏を想わせるような、美しい横臥仏が、バンコックのワット・ボーウォーンニウェート寺にある。この寺は、タイ国タンマユット派の主要寺院で、境内には、仏教大学があって知られる。釈尊がなくなられる時の姿勢を表した涅槃仏であるが、この傑作（図版104）は、もともと、前にふれたスコータイ都城跡の北隣、ワット・プラ・パーイ・ルアン寺跡（図5）に安置されてあった。十九世紀中頃に、この寺跡から運び出され、ワット・ボーウォーンニウェート寺に、まつられた、と言われる。

この涅槃仏は、全長が約三メートル半あり、青銅製で、表面が黄金色に塗金されてある。左肩の上から垂れる長い垂布サンカーティは、前に述べた遊行仏と同じ形をなす。この像が造られた年代は、不明だが、スコータイ王国のリ・タイ王の時代か、ともみなされよう。

第六節　リ・タイ王の著作の仏教聖典

1．『トライ・プーム・プラ・ルアーン』（三界経）

スコータイ王国のリ・タイ王は、全九代の諸王のうち、最も偉大な王であった。その一つの理由は、リ・タイ王自身が、仏教経典を著作し、それを後世に残した点にある。この経典は、タイ語で『トライ・プーム・プラ・ルアーン』と称し、その意味は、「ルアーン王による三界」にあたる。これは後世の書名で、本来の名前は、『トライブーミカサー』（三界についての説法）であった。そこで、わが国では、これを簡単に『三界経』と名付けて、すでに紹介された。(46)(47)

この仏教経典は、タイ国でつくられた最古の聖典で、後世のタイ仏教社会に、多大な影響を与えた。著者は、リ・タイ王自身であり、その著作された年代は、一三四五年であった。この年代は、リ・タイ王の即位（一三四七年）や、すでに述べた高僧マハーサーミー・サンカラーチャー

の招来と王自身の出家（一三六一年）より、以前のことであった。この仏典の著作の動機は、第一にアビダルマ（論・註釈書）仏教の教義を高揚させ、第二に王自身の母親に仏法を説こう、とした理由からであった。

この仏典の著作には、リ・タイ王がさまざまな高僧から教えを乞うたとし、その中には、すでに前に述べた、アノマダッシー長老も、含まれていた。この仏典は、全十一章からなり、第一章：地獄界品、第二章：畜生界品、第三章：餓鬼界品、第四章：阿修羅界品、第五章：人間界品、第六章：天人界品、第七章：色界品、第八章：無色界品、第九章：鉄囲山と贍部洲、第十章：大劫の破壊、第十一章：涅槃と聖道、とである。

以上の全十一章のうち、最も量の多い文章は、地獄についての章である。その次は、我らの人間の世界を語った章である。これはリ・タイ王が国民に対し、人の死後にある地獄界について、その恐ろしさを伝えたかったからである。またリ・タイ王の宿願は、人間の救済であるから、その関心はやはり、現世での我ら人間にあった。

地獄界品で、リ・タイ王は、死後に人間が落ちて生まれる悪い所——地獄についてつぶさに述べている。その落下する原因は、人間であった間、十種の悪業（十悪業道）をなしたから、と説く。その十種とは、殺生《せっしょう》、偸盗《ちゅうとう》、邪婬《じゃいん》、両舌《りょうぜつ》、妄語《もうご》、悪口《あっこう》、綺語《きご》、貪欲《どんよく》、瞋恚《しんい》、邪見《じゃけん》、とである。リ・タイ王の言葉で、それらを記すと、次のようになる。

殺生とは、人間の手足で、生き物をころす。偸盗とは、人間の手足で、他人の物をぬすむ。邪婬とは、人の妻をおかす。両舌とは、両方の人にちがったことを言って、人を中傷する。妄語とは、うそつき、他人が聞くのに好まぬ言葉。悪口とは、批判する言葉、他人について根もない話し、他人の感情を害する不愉快な言葉、乱暴で卑猥《ひわい》な言葉をさす。綺語とは真実のないからかった言葉。

あとの残りの三つは、次のようにリ・タイ王は、言葉をそえている。貪欲とは、他人を傷つけ、その人の物をとるために殺そうとくわだてる。瞋恚とは、ある人に対し、にえくりかえった熱をあげて、どこまでも死ぬまで、敵視する。この熱、熱望は、怒りと悩乱とをひきおこすが、常にかたく、そのうらみを持ち続ける。邪見とは、正しく十分なものを、不正で不十分とし、また不正で不適当なことを、公正かつ最適なりととること。

また、リ・タイ王は、この地獄界品にて、人が死んで後に、直面するその人への審判について説いている。その死者は、閻魔王と四人の天人に出あい、閻魔王からの質問をうける。まず、四人の天人らは、死者の善行と悪行とを記録した板を、閻魔王にさしだす。死者がなした過去の善行は、黄金板に記され、一方、その悪行は、犬皮製の板に記録されてある、という。

この審判にあたり、死者は過去になした善行は、本人が喜んで告白する。一方、その悪行は、本人がうちあけられない。善行であった死者は、天界へとおくられ、悪行であった者は、地獄へなげいれられる。ただし、善行と悪行との重さが同等なら、その死者は十五日間、ヤマ神となり、安楽な生活をなす。その後、再び十五日間、悪業（罪）が消滅するまで、地獄にとどまる、というのである。

すでにリ・タイ王の人格について、碑文に記された内容を紹介したが、リ・タイ王は、毎日の生活で、五戒を厳守していた。このことが、同じくこの三界経でも、主張している。人間界品にて、リ・タイ王は、人がのっとって生きる、五つの戒（五戒）の大切さを説く。その五つとは殺生、偸盗、邪婬、妄語、飲酒とである。これらについて、リ・タイ王は、次のように言葉をそえて、説いている。

殺生とは、あらゆる動物、昆虫を殺す者、人を害する者。人に大困難をもたらす者は、幸福、平安を見出しえず、そのような人は、この世にて、親族や愛する者から、別れることになる。偸盗とは、人の富・財産は、けっして取り盗んではならない。その人は、この世にて残酷な性格をもち、非常に貧しい状態となる。

邪婬とは、他人の妻と姦通するにあらず。この人は、人間に再生しても、一千回の輪廻転生を、ふたなり（両性具有者）となる。妄語とは、何の根拠もないこと（うそ）をいう。その人は、人間に再生しても、衣服が不愉快で、汚く、臭い。飲酒とは、酒はのんでならず。ピー・スア（霊）に、狂った犬に、また人間に再生して、精神病者として生まれかわる、と説くのである。

さて、すでに第一節のリ・タイ王の国民への希望についての個所で、述べたように、リ・タイ王は、この世で、善行をなせ、善行の積みあげにはげめと、力説していた。このことは、リ・タイ王が残した、第三碑文、第四碑文、第八碑文のなかでも、同様に述べていた。

善行とは、人間がなす他者に対する善良な行いであり、それはその行為に従って、よき結果をうむ。そのため、善行の積みあげが大切であり、それは「功徳」にほかならない。その多くの功徳の結果として、人は死後に、天界へ生まれかわることができる、と説くのである。それではなぜ、リ・タイ王はこのようなことを説いたか、というと、人が死後に、天界へ再生されんことを、希望したからである。その功徳とは、具体的にどのような善行なのか、リ・タイ王は『三界経』の人間界品の中で、十種の功徳について、次のように説いていた。

一、布施として、お米、水、薬を人さまにほどこせ。

二、持戒として、五戒、八斉戒、十戒をかたくまもれ。
三、禅定として、読経せよ、仏陀への賛嘆、父母、僧、恩人の徳行を想い、世の無常をおもえ。
四、恩人への追善供養をなせ。
五、他人のなす布施を見て喜び、共に助けあい、信仰を一つにせよ。
六、身をもって父、母、僧につかえよ。また寺を掃き、仏像、仏塔、仏堂、菩提樹のまわりを、きれいにせよ。
七、けっして怠らず、身をもって、父、母、兄、老人、さまざまな師に対し、大いに敬意をはらえ。
八、他人をみちびくのに、釈尊の教えを説け。
九、聞法に熱心で、不確かなれば、智慧と経験のゆたかなお方に、進んで相談せよ。
十、仏法僧の三宝に、あつく帰依し、両親、さなざまな師、僧の中で、確固たる信仰をもて。

さて次に、リ・タイ王は、『三界経』の第六章、天人界品の中で、人が死後に、天人として生まれかわる、天界への再生の方法について、次のような言葉を残していた。

「怠慢で軽率であってはならず、善き行いをなすこと。功徳を積むこと。布施をなすこと。戒律を保持すること。慈悲ぶかくすること。父や母や兄や老人や教師、それに戒律を保持する仏僧やバラモン僧に、個人的につかえること。以上のことを、いそいでなすべき。かくして、その結果として、天界に再生しうる。」

また、リ・タイ王の理想として、『三界経』第七章の色界品にて、次のような言葉を、残していた。

「人はいかなる時も、わが身体から心を、消えうせるなら、また、全くなにも考えないなら、あらゆる刹那が善良である。このようにしてこそ、人は次のような願いをなす。すなわち、『子がないよう、妻がないよう、心がないように』と。また『無知覚』となせ。寿命がつきるまで変わることなく、このように願い、またなす者は、その結果として、彼らが死ぬと、無想有情天（天界：色界の第四禅地）に再生するだろう。」

第七節　リ・タイ王時代の彫像

1．シー・サーカヤムニー仏

スコータイ王国の仏教美術の誇りは、これより述べる一体の大仏にある。その名前は、「シー・サーカヤムニー」仏である。この大仏（図版106）は、青銅製で、高さが約八メートルある。現在、バンコックにある名刹、ワット・スタット寺に安置された、この寺院の本尊仏である。実に堂々たるすぐれた仏座像を、そこに拝する。

実は、この大仏は、本来、スコータイ王国のスコータイ都城内にある、スコータイ王国の中心的寺院、ワット・マハー・タート寺の中心的仏陀像、本尊仏であった。その当初、安置されてあった場所は、この大寺院の中央塔堂のすぐ東側に建っていた、大仏堂の中にあった。その正確な位置を、図8の第4番に示しておいた。そこには、現在でも、当時、この大仏をのせた、大きな台座が残っている。

この大仏は、スコータイ王国六代目、リ・タイ王によって造られた。一説では、リ・タイ王が造った「スバルナー・プラーティマー」仏に相当する、と言われる。

現在のタイ国の王朝、ラッタナコーシン王朝の初代の王、ラーマ一世王（在位：一七八二〜一八〇九年）の治世に、ラーマ一世王の命により、この大仏は、スコータイ都城の先の位置から、遠く、メナム・チャオ・プラヤー河をくだって、今日の王都バンコックへ運び込まれたのである。それは、この大仏が当時、スコータイ都城の廃墟の中に、雨にうたれて放置されていたからである。その大仏を、大きな筏の上に乗せて、運んだ事業は、実に、ラーマ一世王の偉大な決意、善行によるものであった。

大仏は、リ・タイ王の時代に鋳造され、その後の長い間には、戦争もあったのではあるから、何度も修復が、大切になされてきた、はずである。例えば、両手の四本指の長さが同一になっている点が、あげられよう。したがって、大仏の全体の作りは、十五世紀末の作、とみる説もある。しかし、この大仏は、基本的に、スコータイ王国で最も文化的に偉大であった名君、リ・タイ王の作とみたい。

2. ヒンドゥー教神像の傑作

バラモン教の教義と儀礼とは、王者に威厳と権力とを、あたえるものであった。(45) リ・タイ王もすでに第四碑文の中で、述べていたように、バラモン教の聖典を学んでいた。そして王宮には、バラモン僧たちをかかえて、先代の諸王と同様に、バラモン教こと、ヒンドゥー教の神像を信奉していたのである。

前にもとりあげた第四碑文の中で、リ・タイ王は、ヒンドゥー教の神像を、二体造ったと、記していた。それは一三四九年のことで、マヘーシュヴァラ神こと、シヴァ神像と、ヴィシュヌ神像とである。そして、この二体を、今日に残るヒンドゥー教聖堂跡、ホーテワライ・マハーカセート・ピマーン堂（図2）に安置したのであった。その史実となった、第四碑文の、その個所の一文を引き出しておこう。

「王は、すべての行者、バラモン僧が、永く礼拝するようにと、マヘーシュヴァラ像一体とヴィシュヌ神像一体とを、このマンゴ樹林のデーヴァーラヤマハークセートラに造った。」

この第四碑文は、一三六一年、リ・タイ王が著者で、クメール語で記された。この一文に見る、「マンゴ樹林」とは、すでに前で述べた高僧、マハーサーミー・サンカラーチャーが住まわれた、ワット・バーマムアン寺（マンゴ樹林寺）のあった所である。ここに建てられたヒンドゥー教聖堂は、リ・タイ王によって造営されたのであろう。その聖堂跡は、今日、「ホーテワライ・マハーカセート・ピマーン」堂の名で知られる。

その聖堂跡の写真（図版65）を示しておこう。それはすっかり壊れた廃跡だが、スコータイ都の都城の外側、その西門からやや歩いた所にある。

現在、その廃跡は、写真で示した通り、ラテライト造りの頑丈な石柱が、基台上に、全部で八本、立つだけである。おそらく、当時は屋根が木造で、その上に瓦がふかれていたものなのだろう。

リ・タイ王が鋳造したヒンドゥー教神像、二体は、実におどろくことに、現在、残っている。バンコック国立博物館にて、見られる。碑文の中で記したシヴァ神像（図版61）は、高さが三メートルあり、方形の台座の上に立つ。もう一体のヴィシュヌ神像（図版62・63）は、高さが二・六七メートルあり、円形の蓮華座の上に立つ。両像は共に、黒色のブロンズ製である。

スコータイ王国は、諸王がヒンドゥー教神像を造り、それらを世に残したが、それらの内、このリ・タイ王作の二体は、最高の傑作である。おそらく、同じ一人の彫刻師によって、指揮され、造られたのであろう。両像の作りには、共通性が認められる。それと同時に、この両像の顔にも共通性が感じられる。すでにふれたように、神仏の造像上の慣例にしたがい、おそらく、この両傑作の顔は、スコータイ王国、六代目のリ・タイ王のお顔を写した、肖像であったのであろう。

リ・タイ王の即位は、第四碑文の冒頭に記録されてあったように、「シャカ暦一二六九年」であった。この年は西暦一三四七年にあたる。ここでとりあげている二体のヒンドゥー教神像は、一三四九年に鋳造されたので、リ・タイ王の即位の年より、二年後のことになる。リ・タイ王がスコータイ王国の再興にあたり、緊張しふるいたった頃の鋳造である。

そのためで、二体の神像は、実にたくましく、頑丈に健康的につくられている。前代のロ・タイ王の頃の作とみなす神像（図版46）と比べるなら、その美と生命力は、雲泥の差がある。彫刻師の表現は、慎重である。傲慢さのない、非常な威厳をともなっている。

第八節　リ・タイ王建立の寺院

1．ワット・トラパーン・トーン・ラーン寺外壁の仏伝図

リ・タイ王の時代の美術を語る上で、重要な寺院跡が一つある。それは、ワット・トラパーン・トーン・ラーン寺である。その名の意味は、珊瑚樹池寺院である。この寺院は、一般にリ・タイ王によって、造営された、と考えられている。スコータイ都の都城外にあって、その東門からやや東に向いて、歩いた所にある（図2）。そこには現在、箱形の仏堂（図版56）が一基、建ち残っている。仏堂は、東側を入口とし、他の三面には、それぞれ大型の仏龕がある。その各仏龕の中には、漆喰製の高浮彫図が、表されている。

仏堂は、レンガ建てで、その外壁の表面は、先の仏龕の高浮彫図と共に、白色の漆喰がぬられてあった。漆喰は、弱く壊れやすいため、少しずつ落ちてなくなり、その保存状態は、非常にわるい。一九七〇年代、その三面の仏龕内の大浮彫図は、この本に示した二面（図版55・57）しか、保存状態がよくなかった。その二面とは、南側と北側とである。

まず南側には、釈尊が天界（忉利天）から、インドのサンカラーシャへ降りてこられる場面、を示している。画面の中央には、階段をおりる、歩いた姿の釈尊が立つ。その釈尊に向かって右側には、ブラフマー（梵天）神が、また左側には、インドラ（帝釈天）神がそれぞれ脇侍として立っている。この二人の神には、それぞれ四人の天人たちが、随行していたが、その全八人は、すっかり消滅してしまった。

画面の最上層には、天界が表され、そこにも四人の天人たちがいる。この場面は、釈尊が母親、マヤー夫人のいる忉利天（天界）へおもむき、母親に説法した後、再び地上へもどる時の光景である。この場面は、一般に我が国で、「三道宝階降下図」の名称で、知られる。ブラフマー神とインドラ神との、頭光、宝冠、腰衣の形は、明らかにスリランカ風である。スリランカ美術からの影響が、感じられる。

次に、北側の仏龕内の高浮彫図（図版55）は、同じく我が国で一般に呼ばれる、「酔象降伏図」を表す。釈尊に嫉妬した従兄弟のデーヴァダッタが、今や釈尊を殺そうとした時の場面である。デーヴァダッタは、酔って暴れた象、ナーラギリを、釈尊の前に放った。しかし、その象は、うなだ

れて、釈尊の足もとにて、小さくなった。

画面の中央には、直立した釈尊がおられ、釈尊は今や、右手をさげた。その手の下には、うずくまった姿の象が、表されてあった。しかし、その象は、現在、壊れてしまって、見られない。また、釈尊に向かって、右側には、いつも釈尊に随行した、仏弟子のアーナンダの姿が見られる。「三道宝階降下図」と「酔象降状図」は、釈尊の生涯を物語る、「仏伝図」にある代表的な話である。また仏伝図の中には、八つの名場面があり、それを「釈迦八相図」と呼ぶ。この寺院に残った二面の作品は、同じく釈迦八相図の中に含まれ、仏教美術、特に浮彫や壁画の主題となって、親しまれてきた。

このワット・トラパーン・トーン・ラーン寺と、ほぼ同じ形で残った仏堂の跡がある。これは、ワット・トゥク寺（図版64）で、スコータイ都の都城外、例のバラモン教聖堂の跡、ホーテワライ・マハーカセート・ピマーン堂から、すぐ近くにある（図2）。この仏堂の外側の側面にも、以前、漆喰製によって表された仏伝図の高浮彫図があった。しかし、現在、それらは完全に消滅してしまった。この仏堂も、リ・タイ王の治世の頃の建立、と考えられている。

2. ナコーン・チュムの仏舎利塔

リ・タイ王は、一三五七年に、仏舎利を安置した仏塔を建立した。このことは、第二碑文の中に記され、その個所の一文を引き出すと、次のようにある。

「この年、王はここナコーン・チュム都に、奉安する貴重な仏舎利を持ちこんだ。この尊い仏舎利は、一般的な舎利でなく、はるか遠いランカードヴィーパ（スリランカ）よりもたらされた、真正の仏舎利である。」

碑文の中にある「ナコーン・チュム」とは、カンペーンペットの南に流れる、ピン川の西岸にある地名である（図14）。この地には、「ワット・

プラ・シー・ラッタナ・マハー・タート」という寺がある。その境内には、ビルマ式の形をした仏塔（図版87）が、建っている。リ・タイ王が奉安した仏舎利は、この仏塔の中に、まつられている。

今日に見るビルマ式の仏塔は、リ・タイ王が建立した当時の建築でない。その当時の仏舎利塔は、二十世紀に新しく再建された。この再建以前には、そこに蓮華莟塔の形をした仏舎利塔があった、と伝えられている。一九二二年（大正十一年）に、この地を訪れた、ダムロン・ラーチャヌパープ親王（前出）は、一八八〇年よりこの寺に住んでいた仏僧から、そのことを聞いたのである。

リ・タイ王が建立した仏舎利を秘蔵した、蓮華莟塔（図17）は、おそらく古くいたんだので、それを内におさめて、今日に見るような美しいビルマ式仏塔に改築したのである。このリ・タイ王による仏舎利の奉安を伝えた、第三碑文は、一三五七年、リ・タイ王が著者で、タイ語で刻まれた。出所は不明だが、本来、ナコーン・チュムのワット・プラ・シー・ラッタナ・マハー・タート寺に立っていた、とも言われる。

3．ナコーン・サワンの仏足石と仏塔・仏堂の建立

リ・タイ王が建立した仏塔と仏堂とが、ナコーン・サワンに残っている。ナコーン・サワンは、スコータイ都の南、一九九キロにあり、ピン川とナーン川との合流点にあたる（図1）。この町には、タイ語で「プゥーカオ・コップ」と呼ぶ山（図版71）がある。その意味は、かえる山で、この山の麓に、「ワット・カオ・コップ」寺がある。その境内には、リ・タイ王の造立によった、仏塔（図版94）と仏堂（図版95）が残る。

この仏塔と仏堂の建立については、第十一碑文の中に記されてあった。この碑文は、一九二一年（大正十年）に、ダムロン・ラーチャヌパープ親王（前出）によって、先のかえる山の山頂から発見された。二面がタイ語でもって刻まれ、その一面は、リ・タイ王が著者である。この碑文に記された仏塔と仏堂の建立について個所の一文を、引き出すと、次のようにある。

「この町に、王は、ラーマ・セティヤ（仏塔）とラーマ・ヴィハーラ（仏堂）とを建てさせた。そのラーマ・ヴィハーラには、見るにきわめて美しい仏陀像を一体、造らせた。また、菩提樹を植え、この聖樹は、（消失）からとった果から育成させ、あのラーマ・アーヴァー

サに奉安させた。」

この碑文の中に見る、「ラーマ・セティヤ」とは、図版94の仏塔とみなされ、「ラーマ・ヴィハーラ」とは、図版95の仏堂と考えられている。また、「ラーマ・アーヴァーサ」とは、先の仏塔の仏堂のある、当時の寺院名であろう。

現在は見る仏塔の形は、上部の傘蓋の部分をのぞくと、大根の上部を切ったような格好である。これは、下ビルマのピュー族の仏塔の形と類似している。リ・タイ王の建築師は、当時、下ビルマの仏塔建築に、憧れをもっていたのであろう。一方、仏堂は、片側に何本もの角柱を並べた、単純な建築である。スコータイ王国時代に普及していた、仏堂の形なのであろう。現在、この内部には、大きな横臥仏が一体、横たわる。しかし、この像は、碑文が伝えた「美しい仏陀像」ではない。後世の作であろう。

先の第十一碑文の一文の後に、次のような内容が続く。

「次に王は、奉安の儀式をおこない、仏法を拝聴し、プラヤー・プラ・ラーマの追善供養となした。」

この仏塔と仏堂の建立は、リ・タイ王によった、「プラヤー・プラ・ラーマ」という人のための、追善供養であった。この人物は、一体だれであったのか。すでに第四碑文で述べたように、リ・タイ王は、一三五七年の時点で、スコータイ王国の全四ヶ所に、仏足石が安置されてあったことを、第三碑文でもって伝えた。その四つのうちの一つが、ここナコーン・サワンのかえる山の山頂の仏足石である。この仏足石（図版70）は、現在、その現場に残っている。

その一三五七年より、かなり年月がすぎて、リ・タイ王は、再びかつて安置した、かえる山の仏足石を訪れた。その時、仏足石は、かなり放置され、荒れた状態にあった。そこで、リ・タイ王は、仏足石を整美し、仏足石をおおうお堂（仏足堂）を建て、またその近くに菩提樹を植えたのである。第十一碑文の冒頭の一文は、そのことを伝えていた。すなわち、次のようにあった。

「（消失）プラヤー・マハータルマラーチャーディラーチャ王（消失）は、灌木の除去に着手し、岩や石ころをのけて（消失）。王はご自身の手で測量をなし、その後、この仏足石をおおう（消失：仏足堂？）を建てた。仏足石を汚れから守るためであり、次に、このスマナクータパルバタ山の山頂に、菩提樹を植えた。」

この碑文の一文のうち、「プラヤー・マハータルマラーチャーディラーチャ」とは、リ・タイ王である。また、当時、このかえる山は、「スマナクータパルバタ」山と呼ばれ、この名は、スリランカの仏足山、スリ・パーダのことである。リ・タイ王はスリ・パーダに、憧れをいだいていたのだろう。

ここで、もう一度、リ・タイ王の足跡を、ふりかえってみたい。リ・タイ王は、一三六一年に、出家して仏僧となった。その後、一三六二年に、仏僧をやめて還俗した。そして、一三七〇年頃に刻まれた、第八碑文によると、リ・タイ王は、一三六二年より一三六三年まで、兵をひきいて北のナーン（図1）を攻撃し、鎮圧した。そして、一三六四年から一三七〇年までの七年間、スコータイ都の東、五八キロにあるピサヌローク都（図1）に、滞在した、とある。

この滞在中、王は、ピサヌローク都より、ナーン川を南下して、ナコーン・サワンを訪れた。例のカエル山に登り、山頂にあった仏足石を参拝したのだろう。しかし、その年が正確にいつであったのかは、ここで取りあげた第十一碑文に、あったはずの年代が消滅してしまったため、不明のままである。

4．スマナ長老の仏寺・仏塔

すでに第五章第三節で述べたように、スコータイ王国の第四代目のロ・タイ王の治世に、下ビルマのパーンへ留学した、タイ族の仏僧がいた。その名は、スマナ長老であった。この高僧は、留学後、スコータイ都の都城の西にあった、ワット・バーマムアン寺に住んだ。その後、第六代のリ・タイ王の治世になって、同じく下ビルマから、一人の高僧、マハーサーミー・サンカーラーチャーが、リ・タイ王によって招かれた。この高僧もまた、同じワット・バーマムアン寺（図2・図版67）に住んだ。

スマナ長老が例の奇跡ある仏舎利を、発見した話は、有名であった。この長老は、リ・タイ王の治世になって、かなりの高齢者となっていた。その仏舎利をともなって、はるか遠い北、ランプーンやチェンマン（図1）へと、移住することになる。すなわち一三六九年、タイ国北部のタイ族のラーン・ナー王国のグ・ナー王（一三五五〜一三八五年頃）は、自国にセイロン式、上座部仏教の僧伽を設立したい、という要請をリ・タイ王に求めた。リ・タイ王は、例のスマナ長老にそのことを相談すると、長老は始め、乗り気ではなかった。が、後に受け入れ、ラーン・ナー王国へ移住することとなった。当時のグナー王は、喜び、あつく敬意を表して、スマナ長老を迎えた。ランプーンの東、約一キロの地に、寺を建て、そこに長老を住まわせようとした。この寺院の跡が、現在残っている。それが「ワット・プラ・ユン」寺（図版93）である。

しかし、スマナ長老は、このワット・プラ・ユン寺に居着かず、ラーン・ナー王国の王都、チェンマイに住みたい、とグ・ナー王に申しでた。結局、グ・ナー王はそれを受け入れ、チェンマイ都の西に、「ワット・スアーン・ドック」寺（図版92）を建ててあげた。スマナ長老が発見し、大切とした例の仏舎利は、このワット・スアーン・ドック寺の仏塔の中に、おさめ入れられたのである。

リ・タイ王は、その著者『三界経』（第六節）の中で、この仏典の著作にあたり、教えを乞うた仏僧たちの名前を、列挙していた。その中には、スマナ長老の名前がない。リ・タイ王が残した碑文類を通じて知る限り、王が非常に尊敬していた仏僧は、下ビルマから招いて、そこからやって来たモーン族の高僧、マハーサーミー・サンカラーチャーであった、と思う。

リ・タイ王が即位する以前に住んでいた、シーサッチャナーライ都のすぐ東にある、チャリエンのワット・プラシー・ラッタナ・マハー・タート寺（図3・10）の境内に、異風な仏塔跡が一基残っている。これは下ビルマのモーン族の建築、モーン式の仏塔（図版85）である。底面が八角形で、ラテライトで建てられた。この仏塔は、おそらく先の高僧の故郷、下ビルマから来た建築師と工人によって、建てられたのであろう。

5．建立不明の大型の寺院跡

スコータイ都の都城の周辺には、語りたくても語れない、建立の年代等がまったくわからない寺院跡がある。その第一は、ワット・チエートゥポン寺（図版89）である。この寺跡は、都城の南門から南へ一・六キロ行った所にある（図2）。大きな黒色の粘板岩の石板を、建材として用いた寺院跡で、訪れるのに価する魅力的な寺の廃墟である。

境内の仏堂跡の内部には、全部で四体の姿勢を異にした大きな仏陀像が、安置されてあった。すべての像は、レンガを身にして、表面が漆喰でぬられた。その東側の一体（図版88）は、遊行仏である。西側が仏立像で、北側が仏座像で、南側は、すっかり壊れてしまったが、横臥仏であった。このように、東西南北の四方向に、それぞれ異なった姿勢の釈尊像を配置して、本尊とした仏堂は、めずらしい。スコータイ王国に設置された、仏像の安置法、もしくは仏教美術の特色である。

次に、ワット・スラー・シー寺（図版122）も、実に目だった大きな寺跡であった。スコータイ都城の内部（図2）にある。大きな鐘状のスリランカ式の仏塔が、一基残る。やはり魅力的な寺跡である。

あともう一つ、あげるならば、ワット・チェディー・スン寺（図版121）である。この寺跡は、スコータイ都の都城の東門から、東へ一・七キロの地にある（図2）。そこには、高さ二十九メートルある仏塔がそびえたつ。箱型の身舎の上に、スリランカ式仏塔を乗せた構造で、保存状態が非常によい。

第九節　リ・タイ王の晩年

2. リ・タイ王の略歴

以上、これまでスコータイ王国の名君、リ・タイ王の時代の建築と美術、さらにリ・タイ王の著作による仏教経典『三界経』について述べてきた。ここで、この第七章を終わるのにあたり、碑文を通じて知りえた、リ・タイ王の履歴について、わかりやすく年表にして、示すことにしたい。

リ・タイ王の略暦

一三四五年　『三界経』を著作

一三四七年　六代目の王として即位

一三四九年　ヒンドゥー教神像を鋳造

一三五七年　仏足石を四ヶ所に安置

一三五七年　ナコーン・チュムに、蓮華苔塔を建立

一三五九年　プラバード・ヤイ山に、仏足石を安置

一三六一年　下ビルマのパーンから、高僧を招来

一三六一年　十一月に出家・得度、仏僧となる

一三六二年　仏門から還俗・仏僧をやめる

一三六二年～一三六三年　北部のナーンへ遠征

一三六四年～一三七〇年

ピサヌロークに七年間滞在。同地のワット・マハー・タート寺を修復。

ナコーン・サワンのかえる山の麓に、仏塔及び仏堂を建立。

2．アユタヤー王国による侵略

前に示したリ・タイ王の略年表からわかるように、リ・タイ王は、先祖からの王都であった、スコータイ都やシーサッチャナーライ都を離れ去った。その期間は、七年もの長い年月で、ピサヌロークに住んだのである。ピサヌロークは、スコータイ都の東、五十八キロの地にある。このリ・タイ王の移住には、相当の理由があったはずである。

実は、リ・タイ王のピサヌローク滞在のすぐ後のこと、スコータイ王国の領土は、三ヶ年間、毎年、他国の兵による侵略があった。この他国とは、ここで始めて当場する、「アユタヤー王国」である。アユタヤー王国は、同じくタイ族の国で、一三五〇年より一七六七年まで、約四百年間、主にアユタヤーを都として栄えた。この王国の諸王は、全三十五代続き、その初期の諸王の系譜を、この本の後に示しておいた。

さて、このアユタヤー王国の兵隊による、スコータイ王国の領土への侵略は、すでにタイ年代記を通じて、次のように知られている。リ・タイ王がまだ生きている頃、リ・タイ王の晩年に起きた、三度もの侵略である。

一三七一年　スコータイ王国の領域を侵略す
一三七二年　ナコーン・サワンを占領する
一三七三年　カンペーンペットを侵略する。
　侵略は失敗し、プラヤー・カメンとプラヤー・サーイ・ケオの
　両軍長により、追い払われる。

以上の全三回の侵略は、すべてアユタヤー王国の第三代目のボーロマラーチャー一世王（在位：一三七〇～一三八八年）の兵によった。この三回目の侵略の次の年、一三七四年に、おそらく、リ・タイ王は他界した、と考えられている。

スコータイ都の都城内、その南側には、全五層からなるピラミット型の墓塔（図版91）が建ち、残っている。この墓塔がリ・タイ王の遺骨を埋葬したお墓である、と言われる。碑文第九十四によると、一三八四年に、リ・タイ王の師によって建てられた。この墓塔は、タイ語で「ハー・ヨート」（五尖塔）と呼ばれ、それは五層の頂上にあったが、後に消滅してしまった。

墓塔は、底面が正方形で、その北側と西側と南側とに、それぞれ大きな仏座像（図版90）が安置されている。仏像はレンガを身にして、表面に漆喰がぬられ、その右手で地をさし降魔印をとった、堂々たる作りである。

第八章

マハー・タムマラーチャー二世王

第一節　アユタヤー王国による占領

1．マハー・タムマラーチャー二世王と王国の終わり

スコータイ王国の第七代目のマハー・タムマラーチャー二世王は、前のリ・タイ王の息子であった。スコータイ王国は、この王の治世に入っても、南のアユタヤー王国の兵の侵略によって苦しめられた。アユタヤー王国の同じ王、ボロマラーチャー一世王の兵は、三度も、スコータイ王国へ攻撃をなした。その三回とは、次の通りであった。

一三七六年　カンペーンペットへ侵略

一三七八年　スコータイ都へ攻撃。スコータイ都の没落。
　　　　　　マハー・タムマラーチャー二世王は捕虜となる。アユタヤー王国の封臣となる。

一三八八年　カンペーンペットを攻略。

右に記した三回の攻撃の内、一三七八年のそれは、スコータイ王国の終焉を意味した。アユタヤー王国の当時のボロマラーチャー一世王は、マハー・タムマラーチャー二世王に、いままで通り、王位につけさせた。しかし、一封臣としての、忠誠の誓いをたてさせたのである。これによって、スコータイ王国は、アユタヤー王国の属国として、かつての父王、リ・タイ王が支配した領土のみを統治する、落ちぶれた境遇に至ったのである。

第二節　ワット・シー・チュム寺

1. ワット・シー・チュム寺の仏堂と仏座像

スコータイ遺跡のうち、最も魅力ある古寺跡には、ワット・シー・チュム寺がある。この古寺は、スコータイ都の都城の北西隅角からすぐ近くにある（図2）。その名前は、菩提樹林寺を意味する。現在、この地には、箱型の仏堂が建ち残り、その中には、大きな仏座像がすわっている（図版26・27・98）。この仏堂で最も注目する個所は、この仏堂の中に設けられたトンネルにある。このトンネルの天井には、線刻で表された絵が、多く残っているのである。

ワット・シー・チュム寺の仏堂の中にある大仏（図版26）は、すでに述べたラーム・カムヘン王（在位：一二七九年頃〜一二九八年）の第一碑文の中に、記されてあった。その碑文中の「プラ・アチャナ」仏とは、この大仏のことである。大仏はレンガを身にして、表面を漆喰でぬった作りで、高さが十五メートル半ある。現在の大仏は、一九五三年から一九五六年（昭和三十一年）にかけて、修復された。また後の一九九七年より一九九八年（平成十年）に、タイ芸術局と日本政府による、保存のため整美がなされた。

現在見る大仏、仏座像の姿は、すでに述べた典型的なスコータイ古典期の様式によっている。この大仏を納め入れた仏堂は、ラーム・カムヘン王の時代に建てられた建物ではない。この仏堂は、それより後世の建築で、今、この章でとりあげる、マハー・タムマラーチャー二世王の治世に建立された。仏堂は、高さが約十五メートルあり、この屋根はすでに壊れ、消失してしまった。その屋根の本来の形は、おそらく、シーサッチャナーライ都の都城外のすぐ西にある、ワット・サ・パツム寺跡の仏堂の仏堂のようであっただろう、と言われる。三角形のとんがった形の屋根である。

2. トンネルの天井に見る本生話の線刻画

仏堂の壁の厚さは、約三メートルもあり、その壁の中には、トンネルがある。トンネルの床は、階段になっている。仏堂の東側の入口に向かって左側に、そのトンネルの入口がある。人はここから入って、階段を登りながら約四十八メートル進むと、やがてこの仏堂の屋根の位置に出る（図24）。トンネルは、明らかに、大仏の横側を通り、大仏の背後を通りぬけて、やがて屋根上に至るのである。

このようなトンネルの構造は、その源の形を、遠くスリランカのポロンナルワ王朝（十一～十三世紀）のランカーティラカ堂、ミャンマーのバガン王朝（十一～十三世紀）のバガン遺跡の寺院建築に、求められる。このような構造をなす建築は、スコータイ遺跡で珍しく、それだけに、この仏堂への見学は、一見に値する。

さて、トンネル内の幅は、四十五センチあり、実にせまい。一九七〇年代には、誰もがこのトンネル内をぬけて、屋根の上まで登ることが許された。このトンネルの天井には、石板がはめこまれている。石板は、一板がおよそ九十×七十五センチ、厚さが十五センチある。岩質は、黒色の千枚岩である。

この石板がなんと、全八十八個も天井にのせて、そえつけられた。その各石板の面には、線で彫り表した絵（線刻画）が、描写されている。また各石板には、その絵を説明した、短いタイ語の文字が刻みこまれていた。これらの線刻画は、釈尊の前世での善業の物語集である、ジャータカ（本生話）を、表している。一つの石板には、その一話、もしくは二話か三話を、彫り出していた。

石板には、絵に対するジャータカの名前、ジャータカの物語番号、さらにわずかながらの解説が、短文で彫られている。これらによって、各石板の線刻画は、何の物語をとって、石板に描写したかが判断される。これらの制作には、まず絵師が石板に絵を描く。その後、彫刻師がノミで線にそって彫った。その後で、仏堂の建設中、完成した絵入りの石板を、一個ずつ天井の位置に、積みあげたのである。したがって、線刻画の制作年代は、仏堂の建立年代と、同時期であった。(56)

さて、ジャータカ（本生話）は、上座部仏教の仏教経典である、パーリ三蔵経典の中で説かれる。これは全五四七種類の物語からなり、その和訳は『南伝大蔵経』第二十八巻から第三十九巻に、拝読しうる。(53)(54)そこに説かれた物語を知って、各石板の線刻画の主願を理解しうる。また一方、これらの線刻画を描写するのに当たり、基礎の経典は『エカニパータ』であると言われる。これはタイ国に伝わる、全百五十種類のジャータカの物語集である。ワット・シー・チュム寺の石板線刻画は、それを基盤として、その内の百話を描写するつもりであった。しかし、実際には、百話に至らない八十八種の物語が、線刻され、設置されたのである。

この八十八種の線刻画は、長い年月をへて、すでに消滅した個所が多い。ここでは、八十八種の絵のうち、大変よく残った絵図を選出し、それらの写真から改めて、線を模写し、描きおこしてみた。このような理由があって、これよりかかげる作図（図25〜33）は、すべて保存が大変によかった絵図だけある。それらは、仏堂の南面に限ってあった。そこで、各作図の位置は、仏堂の南面の側面図（図24）に、番号で示してある。

3. 線刻画に見る本生話の趣旨

デーヴァダンマ本生話　（絵：図26参照）
ジャータカ第六話　（図24の⑥の位置）

画面に向かって、中央に湖があり、その中に魚を二ひき見る。右側に立った人物が、釈尊の前世でのお姿、マヒンサーサ王子で、左側の男が水中の羅刹（悪魔）である。

この物語の主旨は、出家した僧でありながら、出家した後も、出家以前に持っていた調度品などを保持して、生活し続ける僧侶をいましめた。修行の身の僧侶は、本来、小欲と質素であるのに、在家の頃の衣服など、依然と用いて生活する僧侶に対する、恥を説いている。

カタハーリ本生話　（絵：図27参照）
ジャータカ第七話　（図24の⑦の位置）

画面の中央上部に座って表された人物が、主人公で、釈尊の前世でのお姿にあたる。その下、画面に向かって右側の像が、ブラフマダッタ王である。そして、その左側の人物が、空中にすわる男子の母にあたる。

物語では、この母の身元が、焚き木取りの女であったため、見くだされ差別された。しかし、この奴婢出身の母からうまれた男子は、後に、母と共に城に出向き、父である王の前にて、自分が王の実子であることを、立証する。その立証とは、空中に座った姿で、浮上して、詩をとなえて主張した。

釈尊は、たとえ下賤な母との間に生まれた男子でも、その母の男子は、父（王）の後をついで、王位を継承できる、と説かれた。

ガーマニ本生話（絵：図28参照）

ジャータカ第八話（図24の⑧の位置）

画面に向かって右側にすわる人物が、ブラフマダッタ王の大臣で、教師の姿である。そして、その中央に座る人物が、王の息子の内、末っ子にあたるガーマニ王子である。その左側にすわるのが、ガーマニ王子の兄、長男のウボサタでろう。

物語は、短文であるが、貴重な真実を伝えている。一般的な習慣によると、父の死後、後を継ぐのは長男であるが、多くの人々から愛された百人兄弟のうちの一番下の子（末子）、ガーマニ王子が、なんと王位を継承した物語である。そのガーマニ王子を教えた教師とは、実は釈尊の前世でのお姿であった、と説かれた。

マガーデーヴァ本生話（絵：図29参照）

ジャータカ第九話（図24の⑨の位置）

かなり保存がよかった線刻画である。画面に向かって右側に座る人物が、主人公のマガーデーヴァ王で、釈尊の前世でのお姿である。その前に座る二人、すなわち画面の左側の二人は、大臣たちである。
物語は、王が出家を二人の大臣にうちあけている場面である。王には、理髪師がいて、その理髪師に、頭髪に白髪が現れたら、知らせよ、と言っておいた。やがて、王の頭髪に白髪が一本現れ、それをぬかせて、王は出家を宣言した。王位をすてて、仙人となり、マンゴー林で修業をなし、死後に、梵天界（天界）へ再生したという。

スカヴィハーリ本生話　（絵：図30参照）
ジャータカ第十話　（図24の⑩の位置）

同じく短い文の物語である。画面に向かって左側の台座の上に座る人物が、釈尊の前世でのお姿、仙人である。右手に数珠をもつ。その右側に同じく座る人物が、ブラフマダッタ王で、明らかに山積み型の王冠をかぶる。この二人の丁度、真下に横たわって寝る姿の人物は、先の仙人の第一弟子である。
この物語の趣旨は、かつて王で、出家したこの第一弟子が、となえた詩に聞くように、王位のない者の自由、それに恐れのなき日々、出家生活をなす者の、気楽さを説いている。

ラッカナ本生話　（絵：図31参照）
ジャータカ第十一話　（図24の⑪の位置）

画面の中央には、大きな木が立ち、その下に、全部で五頭の鹿の姿が見られる。その内の一番大きく描写されたのが、主人公の父鹿である。この父鹿こそは、釈尊の前世でのお姿であった、と説かれた。

物語は、この父鹿には千頭の鹿たちがおり、その内の五百頭は、息子の一人、ラッカナ鹿によって誘導され、また残りの五百頭は、もう一人の息子、カーラ鹿によって先導された。賢いラッカナ鹿の一群は、無事に誘導させ、一方、愚かなカーラ鹿の一群は、一頭を残して、すべての鹿たちを人の餌食にさせ、殺させてしまった。

理由は、ラッカナ鹿が全員を守りぬく得策を、心得ていたからにほかならない。人の一生も、また人を誘導する旅も、この通りである。この得策とは、戒の厳守にある。

カンディナ本生話　（絵：図32参照）

ジャータガ第十三話　（図24の⑬の位置）

釈尊の前世でのお姿は、密林の中の神である。この神は、画面に向かって上部の左側に表される。両手で円形の団扇を持つ。その右側には、同じく座った姿の密林の神が、両手で合掌し、敬意を表している。

しかし、物語の中心は、この画面の下段にある。すなわち、画面に向かって左側には、弓をいる猟師がおり、その右側には、二頭の鹿が見える。物語は、メスの鹿によって、誘惑に負け、その後を追ったオスの鹿が、やがて猟師の矢にあたって殺される。愛欲のために盲従し、命までおとしたオス鹿の物語で、それを終始見ていた密林の神（仏）が、説法をなす。

その内容とは、愛欲の危険であり、その詩に歌われたように、女性が横行し統治する国、また女性の支配下に入る者たちも、非難されるとある。

マタカバタ本生話　（絵：図33参照）

ジャータカ第十八話　（図24の⑯の位置）

画面に向かって、左側の上部に座る人物が、釈尊の前世でのお姿、樹神である。両手で団扇をもち、樹の上に表された。一方、画面の下方、その中央には、羊が一頭おり、そのすぐ右側には、髭をはやしたバラモン僧が、合掌した姿ですわる。

物語は、バラモン僧が遠い前世の時、供儀祭で供物としてささげる羊を一頭殺した。そのため、その後の再生、四百九十九回もの生涯を、くりかえし自分の首が切られる運命をたどったという。そして今や、五百回目の生涯の時、何と雷が首に落ちて死んだ。その落雷を見ていたのが、樹の中に住む樹神（仏）である。樹神は説法し、生き者、この場合、羊を決して殺してはならない、と戒められた。

ボージャージャーニーヤ本生話（絵：図25参照・図版97）

ジャータカ第二十三話（図24の⑰の位置）

画面に向かって、中央に座る一頭の美しい馬が、物語の主人公である。この馬こそが、釈尊の前世でのお姿であった。この馬の後ろ、画面の左端に、合掌してすわる人物が、バーラーナシー城のブラフマダッタ王にあたる。この馬の持ち主である。一方、画面の右側には、全七人の男たちがすわる。彼らこそが、バーラーナシー城をかこんで支配する、別の国の王たちである。

この七人の王の頭上には、三行の碑文がある。タイ文字で記され、次のように和訳されよう。「ゴージャーニーヤ・ジャータカ。菩薩は馬で、七人の貴（王）たちに法を説いた。第二十四話」とある。碑では、第二十四話と記され、それはアーヂャンニャ・ジャータカにあたる。しかし、この画面は、第二十三話のボーヂャーヂャーニーヤ・ジャータカの描写である。

物語の筋は、バーラーナシー城のブラフマダッタ王には、王が宝として愛した馬が、一頭いた。この城の周囲には、他に、七つの国々の王がいた。七人の王たちは、バーラーナシー城をのっとり、その王位をほしがった。ある日、七人の王たちは、バーラーナシー城へせめいり、城の周りをとりかこんだ。

ブラフマダッタ王は、一人の騎士に命じて、騎士を例の愛馬に乗せ、七人の王たちを、一人ずつ攻めいった。結局、全七人の王たちは、騎士によって、とらえられた。で、物語の核は、例の愛馬（仏）が、ブラフマダッタ王に、忠告した点にある。すなわち、とらわれの全七人の王たちを殺さず、あらたにブラフマダッタ王に忠誠を誓わせて、全員を、釈放させてやった。

七王は殺されず、各自の城へと戻っていった。物語では、仏が精進の大切さを説くが、画面の図からもわかるように、馬が捕虜となった七人の王たちを、各国へ自由に帰らせた点にある。つまり、それは寛容の尊さを説いている。

4．マハー・タムマラーチャー二世王の善行

スコータイ都城のワット・シー・チュム寺の仏堂の建立と、その内部に設置された本生話の線刻画は、マハー・タムマラーチャー二世王による善行とみる。特に、本生話の線刻画は、マハー・タムマラーチャー二世王が、永久に後々まで、その教えを伝えようとした点に、きわめて尊い。この王による善意なる事業は、二世王の父親にあたる、先代のリ・タイ王が碑文の中で記した、警告によっていた。すでに述べたリ・タイ王が著者であった、第三碑文（一三五七年）の中にて、あのリ・タイ王は、息子のマハー・タムマラーチャー二世王のための遺言であったかのように、次のように刻み残していた。すなわち、その個所を引き出すと。

「この仏舎利が奉安されてから、九十九年目の猪年に、三蔵経典は、消滅しよう。三蔵経典を知る者は、まだ少しいるが、真に三蔵経典を知る者は、一人もいなくなる。ヴェッサンタラ本生話のような、仏の説法も一人として、暗誦できる者もいなくなる。他の本生話も、初めを知っても、終りを知らず、あるいは、最後が知られても、初めがない。」

この碑文の一文に見る「ヴェッサンタラ本生話」とは、ジャータカの一番最後の物語である。布施の大切さを説いた物語として、最も知られる。そして「他の本生話も」と続いて、ジャータカ（本生話）の消滅を、警告していた。このような理由から、マハー・タムマラーチャー二世王は、ジャータカを線刻し、絵画にして、その尊さを伝えようとしたのである。

ワット・シー・チュム寺の線刻画を、模写してみて、人物の顔や樹木の表現に、スリランカ絵師の筆を、感じさせる。この本の中に示した模写図の中で、一番すぐれた元の線刻画は、ボージャージャーニーヤ本生話（図版97）である。

スリランカ、東南アジアの古い美術の中で、この本生話の物語を描き、後世に伝えた作品は、壁画として、多く見る。しかし、本生話を線刻画で残した作品は、実に珍しい。この意味からして、ワット・シー・チュム寺の本生話線刻画は、タイ国美術史上のみならず、東洋の仏教美術史上、ユニークで、貴重な遺例である。

第三節　ワット・チャーン・ローム寺の碑文と仏塔

ワット・チャーン・ローム寺は、スコータイ都城の東門から東へ少し行った所にある（図2）。そこには、美しい仏塔（図版113）が一基建ち残こる。この仏塔は、すでに述べたラーム・カムヘン王の建立による、シーサッチャナラーイ都のワット・チャーン・ローム寺の仏塔（図版37）と同じ形をしている。典型的なスリランカ式の鐘型で、この仏塔をかつぎあげたように、仏塔の周囲には、全三十二頭の象が並んで、配されている。この寺跡の境内は、約一〇〇×一五七メートルある方形の敷地で、その周囲はかつて、堀りによって囲まれていた。境内は、先の仏塔と、今は消滅した仏像を安置した仏堂跡、布薩堂跡、それに附属の小仏塔跡がある。

発見年代は、不明であるが、この寺跡から碑文が発見された。[55]高さが一・七メートルある大きな碑文で、その中に一三八四年に相当する年次が記されてあった。この年は、マハー・タムマラーチャー二世王の治世である。

碑文は、先々代リ・タイ王の養父であった、サイ・タームという高貴な人がなした、さまざまな善行の記録であった。サイ・タームはリ・タイ王と同じ歳頃の人で、おそらく、リ・タイ王の弟か、とみなされる。リ・タイ王に忠義をつくした人で、その妻は、リ・タイ王の養母ディツであった。リ・タイ王の冥福を祈って、土地を譲渡し、そこに仏堂一基、経蔵一基を建て、仏像一体を造り、また菩提樹一本を植えていた。さらに、リ・タイ王の王妃の冥福をも念じて、石造の仏像を一体、造っている。サイ・タームも、リ・タイ王と同様に、出家し、仏僧となっていた。

残念ながら、このタイ語の碑文には、主君であったリ・タイ王の死んだ年が、記されていなかった。また、仏塔の建立についても、記していなかった。そこで今日、境内に建つ仏塔（図版113）は、サイ・タームによる建立ではない。いつ建てられた仏塔なのかは、不明のままである。

第九章

マハー・タムマラーチャー三世王

第一節　アユタヤー王国への従属

1．スコータイ王国の兵による遠征

スコータイ王国の第八代目のマハー・タムマラーチャー三世王（在位：一三九八〜一四一九年）は、先代の同名二世王の息子である。同じくスコータイ都に住んだ。本名は、「サーイ・ル・タイ」王と称した。

一三九八年、サーイ・ル・タイ王が即位した時、この王はまだ年少であったため、執政は、サーイ・ル・タイ王の母親、すなわち王后がなした。母親とは、先代のマハー・タムマラーチャー二世王の王妃である。正式名は、長い名前だが、「サムテック・マハータンマラーチャーティボディー・シー・スリヤヴァムサ」妃と称した。

この尊名のうち、「ラーチャーティボディー」とは、諸王の主を意味し、「シー・スーリヤヴァムサ」は、祖父のル・タイ王から受け継いだ王朝名である。しかし、当時のスコータイ王国は、すでにアユタヤー王国の属国であった。王后は、この点に深い悲しみを、いだいていたことだろう。

一四〇〇年、この王后は、若きサーイ・ル・タイ王（三世王）をともなって、スコータイ王国の平和と独立のため、南のナコーン・サワンへと、また北のプレーへと、兵をひきいて遠征した。ナコーン・サワンは、スコータイ都のはるか南、一九九キロにある。一方、プレーは逆方向、スコータイ都の北、一七三キロの地点にある（図1参照）。プレーへの遠征は、スコータイ王国の味方、ナーン都の王子に生じる侵略を、未然にくいとめるためであった。また、ナコーン・サワンは、スコータイ王国の水路交通の要所にあたり、なんとしても確保しておかねばならなかった。

それにしても、この二ヶ所への遠征は、女性が指揮した、勇敢な出陣であった。と同時に、この出兵は、すでに述べたワット・シー・チュム寺の本生話線刻画の一面、カンディナ本生話にあったように、スコータイ王国の弱さを示すものであった。

その次の年、一四〇一年より、一四〇二年まで、サーイ・ル・タイ王（三世王）は、母親（王后）をスコータイ都に残して、再び兵をひきいて、北方のラーン・ナー王国へ遠征している。ラーン・ナー王国は、タイ国北部のチェンマイを都とした、タイ族の強力な国である。以上の三つの遠征は、スコータイ王国がいかに、自国の独立をはかあろうと、懸命であったかがわかる。

2．アユタヤー王国の兵による攻略

その後の一四〇四年頃、サーイ・ル・タイ王（三世王）の母親、王后は、碑文第156を立て、その中で、息子の三世王にかわって、スコータイ王国の独立を、宣言している。この碑文は、後で述べるスコータイ遺跡のワット・シーピチット・キティカンラヤーラーム寺（図2）跡より、発見された。

スコータイ王国は、先代のマハー・タムマラーチャー二世王の治世から、南のアユタヤー王国に、忠誠を誓った立場にあった。それにもかかわらず、両国は陸続きであるから、片方の王国が大変に繁栄し、兵力がより強大であれば、事情は変わったのである。

正確な年代は不明だが、それは、一四一二年より以前のこと、アユタヤー王国のインタラーチャー王（在位：一四〇九年頃～一四二四年）の兵が、アユタヤー都より出発して、スコータイ都へと、攻略したのである。スコータイ王国は、再び従来通り、アユタヤー王国の下で、服従の忠誠を誓わねばならなかった。

3．マハー・タムマラーチャー三世王治世の仏塔

スコータイ遺跡には、マハー・タムマラーチャー三世王の治世に建立された寺院が、二つある。二つはワット・シー・ピチット・キティカンラヤーラーム寺と、ワット・ソラサック寺とである。

まず、ワット・シー・ピチット・キティカンラヤーラーム寺は、スコータイ都の都城の南門から、南東へ約一キロ半行った所にある。そこに

は、立派な仏塔（図版111）が一基、堂々と建っている。四層の方形の基壇上に、スリランカ式の鐘型の仏塔がのる。かつてスコータイの土地の人は、この寺跡を「ワット・タ・テン・クン・ナン」寺と呼んでいた。

この寺跡より発見の碑文第四十六によると、この仏塔は、一四〇三年に、スコータイ王国の六代目のリ・タイ王の王妃と、このマハー・タムマラーチャー三世王の母親、王后とによって建てられた。王后とは、同名二世王の王妃で、すでに述べたように、この王后は、一四〇〇年に、ナコーン・サワンとプレーへ兵をひきいて遠征した女性であった。したがってこの仏塔は、二人の女性による尊い造営であったことを、忘れてはならない。

次に、ワット・ソラサック寺は、スコータイ都の都城の内側、その北門から近い所にある。現在、そこには美しく修復された仏塔が一基、残っている。この本では、古く一九七〇年代に撮影した写真（図版112）を、かかげておく。当時は、非常に情緒のあった仏塔跡であった。今日のタイ国の人々に見せたい、古写真である。

当初の仏塔は、基台上に乗っていた鐘型仏塔がすでになく、基台には、全二十四頭の象たちの石像が、横に並べてあった。現在では、その消滅したはずの仏塔が、完全に美しい姿で再現されている。一九七〇年代は、スコータイ都城内の遺構でさえ、土砂や樹木の根にうもれた状態であった。もう一枚、一九七〇年代に撮影した写真（図版114）を、かかげておこう。

この古写真は、ワット・ソラサック寺跡であったと思われる。実に暑い日中、遺構を鍬で掘っている作業現場に出会った。日の照りつける中、目も向けられぬほど、そのご苦労を感じたものだった。このような過去の発掘と整美の努力があって、今日に見るスコータイ遺跡公園ができているのである。

さて、このワット・ソラサック寺は、この寺跡から発見された第四十九碑文によって、一四一七年に、ナーイ・インター・サラサクティという人が建立した、と知られる。この人物は、アユタヤー王国から派遣された、スコータイ都の総督であった。いいかえると、アユタヤー都のインタラーチャー王（在位：一四〇九〜一四二四年）の利権を、スコータイ都にて監守する長であった。

この碑文第四十九の著者は、ナーイ・インター・サラサクティ総督であった。碑文の中で、総督は、当時のスコータイ王国の国王、マハー・タムマラーチャー三世王を、「オク・ヤー・タムマラーチャー」王と呼んでいる。この呼び名には、先頭につくはずの「マハー」（偉大な）や、名前の後にそえる「ディパティー」（光輝な）という尊称がない。この蔑称は、明らかに、スコータイ王国がアユタヤー王国の支配下にあったからである。

第十章

マハー・タムマラーチャー四世王

第一節　ピサヌローク都の偉大な名作

1．ピサヌローク都への遷都

スコータイ王国の最後の王は、マハー・タムマラーチャー四世王といって、第九代目にあたる。別名を「バーン・ムアン」王と称し、依然として、アユタヤー王国の王に忠誠を誓わされた立場にあった。

一四一九年、先代のマハー・タムマラーチャー三世王は死に、スコータイ王国は、その後継の王位をめぐって、内乱となった。王位は、マハー・タムマラーチャー三世王の息子、バーン・ムアン王子に内定していた。しかし、もう一人の別の息子、プラヤー・ラーマ王子がそれを、妨害したからである。

そこで、アユタヤー王国の当時の王、インタラーチャー王（在位：一四〇九～一四二四年）は、アユタヤー都から兵を出し、ナコーン・サワンに兵を進めた。王は両王子の仲裁にあたり、結局、スコータイ王国の王位は、バーン・ムアン王子に授けられた。王位についたバーン・ムアン王は、後で述べる仏足石の第十二碑文の中で、「シースーリヤヴァムサ・パラマパーラ・マハータンマラーチャーディラーチャ」という尊名であった。実に長い王名であったが、アユタヤー王国の一人の封侯にしかすぎなかった。

先にあげたアユタヤー王国のインタラーチャー王は、一四二四年に死んだ。その後、この王の息子であった、ボーロマラーチャー二世王（在位：一四二四～一四四八年）が後を継いだ。このボーロマラーチャー二世王が、軍事的に強い兵力の持ち主だった。一四三一年、王の兵は、カンボジアに侵入し、アンコール帝国のアンコール都を占領したのである。これはあまりに有名な事件であった。

スコータイ王国のバーン・ムアン王は、はじめスコータイ都に住んでいたのだろう。このことは、一四二六年の仏足石の第十二碑文の中で、暗示している。しかし、王の治世中、先のボーロマラーチャー二世王がカンボジアへ遠征する準備中に、二世王はバーン・ムアン王に、都をスコータイからピサヌロークへ移すように、命じたもののようである。ピサヌロークは、スコータイの東、五十八キロの地点（図1）にある。

2．プラ・プッタ・チナラート仏

マハー・タムマラーチャー四世王は、スコータイ王国の中心的王都を、スコータイからピサヌロークへ移し、そこに住んだ。ピサヌロークは、ナーン川の東岸にあり、そこにある大寺院が、ワット・プラシー・ラッタナ・マハー・タート寺（図版101）である。この寺院の中に安置された本尊が、タイ国で最も美しい仏陀像として知られた、プラ・プッタ・チナラート仏（図版99・100）である。

この仏座像は、青銅製で、その全面は黄金色に塗金されてある。右手を地に向けて下にさし、降魔印の形をとっている。全体に、きわめて静寂な感じをあたる、尊厳のある尊像である。特に、接近して知るように、慈悲心にみちあふれた両眼は、いかにも涙をにじませ、落しているかのように見える。タイ国の国民が一般にたたえるように、この仏陀像は、最高の傑作中の秀作である。

従来の説によると、このプラ・プッタ・チナラート仏は、スコータイ王国の最後の王、マハー・タムマラーチャー四世王によって、造られたと言われる。この仏陀像で注目する個所は、両手の指の長さにある。四本の指は、同じ長さである。すでに見たスコータイ王朝の古典最盛期にあたる、仏陀像（図版58）と、比較するなら、その手の形がすっかり変わってしまっている。

3．プラ・プッタ・チナシー仏とプラ・プッタ・シーサースダー仏

マハー・タムマラーチャー四世王によって造られた、プラ・プッタ・チナラート仏を模倣して、別に二体の仏陀像が鋳造された。その一体が、プラ・プッタ・チナシー仏で、同じくマハー・タムマラーチャー四世王の治世に、造られたのであろう。高さが約四メートルある青銅製で、その表面が黄金色に塗金されている。

このプラ・プッタ・チナシー仏は、一八二九年（文政十二年）に、現在のラッタナコーシン王朝三代目、ラーマ三世王（在位：一八二四〜一八五一年）

の命によって、ピサヌロークからバンコックの名刹、ワット・ボウォーンニウェート寺に運び移された。この美しい作りの仏座像（図版102）は、現在、この寺院に安置されてある。

この大仏の移転に関しては、後のラーマ五世王（在位：一八六八〜一九一〇年）の日記の中に、興味深い話が記録されている、といわれる。それによると、この大仏がピサヌロークから運び出された後、都の人々は、家の一人が死んだかのように悲しんだ。そのためか、その後の三年間、雨がよく降らず、水の飢饉にみまわれた。人々はこのプラ・プッタ・チナシー仏を、他所へ移したから、天災がおきたのだ、とかたく信じた。

もう一体の仏陀像は、プラ・プッタ・シーサースダー仏で、同じく現在、バンコックのワット・ボウォーンニウェート寺にある。青銅製で、表面が黄金色に塗金された、美しい仏座像（図版103）である。この仏陀像も同様に、ラーマ三世王の治世に、ピサヌロークからバンコックへ運び出された。鋳造の時期は、おそらく、このマハー・タムマラーチャー四世王の治世、あるいはややおくれた頃、造られたのであろう。

4. ワット・ウィハーン・トーン寺の仏立像

ピサヌロークにはかつて、二体の巨大な立った姿の仏陀像――仏立像があった。その一体は、現在のピサヌローク県庁のすぐ近くにある、ワット・ウィハーン・トーン寺にあった。ナーン川西岸に位置したこの寺は、すでに壊れて、境内に残骸化した仏塔の跡が残っている。この寺の中に、青銅製で、高さが約八メートルの仏立像（図版118）があった。

この大仏も同じく、先のラーマ三世王の命によって、この廃寺跡、ワット・ウィハーン・トーン寺から運び出され、バンコックに移転させられた。そして、バンコックの名刹、ワット・サケート寺に納められた。この寺院は、民主記念塔や名刹ワット・スタット寺から、歩いて近い所にある。

この仏立像は、右手をあげて施無畏印をなし、直立不動の姿勢をとった、実に堅苦しい感じの像である。私たちはすでに、第四章にて、ラーム・カムヘン大王の時代のアターラサ仏（図版28）を、見てきた。このワット・サケート寺にある仏立像も、一般に「プラ・アターラサ」と呼ばれている。

ピサヌロークには、もう一体、アターラサ仏がある。それは、すでに述べたワット・マハー・タート寺の中心的な建築、クメール風塔堂（図版101）の背後にある。この仏立像には、かつて「ウィハーン・アタ―ラサ」堂があったが、現在、その仏堂は消滅し、その中に安置されてあった仏立像、アタ―ラサ仏だけが残る。しかし、この仏像は、身がレンガで、表面を漆喰を塗って造ったので、壊れがはげしく、現在の仏像は、かなり新しい修復の手が加えられてしまった。

第二節　巨大な石板の仏足石

1．スメーダンカラ長老の仏足石

マハー・タムマラーチャー四世王がこの世に残した偉大で神聖なる遺産は、現在、バンコックのワット・ボーウォーンニウェート寺に収蔵される仏足石である。この寺院は、タイ国のタマユット派の主要寺院で、境内に仏教大学がある。この境内に、その仏足石が大切に保存されていた。仏足石（図版96）は、黒色の石板で、その面に釈尊の足跡が、浅い彫りの浮彫で表わされている。石板は、長さが三・六メートル、幅が一・一七メートル、厚さが二十センチあり、大きく重たい感じである。仏足石は、左右の二足を並べた形で、その両足の面には、それぞれ法輪が、大きく表わされる。その法輪内には、一足の中に、全百八種類の吉祥文が彫られている。

一つの法輪の中には、六重に丸い円によって区分けされ、中心から外へ向けて、吉祥文様が多くなっていく。中心点からいうと、第一円内に八個が、第二円内に十二個が、第三円内に十六個、第四円内に十六個、第五円内に二十六個、第六円内に三十二個が数えられる。以上の数を合計すると、法輪の中には、全部で百八種類の吉祥文がおさまる。

また、この両足の周囲には、線刻でもって、全部で八十人の仏弟子たちの姿が、横並べに表されている。実に豪華な仏足石である。また、当初は仏足石の面に彩色がほどこされ、各所に金色の跡が残っていた。そして、特に注目すべき個所は、この仏足石の石板に、碑文が彫られてあった。(57)この碑文は、全七行からなり、最初の五行半が散文で、後の一行半が韻文である。パーリ語をクメール文字で刻んでいた。この碑文は、公式に「第十二碑文」と呼ばれ、その全文を和訳し、この本の後ろに紹介してある。

第十二碑文を通じて、この仏足石の製作についての事情を、知ることができる。仏足石は、マハー・タムマラーチャー四世王の治世に、この王の要請により、一四二六年に造られた。

仏足石は当初、どこに安置されたのか、不明である。したがって、どこから持ち運ばれて、今日収蔵されているワット・ボーウォーンニウェート寺にあるのか、知らない。おそらく、その出た所は、マハー・タムマラーチャー四世王の都、ピサヌロークであっただろう、と考えられている。

仏足石がバンコックへ運び込まれたのは、一八二九年（文政十二年）、現王朝のラーマ三世王（在位：一八二四～一八五一年）の治世であった。この時、同時に後で述べる黄金色の大仏陀像、「プラ・プッタ・チナシー」仏も、ピサヌロークからバンコックへ、運び込まれたのである。

第十二碑文は、この仏足石の製作過程を、伝えている。仏足石の大石板は、石切場よりスコータイ都へ運ばれ、その後に、スコータイ都からピサヌローク都へ移された。大石板は当初、マハー・タムマラーチャー三世王（サーイ・ル・タイ王）の治世に、マハーテーラ・ヴィダーヴァムサ長老によって、スコータイ都へ、運び込まれた。この大石板に、仏足石を彫る計画であった。その後、ヴァナヴァーシー・シリ・スメーダンカラ長老によって、仏足石が完成したのである。

碑文の中に記されてあるように、仏足石の作者で、高僧ヴァナヴァーシー・シリ・スメーダンカラ長老は、スリランカの仏足山（サマンタクータ山）の山頂にある仏足跡を、模写させた。その模写図をもとにして、この仏足石を造った、とある。スコータイ王国の六代目のリ・タイ王がなした、仏足石の奉安の事情と同じである。

仏足石の制作の目的は、第十二碑文の最後に、明白に記されている。すなわち

「人々よ、あと五千年間、世界の主（仏）の信仰の中で、功徳を求めんとする人々のために、安泰に忍ばれんことを祈る。この善行なる功徳の結果として、あらゆる生き者が、幸福であられんことを祈願する。そして、この世の諸王よ、仏法に従いて、地球全土を守られんことを念じる。」

2. ナーンの四体の仏陀像

マハー・タムマラーチャー四世王の治世に造られた、仏陀像がある。その四体は、タイ国北部のナーンにある。ナーンは、スコータイ都の北東、二九五キロにあり、プレーまで行き、そこからバスで約二時間半かかって、訪れた。スコータイから実に遠い距離にあったことを、おぼえている。ナーンの町は、山間盆地で、ナーン川の西岸にある（図1）。

この町の中には、ワット・チャーン・カム寺と、ワット・パャープ寺とがあり、この両寺の中に、全四体の仏陀像が安置されている。この四体には、各々の像の台座に、銘文があり、その銘文が仏陀像の造られた年代を、刻んでいた[58]。四体のうち、一体だけは銘文が消滅し、三体には、タイ語の銘文が見られ、残っていた。四体は当初、一つのセットとして造られた、青銅製の仏陀像である。

この本の中に、その四体のうちの三体を、写真で見せておく。四体は三体が遊行仏（図版107・108）で、一体が仏立像（図版109）である。銘文は、遊行仏の二体と仏立像の一体とに、銘刻されている。その銘文を和訳すると、次のようにある。

「小暦七八八年、馬歳六月満月の水曜日、七更、仏暦一九七〇年、ナーンの領主、グア・パー・スム王子は、この五千年間、仏教の隆盛のために、仏像を五体造った。心より弥勒におあいできることを願う。」

この銘文によると、ナーン王国のグア・パー・スム王子（在位：一四二四～一四三二年）は、五体の仏陀像を造った、とある。本来は五体がセットであったが、先に述べたように、四体が現存している。この本に示したように、遊行仏の一体（図版108）は、左手をあげて施無畏印をなす。一方、遊行仏のもう一体（図版107）は、右手をあげて施無畏印をなし、このような姿勢の遊行仏は、一般にめずらしい。そして、もう一体は、両手で施無畏印をなす、直立不動の姿の仏立像である。

四体の仏陀像の顔と、肩の上から垂れさがる垂布サンカーティの形は、前に述べたピサヌロークのプラ・プッタ・チナラート仏と、類似している。ただ、両手の指先は、従来の古典最盛期の仏陀像と同じで、四本指の長さが同一でない。四体は明らかに、スコータイ王国のスコータイ仏の流れをくんで、造られている。

なお、銘文の中にある「弥勒におあいできることを願う」という一文は、グア・パー・スム王子が死後に、仏像を造る善行によって、弥勒のおわす天界に再生して、弥勒におあいしたい、という念願の意味である。

3．トンブリーに伝わる仏陀像

同じくマハー・タムマラーチャー四世王の治世に鋳造された青銅製の仏陀像（図版110）が、トンブリーに残っていた。トンブリーは、メナム・チャオ・プラヤー河をはさんで、バンコックの西側にある。そこのワット・ハンサ・ラッタナー・ラーマ寺に伝わっている。この仏座像は、もともと仏像の表面に漆喰がぬられ、それが割れて、その内部にこの青銅仏が現われ、発見されたと言われる。幸運なことに、この仏陀像には、一四二三年に相当する年代が銘刻されてあった。先に述べたナーンの仏像より、三年早く造られた。この仏像が造られた本来の場所は、不明だが、製作年代の判明した作品として、貴重である。

第十一章　アユタヤー王国の支配

第一節　アユタヤー王国初期の王たち

1．ユディットティーラ王子

スコータイ王国の首都は、スコータイ都からピサヌローク都へ移った。そのスコータイ王国の最後の王、マハー・タムマラーチャー四世王は、一四三八年に、この世を去られた。ピサヌローク都は、アユタヤー王国の支配下にあり、スコータイ王国は、アユタヤー王国にのまれてしまったのである。

アユタヤー王国の第八代目、ボーロマラーチャー二世王(61)（在位：一四二四〜一四四八年）は、その息子で後に王位に登る、若き王子を、アユタヤー都からピサヌローク都へ、派遣した。この王子は、ピサヌローク都で太守に着任した。この時のことを、歴史書『アユタヤー年代記』は、次のように伝えていた。

あの名作仏「プラ・プッタ・チナラート仏の両眼から、血の涙がこぼれ落ちた。」とある。この仏像は、ピサヌローク都のワット・プラシー・ラタナ・マハー・タート寺に安置されている（図版100）。スコータイ王国の最後の王、マハー・タムマラーチャー四世王によって造られた名作である。

ここにとりあげるユディットティーラ王子は、おそらくマハー・タムマラーチャー四世王の息子であった、と思われる。この王子にまつわる話がある。それは王子がアユタヤー王国の王への忠誠を誓う、アビセーカ誠忠式にのぞんだ時、例の太守に着任したばかりのアユタヤー王国の王子は、ユディットティーラ王子を親しく迎えいれた。その後、二人の王子はたがいに親密となり、アユタヤー王家の太守はユディットティーラ王子に、あることを約束した。

つまり、将来、自分が王位についたら、ユディットティーラ王子を、ピサヌローク都の太守になっていただく、と言った。ところが、このアユタヤー王家の新任太守は、その約束をはたさず、ユディットティーラ王子は、ピサヌローク都における、低位の領主に格下げにしてしまった。

そこで、旧太守は、アユタヤー王国の王位に登った。この新しい王が、アユタヤー王国、第九代目のトライローカナート王（在位：一四四八～一四八八年）である。

このにがい思いをしたユディットティーラ王子は、アユタヤー王国の王への忠誠を放棄した。そこで、密使をタイ国北端、ラーン・ナー王国のチェンマイ都へおくり、そこの王、ティローカラート王（在位：一四四一～一四八七年）へ忠誠の誓いを、移したいと願い出た。

一四五一年、ティローカラート王の兵は、スコータイ都やピサヌローク都のはるか南、ナコーン・サワン（図1）に向けて、遠征した。ユディットティーラ王子は、ティローカラート王の兵に、ナコーン・サワン都の城門を開けさせ、アユタヤー王国の兵におそいかかった。このようにして、二人と両軍は、ラーン・ナー王国のチェンマイ都にもどり、ティローカラート王は、すぐにユディットティーラ王子に命じた。その命とは、ユディットティーラ王子が、パヤオの領主となることであった。

パヤオの地（図1）は、スコータイ王家の故郷、スコータイ都からかなり遠く離れた、タイ国の北方にある。ラーン・ナー王国の首都、チェンマイ都の北東に位置する。この地にて、ユディットティーラ王子（王）は、住んで、一四八〇年代にこの世を去られた。

2．トライローカナート王

スコータイ王国は、消滅した。前に述べたように、アユタヤー王国からピサヌローク都へ派遣された王子は、歳が七歳であった。そして、十七歳で、アユタヤー王国の王位についた。この王がトライローカナート王である。別名で「ボロムトライローカナッ」王とも言う。アユタヤー王国の八代目に当たり、一四四八年より一四八八年まで、四十年間、王位にあった。アユタヤー王国の諸王のうち、最も長い期間、王位にあられた。

この王の父親は、ボーロマラーチャー二世王で、母親は、スコータイ王国のスコータイ王家の王女であった。したがって、トライローカナート王には、スコータイ王家の血統があり、その血が受け継がれている。このことは、重要な点である。王国の名前は変っても、王家の血脈は依然と続いている。

王はかつてのスコータイ王国の領土を、最初に統治した、アユタヤー王国の名君であった。あつく上座部仏教を信奉し、王の位にあられた間の一四六五年に、出家・得度して、仏僧としての日々を、八ヶ月間、過された。その修行中、滞在した寺院跡、ワット・チュラーマニー寺も、今日、残っている。この仏僧となった生活は、スコータイ王国の六代目、リ・タイ王を尊敬し、リ・タイ王の生き方に真似ていたからであった、と言われる。(62)

トライローカナート王は、一四六三年に、副王位にある息子（王子）を、アユタヤー都に住まわせ、そこに残して、首都をアユタヤー都より、ここピサヌローク都へ移した。それ以降、一四九一年まで、二十八年間、アユタヤー王国の首都は、一時期、ここピサヌロークにあり、ここで行政がとりおこなわれた。

第二節　トライローカナート王建立の寺

1．ピサヌローク都のワット・マハー・タート寺

ピサヌロークの第一の名刹は、ワット・マハー・タート寺（図版101）である。ナーン川の川岸にある大きな寺院で、この中に先に述べた、プラ・プッタ・チナラート仏（図版99）が、安置されている。この本の中に、この寺院を空から撮影した写真を、かかげておく。この寺院の中心は、その写真を見てわかる通り、境内に、一基、トンモロコシ型の塔堂がそびえたつ。これはタイ語で、「プラ・プラーン」と言って、カンボジアのクメール式建築に対する呼称である。

この塔堂は、一四八二年に、トライローカナート王によって竣工された。一四七五年、王は北部のラーン・ナー王国との停戦、その締結後、すぐにこの寺院の建立にとりかかった、と思われる。この寺院の塔堂をもって、アユタヤー王国の威力を、人々に示した、と言える。塔堂は、アユタヤー王国初期の典型的なプラ・プラーン建築である。現在見るこの塔堂は、かなり後、同王国の第二十三代目の、ボーロマコート王（在

位：一七三二〜一七五八年）によって、再建されたものである。
航空写真（図版101）を見てわかるように、この塔堂の前方に、仏堂がある。この仏堂の中に、あの至宝、プラ・プッタ・チナラート仏が安置されている。今日のタイ国民が誇りとする、タイ仏教美術の精華である。

2．ピサヌローク郊外のワット・チュラーマニー寺

ピサヌロークの南西、約三キロの地点に、カンボジアのクメール式建築を思わせる、お堂（図版130）が残っている。ラテライトの積み上げによった建物である。この遺構は同じく、トライローカナート王によって、一四六四年に修復された。すでに述べたように、王は在位中、八ヶ月間、この寺にて、仏僧としての修行生活を過された。

現在のお堂は、前室と塔堂を結合させた建築で、塔堂の方は、その上層部が壊れ落ちて、消失している。しかし、その下部に見られる漆喰製の装飾意匠は、タイ国中部のロッブリーにある、ワット・プラ・シー・ラタナ・マハー・タート寺の塔堂の漆喰意匠と類似する。この寺跡も同じく、十五世紀の建立である。

3．チャリエンのワット・マハー・タート寺の塔堂

もう一個所、トライローカナート王によって建てられた寺跡がある。これはすでにラーム・カムヘン大王による、仏舎利発見の第四章第四節で述べた。チャリエンにあるワット・プラシー・ラッタナ・マハー・タート寺（図3）のクメール式塔堂、プラ・プラーン（図10）がそれである。

王は、一四七四年に、タイ国北部のラーン・ナー王国から、このチャリエンのあるサワンカローク地方の領土を取りもどした。その後すぐに、この寺院、略称「ワット・マハー・タート」寺の塔堂（図版29）を、再建した。塔堂は、アユタヤー王国初期の典型的なプラ・プラーン建築で、アユタヤー王家の威力を、この地の人々に示したものである。

この塔堂は、当初、カンボジアのアンコール帝国のジャヤーヴァルマン七世王（在位：一一八一～一二二〇年）の治世に建てられた。それをその後に、スコータイ王国の例のラーム・カムヘン大王によって、改築された。その後さらに、このトライローカナート王が、プラ・プラーン式建築に改めて建立したのである。さらに言うなら、今日に見る塔堂は、かなり後の十八世紀に、アユタヤー王国第三十三代、ボーロマコート王によって、修復がなされた、と言われる。

第三節　カンペーンペット都と古寺跡

カンペーンペットは、スコータイ都の南西八十二キロにあり、ピサヌロークからは、南西へ一四〇キロの地点にある。ピン川の北岸にそって、細長い形の都城の跡が残っている（図34）。都城の跡は、東西の幅が約二キロあり、当初は土の塁壁によって囲まれ、そのまた外周を、水濠でもっておおっていた。その後、さらに外敵から守るために、ラテライトのブロックを積み上げて築いた、頑丈な城壁（図版131）となった。

この都城の跡の内側と外側とには、さまざまな上座部仏教の寺院跡が、残っている。特に、この都城跡の北西側の地域に、大型の寺跡が散在する。この本では特に注目される遺構のみをとりあげ、図34にそれらの寺名を記しておいた。これらを一般に、「カンペーンペット仏教古寺群」と呼び、大型の古寺建築がいくつも残り、それぞれに魅力的な遺構なのである。しかし、残念ながら、それらの古寺について語る碑文が発見されず、各古寺の建立年代および建立者について、不明な点が多い。

カンペーンペットの都城の内側から述べていくと、まず「ワット・プラ・ケーオ」寺が第一に注目される。カンペーンペット仏教遺跡群の中で、最大の遺跡で、特に露天に見る大きな横臥仏が、有名である。次に都城の外側、その北域に進むと、「ワット・プラ・ノン」寺がある。仏堂（図版124）には、実に太く巨大なラテライト製の支柱が、用いられており、驚かされる。

「ワット・プラシー・イリヤーボーッ」寺は、大きな立った姿の仏立像（図版123）が、一体残っているので知られる。また、「ワット・アヴァーサヤーイ」寺（図版125）は、実に広い境内をもち、仏堂と仏塔を中心にして、森林には幾つもの僧坊（タイ語「クティー」）があった。そして終りに、

「ワット・チャーン・ロープ」寺を訪れる。そこには、上層部がすでに消失した、大きな仏塔が残る。この仏塔を支えた高い基台（図版126）には、横並べに、全部で六十八体の象が、配置されている。

さて、カンペーンペット仏教遺跡群（図34）は、大きく分けて二群からなる。その一群は、その大半を占める、ピン川の東側にある。そこにある主要な古寺跡は、すでに述べた。もう一つの一群は、ピン川の反対岸、西側にある古寺群である。

まず、西側の古寺群は、小規模な遺構で、レンガで建てられた。これらは、スコータイ王国の第六代目のリ・タイ王（在位：一三四六～一三七四年？）の治世を主に建立されたのだろう。それらの古寺の内、最も重要な寺院は、すでに第七章第八節で述べた、ナコーン・チュムのワット・プラ・シー・ラッタナ・マハー・タート寺の仏舎利塔（図版87）である。この仏塔は、リ・タイ王によって、一三五七年に建立された、と第三碑文に刻まれてあった。

この仏塔は最初、蓮華莟塔であったが、現在のラタナコーシン王朝のラーマ五世王（在位：一八六八～一九一〇年）の治世に、この大帝の許可を得て、当時のビルマ人豪商、プラヤー・タカによって、ビルマ式の仏塔に、改築された。そのため、リ・タイ王の建立した蓮華莟塔（仏舎利塔）は、現在、ビルマ型仏塔に変わってしまい、見られない。

このピン川西岸の遺跡群は、リ・タイ王の第三碑文に見る、「ナコーン・チュム」の都にあった。当時のナコーン・チュム都の都城は、スコータイ都城と同じく、三重の囲壁に囲まれていた。その大きさは、約四〇〇×九〇〇メートルある方形であったが、現在、その囲壁は、ほとんどが壊れて、なくなってしまっている。

このリ・タイ王の死後、スコータイ王国はアユタヤー王国の支配下に落ちた。アユタヤー王国第九代目のトライローカナート王（在位：一四四八～一四八八年）は、その首都をピサヌロークにおいた。この王の治世に、カンペーンペットでの行政上の中心は、先のナコーン・チュム都のあった、ピン川の西岸から、東岸へと移転した。その理由は、西方から攻めいる外敵、ビルマ兵からの侵略に対し、防御しなくてはならなかったからである。

トライローカナート王は、ピン川の東岸に、以前より一層、頑丈な要塞風の都城を建設する必要があったはずである。このような状況から、王は東岸のカンペーンペット都城を、ピサヌローク都、シーサッチャナラーイ都、スコータイ都と同格に、重要な都市と見たのである。この重視と共にカンペーンペット都の北側、いいかえるとピン川の東側一帯には、次々と仏教寺院が建てられていった。これらの古寺類は、時代と共に数を増し、その造営の年代は、トライローカナート王の治世を主に、十五世紀より十六世紀に至まで続いた、と思われる。

ナコーン・チュム都の古寺類は、レンガで建てられたが、ピン川東側のカンペーンペット都の都城側の古寺類は、重たいラテライトの積み上げによって建立された。ラテライトは褐色で美しくないため、当然、その表面には白色の漆喰が塗られた。その漆喰は時に、華麗な装飾意匠でもって、浮彫にされた。ワット・チャーン・ロープ寺仏塔（図34）の象の身体を飾った意匠も、その一例である。また、所はちがうが、シーサッチャナーライ都のワット・ナンプラヤー寺（図3）の仏堂外壁を飾った、すてきな浮彫（図版119・120）は、よく残った。これらの浮彫は、おそらく十五世紀、あるいは十六世紀の作であろう。

第四節　カンペーンペット都より出た名作

1．青銅製シヴァ神像

カンペーンペットには、この地を独自に支配した領主（王）が住み、スコータイ王国の時代には、スコータイ王国の王へ、忠誠を誓った。しかし、後に、スコータイ王国が消滅すると、アユタヤー王国の王へ、忠誠を誓った。その両国の地方都市が、このカンペーンペットの地であった。

現在、遺跡として残っているカンペーンペット都の都城（図34）の内側には、ヒンドゥー教の聖堂があった。それは、カンペーンペット国立博物館の東側の隣に位置する。その聖堂は、すっかり壊れてしまい、基礎しか残っていない。実は、この廃墟から、立派なシヴァ神の青銅製の立像が出た。この廃墟がかつて、ヒンドゥー教のシヴァ神をまつった所であった。

シヴァ神像（図版105）は、高さが二メートル十センチあり、いわば大きな像である。現在、カンペーンペット国立博物館に、陳列され、同館の第一級の名品となっている。ヒンドゥー教の三主神の一神で、破壊の恐怖と万病を救う恩恵をそなえた神である。

全体の作りは、カンボジアのアンコール帝国のクメール族の美術、いわゆる「バイヨン様式」の流れをくんでいる。きわめてクメール美術からの影響を、多分に受けた作品である。特に腰衣の形は、クメール風である。これまで見てきたスコータイ王国の青銅製のヒンドゥー教神像類（図版45・46・61・62）と比べると、その腰衣はまったく異なっている。

このシヴァ神像の重要な点は、方形の台座の上面、シヴァ神の両足の周囲に、タイ語文字で刻まれた銘文にある。[63] 四方に三行ずつ、合計で十二行が記されていた。その解読から、このシヴァ神像は、シャカ暦一四三二年、すなわち西暦一五一〇年に、鋳造された。神像を造った人は、「チャオ・プラヤー・シー・タンマソカラーチャー」という領主（王）である。像の名は「イースヴァラ」とあり、シヴァ神のことである。

このシヴァ神像を造った理由は、明白にその銘文の中に記されてある。その理解のため、銘文を和訳し、その全文をこの本の後に、紹介しておくことにする。

一五一〇年、カンペーンペット都の都城のチャオ・プラヤー・シー・タンマソカラーチャー王は、人間を含めての生き物の守護を念じて、また仏教、バラモン教（ヒンドゥー教）、デーヴァカルマ教の信仰の高揚のために、このシヴァ神像を造った。都城の内側や外側にある寺々、道路、水路を修復したと記し、これらの善行は、二人の国王陛下に捧げられたものである、と結んでいる。

このシヴァ神像が鋳造された一五一〇年は、アユタヤー王国の第十一代目、ラーマーティボディー二世王（在位：一四九一〜一五二九年）の治世である。この王は、アユタヤー都に住んでいた。銘文の中に記された、「二人の国王陛下」とは、一人が同王国の第十代目、ボーロマラーチャー三世王（在位：一四八八〜一四九一年）である。もう一人が、先のラーマーティボディー二世王である、とみなされる。

この神像が造られた時、ボーロマラーチャー三世王は、すでに他界していた。この王はピサヌローク都に住んだ。その後のラーマーティボディー二世王と共に、二人はあの偉大なトライローカナート王の息子にあたる。

2. 青銅製の仏足石

カンペーンペット都の都城の外側に、現在、「ワット・サデェーッ」という寺がある。ここから出た青銅製の仏足石図[59][60]（図版116）が、バンコック国立博物館に陳列されている。仏足石は、一般に石造で、その表面に釈尊の足跡を彫ったものである。ところが、それを青銅板の面に表した例は、実にめずらしい。

その大きさは、横幅が一メートル五十五センチあり、残念ながら左半分が壊れて、消失してしまっている。この仏足石は、本来、横に寝かして、まつられてあったもので、後に、おそらく火をかぶったのであろう。それによって左半分が、焼けてしまったのである。カンペーンペットの都城は、スコータイ王国の時代でも、アユタヤー王国のボーロマラーチャー一世王の兵によって、十四世紀後半に、三度も攻略されていた。この仏足石が消失した時は、いつであったか不明だが、確かに火をかぶったのである。

この仏足石の素晴しさは、単足の足裏の面と、その足跡の外周とに、線刻によって絵が彫られている点にある。足裏の中央には、法輪を表し、その外周は、仏教の宇宙観にでる須弥山を線刻にしている。須弥山は「七山八海」と言われ、その通り法輪の周りを、七つの山脈と八つの海でもって囲む。そして、その七山八海の中に、太陽神と月神とが表された。太陽神は、孔雀の入った聖殿で、月神は、うさぎの入った聖殿で、線刻されている。

この七山八海の外周は、三重になっていて、その各層には、神、家、動物などの様々な種類の絵（図）が入る。この絵図の数は、全部で百八あったのであろう。消失した個所があり不明だが、これらは仏足石に通常入れこまれる、「百八種吉祥文様」である。

また、この仏足石の上辺には、過去二十八仏が、遊行仏の姿で、横並べに線刻された（図版115・図35）。釈尊がこの世に出現する以前には、人類の救済のために降臨した、全二十七人の仏陀がいた。それに釈尊を加えて二十八仏とする。上座部仏教では、この過去二十八仏が信奉され、仏教壁画の主題にされてきた。

この青銅製仏足石は、その絵図に見る様式から推定して、十四世紀ないし十五世紀に、鋳造されたものであろう。これほど立派な仏足石であるから、カンペーンペット都の都城内に住んだ王、領主が制作上の主であった、と思われる。

第五節　旧スコータイ王国領から出たアユタヤー王国の仏像

1．ウートーン様式の仏陀像

スコータイ王国がアユタヤー王国の支配下に落ちてから以降、旧スコータイ王国の都城、スコータイ、シーサッチャナーライ、ピサヌローク、カムペーンペットにて、一種独特な形をした仏陀像が、多く造られた。その一例を、図版127に示しておく。この形の仏陀像のことを、「ウートーン様式」と言う。

一見してわかるように、きわめて硬い感じの仏像で、ほとんどが青銅で造られた。このウートーン様式の発祥地は、アユタヤーの西にあるウートーンである。実はアユタヤー王国の初代の王、ラーマ・ティボディー一世王（在位：一三五一～一三六九年）は、このウートーンの出身者であった。ここで造られた仏陀像がアユタヤー都に流布し、やがてアユタヤー王国の広い領域で造り続けられた。その存続の期間は、アユタヤー王国の九代目、トライローカナート王（在位：一四四八～一四八八年）の治世まで、と考えられている。

ウートーン様式の仏陀像の特徴を述べると、次のように指摘される。まず、頭部は全体に四角ばって、その頭髪と額とを分ける間には、細長い帯状のものがある。次に身体の左肩の上から垂れさがる垂布（サンカーティ）は、実に幅が広く、また長く臍（へそ）の近くにまできている。そして、その先端が、横に一直線に切れるのが、大きな特徴である。

図版127の一例を見てわかるように、台座が実に独特な形をなす。それは臼を上から押しつぶしたような形の、単純な形のものとなっている。

このウートーン様式の仏陀像は、アユタヤー王国が誕生するかなり以前に、タイ国中部を中心に「ドヴァーラヴァティー王国」という、モーン族の時代（六～十一世紀）があった。このモーン族の王国の後、カンボジアのクメール族によるアンコール帝国が、タイ国中部のロッブリーを中心に、十一世紀から十三世紀まで支配した。そこで、ウートーン様式とは、先のドヴァラーヴァティー王国の仏陀像の様式と、ロッブリーを中心としたクメール仏の様式とを、混合させた形なのである。

次に、立った姿の仏陀像(図版128)を一体、かかげておく。この青銅製の仏立像は、スコータイ都から発見された。先の仏座像と同様に硬い感じの作りで、ウートーン様式によっている。右手を前に出して施無畏印をなし、その手のひらには、法輪が線刻されている。さらに腰衣の横帯と、その前面の中央に垂下する個所との刺繍は、豪華で王宮衣装のようである。釈尊の法衣を飾った、このような装飾的な傾向は、以前のスコータイ王国時代の仏陀像に、まったくなかった。これは南のアユタヤー都から北方へと、伝播したのである。

2. 宝冠仏の出現

今日の新しいスコータイの町から近い所にある、ワット・ラーチャターニー寺に収蔵されてあった仏像(図版117)が、バンコック国立博物館に陳列されている。この仏像は、かつてスコータイ遺跡から発見されたのだろう、と言われる。像高が一メートル八十ある、青銅製の仏立像である。

この仏像は、きわめて貴重である。それはこの仏像が立つ円形の台座に、銘文がある。それによると、この仏像が一五四一年に、チャーンダプーン出身の商人によって、鋳造された、と刻まれてあった。仏像が造られた年代がわかった作品として、タイ仏像史上、重要視されている。またもう一点、重要視される特徴は、この仏陀像が頭に、宝冠をのせている。仏陀像は、すでに述べたように、三十二相の特別な形を基準にして造られる。しかし、それにもかかわらず、この仏陀像――釈尊の像には、王のような宝冠をかぶっている。このような姿の仏陀像を一般に、「宝冠仏」と呼んでいる。

スコータイ王国時代の仏陀像には、この種類の宝冠仏がなかった。像は、スコータイに、突如として現われた釈尊像である。この宝冠仏も、南のアユタヤー王国のアユタヤー都で出現し、それが北のスコータイへ伝播したのである。

上座部仏教で信奉する釈尊像は、基本的に法衣を主として、簡素である。その釈尊像がアユタヤー王国のもとで、次第に装飾化していった。前に述べたウートーン様式の仏立像(図版128)と同様に、装飾化がすすんだ。これも旧スコータイ王国の領域が、アユタヤー王国の仏教美術から、濃く影響を受けた理由である。

釈尊の頭上に、宝冠をのせた仏像は、アユタヤー王国に流布していた、仏伝文学（仏伝図）の中で説かれる、ある話に由来している。仏伝文学とは、釈尊の一生を話にした伝記である。わが国に伝わるそれとは、やや異なっている。その物語の中に、釈尊が豪華な宝冠や衣装をつけて、現れた時の姿が語られている。

それによると、釈尊がこの世におられし頃、「プラヤー・マハー・チョムプー」という王がいた。王は高慢な異教徒で、釈尊はこの王に説法するのにあたり、故意にこの王を驚かすために、法衣姿を変えて、王よりもっと豪華な宝冠と衣装を、頭上と身体につけた。プラヤー・マハー・チョンプー王は、おどろき、釈尊のお教えを聞き、ついに帰依したという。その時の釈尊のお姿が、宝冠仏なのである。

最高の霊格をそなえた王のことを、「転輪聖王」というが、上座部仏教の「マハーパリニッバーナ・スッタ」（大般涅槃経：『南伝大蔵経』長部経典二）では、仏陀とこの転輪聖王とを同格にして、まつっている。転輪聖王とは、仏陀と同じく三十二種類の偉人の形をそなえ、世界を支配する帝王の理想像である。つまり、アユタヤー王国の国民は、釈尊をその帝王とみていた。そこで、釈尊の頭上に、王のような宝冠をのせて、釈尊像としたのである。このように、当時のアユタヤー王国の国民は、釈尊のように国王をも、あがめ敬愛していたのに、ちがいない。

東南アジア史

注文カード

書店（帖合）印

注文数	
書名	夜明けのスコータイ遺跡
出版社	雄山閣 639
著者	伊東 照司
書名	02307-4
分類	3022
定価	本体18000円+税
注文日	月 日

品切 重版中

月 日 予定

重版未定

9784639023074

ISBN978-4-639-02307-4

C3022 ￥18000E

スコータイ王国とその遺跡は、わが国の鎌倉、南北朝、室町時代中頃までを、語っている。スコータイ王国は、諸王が九代、約二百年間続いた。その前半が純粋な独立国で、後半がアユタヤー王国の属国となった。王都は、スコータイとシーサッチャナーライとである。

従来のカンボジアのクメール族の支配をはらいのけて、独自のタイ族の文化を創造した時代である。その成果は、仏塔・仏寺、仏像、線刻画にあり、さまざまなすぐれた遺構や美術遺品を、今日に残した。その創作の主体は、タイ族であり、その宗教はスリランカ伝来の上座部仏教であった。そのために、この上座部仏教を基調として、スリランカ式の建築や美術が愛好された。

建築では、スコータイ都城内のワット・マハー・タート寺、シーサッチャナーライ都城のワット・チャーン・ローム寺仏塔は、最高である。また美術では、仏像が主体となり、その最高傑作は、ピサヌロークのプラ・プッタ・チナラート仏があり、巨大仏としては、スコータイ都城から運び込まれた、バンコックのワット・スタート寺安置のシー・サカヤムニー仏が圧巻である。

特に、スコータイ王国時代に創作された、仏像の形は、「スコータイ様式」仏と呼ばれ、それ以降、現代までも、その様式にもとづき、仏陀像がつくられている。そのため、タイ国での古典的な様式は、このスコータイ王国で生み出されたのである。

スコータイ王国の諸王の内、最も偉大な王は、三代目、ラーム・カムヘン大王である。軍事的に大成功をおさめ、実に広大な領土を確保した。そして、六代目、リ・タイ王は、タイ文化、特に仏典、美術、建築に、多大な貢献をなした名君である。

ラーム・カムヘン大王は、下ビルマのパーン、今日のマルタバンに都があった、ワレールー王と親しい関係をもち、この都は、ラーム・カムヘン大王からリ・タイ王の治世まで続いた。この関係から、スコータイ王国の上座部仏教は、このパーンを中継にして、スリランカの仏教を取り入れたのである。

スコータイ王国は、初代のシー・インタラーティット王を父とすると、その子がラーム・カムヘン大王である。その孫がロ・タイ王にあたる。そして曾孫が、リ・タイ王なのである。そこで、このスコータイ王国は、曾孫が統治した終り頃、南の別の王国、アユタヤー王国からの軍事的な介入が、始まったのである。父、子、孫、曾孫までの約百年間が、スコータイ王国の独立した繁栄期であった。

その曾孫にあたるリ・タイ王は、その著作の仏教経典『三界経』を通じて、理解するように、人間の死後、天界への再生を希望した思想が濃厚であった。それに伴ってか、仏教美術では、天界から降下する釈尊の姿が、尊重された。これがタイ美術独自の「遊行仏」の誕生である。また、国民に天界を意識させる方便として、天界の様相を図様化した仏足石が造られ、それが尊重されたのである。

スコータイ王国の仏教美術は、漆喰を用いての芸術が主体をなした。そのため、当時は多くのすぐれた作品が、寺院にあったはずである。漆喰は弱く、スコータイ遺跡に見る仏像等は、かなり壊れてしまった。これらの美術遺品を保存し、時に補修の作業は、大変な努力であった。今日では、スコータイ都城、シーサッチャナーライ都城の両地が、国立遺跡公園となった。その修復工事の背景には、タイ国の国民が心からいだく、タイ民族の故郷としてのあたたかい想い、またその文化遺産に対する誇りがあったからである。

碑文集成

作者：ラーム・カムヘン大王
年代：一二九二年
趣旨：王宮に聖座を安置した記念
出所：スコータイ都城の王宮
言語：タイ語

第一碑文

「わたくしの父上は、シー・インタラーディッと称し、母上はソアンといって、兄貴は、バーン・ムアンといった。母上から生まれたのが全部で五人、そのうちの三人が男で、二人が女であった。兄貴はまだ子供の時分に、この世を去られた。（一面一〜三行）

わたくしが十九才の時、ムアン・チョットの領主サーム・チャンが、ムアン・タークに攻めてきた。父上は領主サーム・チャンとの戦いに、左へ出て、領主サーム・チャンは、右に進んだ。領主サーム・チャンは全力をあげて攻撃してきて、父上側の兵士はとまどって逃げた。（だが）わたくしは、逃げたりはしなかった。象の上に乗り、兵士たちをあけさせ、わたくしの象を、父上の前に進ませたのだ。

象に乗っての、領主サーム・チャンとの、一騎打ちをなした。領主サーム・チャンの象マス・モアンと戦い、ついにその領主を、打ちたおした。そこで、父上はわたくしが、サーム・チャンの象と戦ったことから、わたくしにプラ・ラーム・カムヘンという名前を、つけてくださった。（一面三〜十行）

父上がこの世におられた時、わたくしは父上につかえ、母上に孝養をつくした。いかなる獲物や魚でも、つかまえると、すべて父上のもとへもっていった。おいしく、食べるとよいもの、たとえすっぱくとも、また、あまい果実をとると、どんなものでも、父上にもっていってさしあげげた。なげ輪や、おとり用の柵でもって、象をとらえた時でも、その象を父上のもとへ、つれていった。町や村を攻めいって、象や若き男女、金銀をえても、すべて父上にさしだした。わたくしの父上がなくなった時、兄貴はまだこの世にいて、わたくしは父上におつかえしたように、どこまでも兄貴にもつかえた。兄貴がこの世を去られて、王国の全土は、わたくし自身のものとなった。（一面十行〜十八行）

ラーム・カムヘン王の御世、このスコータイの地は、栄えている。水には魚がおり、田には稲がみのる。国土の帝王は通行税を人々からとらず、人々は商売で家畜をもってきたり、馬を売るので馬にのってくる。象で交易したい者は、象でなし、馬で商売したい人は、馬でなし、金銀であきないしたい者は、そのようになす。

いかなる平民、役人の男子が、なくなると、その者の財産、つまり、象や妻や子や倉や米や雇人、それにビンロウやキンマの林が、そっくりそのまま、その人の息子に残される。平民や役人の男が、そむくようなものなら、帝王は誠意をもって、その事情を確かめ、そこで彼らのために、公正に処す。帝王は盗賊や、盗品を隠しもつ者を、みのがしはしない。

帝王はある者のお米を見て、ほしがらず、またある人の富を知っても、いかることもない。もし、象にのったある者が、帝王にあいにきて、その者の国を、帝王の庇護のもとにおこうとするなら、帝王はその者を助け、寛大に世話をする。また、ある者には、象がなく、金銀を持たず、帝王にあいにきたなら、帝王はその者に、何か施しをして、その者の国が、確固となりうるまで、助けてあげる。帝王が、敵の兵士をとらえると、敵兵を殺し、なぐったりもしない。

帝王は、あの入口の広場に、一つの鐘をつるした。もし、この国の平民で、胃をむかつかせ、心を苦しめる悩みごとがあり、また何か帝王につげたいことがあれば、簡単である。その者は行きて、そこにつるされた鐘を、たたけば、王国の帝王、ラーム・カムヘン王は、その音を聞き、行きて、その男にたずね、事情をただし、その者のために、公正な処置がなされる。そこで、このスコータイ王国の人々は、帝国をたたえる。

人々はこの王国中に、ビンロウ樹やキンマ樹をうえ、ココナッツやパラミツ樹も、この王国に多くうえつけ、マンゴやタマリンド樹も、この国に多くうえつける。それらを植える者は、それらが自分自身のものとなる。この都の中には、すばらしい池があり、その池は、きれいで、乾期のメ・コン河の水のように、のむのによい。このスコータイ都をかこむ三重の囲壁は、

三千四百尋ある。（一面十八〜三十五行、二面一〜八行）

このスコータイ都の人々は、戒律をまもり、布施することをこのむ。このスコータイ都の帝王、ラーム・カムヘン王、さらに王子や王女、若き役人の男女、そして男女すべての貴族たちは、みんな仏教に帰依し、雨期の間、みな戒律をまもる。その雨期の終わりには、カティナ祭（僧衣の献上儀式）を祝い、このお祭りは、子安貝の山、ビンロウの山、献花の山、坐ぶとんや枕をそなえて、一ヵ月も続く。カティナ祭への飾りのような、お坊さんたちにさしあげる施物は、毎年二百万にもおよぶ。

みんなはカティナ祭での吟唱のために、あのアランニカ寺院へおもむく。人々が都にもどる時になると、みんなでそのアランニカ寺院から、都の王宮街まで、一例をなして歩く。楽器演奏や歌をともない、くりかえし観呼・感謝する。浮かれたい者は浮かれ、笑いたい者は笑い、歌いたい者は歌う。このスコータイ都には、四つの巨大な門があり、人々は、いつも群がってやってきて、王がローソクに火をつけ、花火をあげるのを見る時、都は、まさに破裂するほどに、にぎわう。

このスコータイ都の中には、お寺ウィハーラがあり、黄金の仏陀像があり、また高さ十八キュビットある像もある。また、そこには巨大な仏陀像や、中位の仏陀像があり、大きなお寺ウィハーラや、中位のお寺ウィハーラもあり、ニッサヤムッタ・テーラ、マハーテーラといった高僧が、おられる。（二面二十三〜二十七行）

このスコータイ都の西には、大僧正マハーテーラ・サンカラーチャーへの贈り物として、ラーム・カムヘン王によって建てられた、アランニカ寺院がある。この聖者は、仏典をはじめから終わりまで習得され、王国第一の聖僧であられる。ムアン・シー・タンマラーチャ（現在のナコーン・シー・タンマラート）から、この地へこられた。このアランニカ寺院の中には、巨大なお堂ウィハーラがあり、高くきわめて美しく、そして十八キュビットの立った姿の仏陀像が、一体ある。（二面二十七〜三十三行）

このスコータイ都の東には、お寺ウィハーラがあり、お坊さんがたが、住まわれる。巨大な湖があり、ビンロウやキンマ樹、高い低い農地、農場、大小の村々、マンゴやタマリンドの林がある。それらはいかにも、わざと造ったかのように、美しくみえる。（二面三十三〜三十五行）

このスコータイ都の北には、市場があり、アチャン像があり、塔堂プラーサーダがあり、ココナッツやパラミツの林、高い低いの農地、農場、大小の村々がある。（三面一〜三行）

このスコータイ都の南には、お寺ウィハーラをともなう僧房クティーがあり、お坊さんがたがおり、ダムがあり、ココナツやパラミツの林、マンゴやタマンリドの林もある。山や川、それに精霊プラ・カプンがいる。この山の精霊は、この王国のいかなる他の精霊たちよりも、威力がある。このスコータイ王国を支配し、帝王がこの精霊に、正しきお供物でもって、礼儀正しく敬意を表するなら、この王国は、長続きし、栄えよう。しかし、礼儀正しく敬意をはらわず、お供物が正しくないなら、この山の精霊はもはや、王国を守護せず、王国は消え去ることになろう。（三面三〜十行）

シャカ暦一二一四年、竜の年、かつて十四年前に糖樹を植えたシーサッチャナーライとスコータイのこの王国の帝王、ラーム・カムヘン王は、石上に、石板（聖座）を彫るよう命じ、それをその糖樹のまん中に、安置した。新月の日、上弦の八日、満月の日、下弦の八日に、お坊さまの一人、テーラ（長老）もしくはマハーテーラ（大長老）は、戒律をまもる一群の俗人に、仏法を説かれるため、その石板にのり、その上にすわられる。仏法を説かれる日でない時は、シーサッチャナーライとスコータイ王国の帝王、ラーム・カムヘン王は、その石板にあがり、すわって、領主や役人や王子らと、国政について話しあう。

新月と満月との日、ルーチャシーと称する白象が、くらかごや、ふさをつけた頭飾でかざられ、両牙に黄金がかぶされる。その時、ラーム・カムヘン王は、この白象に乗り、先のサンカラーチャー（大僧正）に敬意を表しに、アランニカ寺院へ、行ってくる。

チャルヤン都には、一つの碑文があり、それはシー・ラッタナターツ寺院の脇にたつ。プラ・ラーマ窟と呼ばれる洞窟にも、碑文が一つあり、それはサムバーイ川の岸にある。さらにラッタナターラ窟にも、一つの碑文がある。この糖樹林には、サーラー・プラ・マーサとブッダサーラーと称する、二つの建物がある。ここの石板は、マナンシーラーパットラと呼ばれる。だれもが見れるよう、そこにそえられている。（三面十〜二十七行）

宇宙の青天井の下、マー、カーウ、ラーウのすべてのタイ、それにウーやコンにそって住むタイは、シーサッチャナーライとスコータイ王国の帝王たるシー・イーンタラーディット王の息子、ラーム・カムヘン王に、敬意を表しにやってくる。（四面一～四行）

シャカ暦一二〇七年、いのしし年、帝王はご仏舎利を掘りあて、みんながそれを見ることができた。ご仏舎利は、一ヵ月と六日間、あがめられ、そこでシーサッチャナーライのまん中に秘蔵し、その上に仏塔セティヤが建てられ、その建立工事は、六年間で完成した。このご仏舎利プラ・ダーツをかこむ岩の塀も、つくられ、それは三年で完成した。（四面四～八行）

もともと、このようなタイ文字は、存在していなかった。シャカ暦一二〇五年、やぎ年、ラーム・カムヘン王は、このようなタイ文字の創作を、切望した。そこで、帝王はタイ文字を創作し、（ここに）タイ文字が存在する。

ラーム・カムヘン王は、すべてのタイの君主であった。王は、功徳と、正しき仏法を伝えるため、すべてのタイに教えられた教師であった。タイの地に住む男たちの中で、王と同じぐらい知識・知恵もあり、堂々と勇気あり、忍耐と生気ある者は、ほかにない。王は、広大な国々と多くの象をもつ敵群を、征服された。

その支配地は、東が、サラ・ルアン、ソン・クウェ、ラム・バー・チャーイ、サカー・コン河岸、さらにはるかなる地ヴァン・チャン、ヴィャン・ガームが含まれる。南は、コンティー、プラ・パーン、プレック、スワンナププーム、ラーチャプリー、ペチャブリー、シー・ダルマラーチャ、さらに遠く海岸（地帯）まで含まれる。

西は、ムアン・チョット、ムアン・（消）、ハンサーバティ、さらにその境は海に至る（地域）が含まれる。北は、ムアン・プレー、ムアン・マーン、ムアン・（消）、ムアン・プルワ、さらにコン河岸を超えて、はるかなる地ムアン・ジャワーまで含まれる。以上、あげたすべての地に住む人々は、帝王によって、仏法に従い、はぐくまれた。（四面十一～二十七行）」

第二碑文（部分）

作者：ロ・タイ王
年代：一三四五年頃？
趣旨：ワット・マハー・タート寺修復とシースラダーラー大長老の善行
出所：スコータイのワット・タート・シー・チュム寺のトンネル内
言語：タイ語

「サムティック・プラ・マハーサーミー長老は、セイロンを去るのに、一群の信徒たちをつれてきた。（消失）下からレンガを積み上げ、修復し、心をこめて九基の聖塔を完成させた。そしてまた、セイロンから二個の貴重な仏舎利をもたらし、その中に秘蔵した。我らは、長老がなされたすべてのことを、つぶさに語りえない。（二面四十〜四十二行）

「マハー・タート寺院の基壇は、東側、十三ファトムの長さが崩壊した。心をつくし、よくできたレンガでもって基壇を修復し、その全面を、漆喰で塗装した。尖塔の頂きから地面まで、漆喰がぬられると、それはまるでカイラーサ山のようで、白く美しく、雄大であった。私はまた、仏陀像の足、手、身体をも塗装した。幾つかの点で、いそいで引き続き、きわめて美しい石仏らと共に、塔堂を建てた。多くの積善につくし、一日にして、二十八の行をなした。」（二面四十五〜四十八行）

第三碑文

作者：リ・タイ王
年代：一三五七年
趣旨：ナコーン・チュムへの仏舎利奉安の記念
出所：ナコーン・チュムのワット・プラ・ボロマタート寺
言語：タイ語

「シャカラーチャ（暦）一二七八年、八月満月五日、金曜日、タイ式計算カトゥ・ラウ日、プールウァパルグニーのナクサッラ。（仏舎利の）奉安の日は、六日にあたる。リ・タイ王は、ロ・タイ王の息子で、ラーマ・カムヘン王の孫である。シーサッチャナーライ・スコータイでの即位に当たり、多くの四方に住む臣下より、灌頂を受けた。臣下らは、供物、果物、魚を献じ、王に対する忠誠を誓った。

灌頂にて、王は、尊名シー・スーリヤヴァムサ・マハーダルマラーチャディラーチャがつけられた。この年、王はここナコーン・チュム都に、奉安する貴重な仏舎利を持ちこんだ。この尊い仏舎利は、一般的な舎利でなく、はるか遠いランカードヴィーパ（スリランカ）よりもたらされた。真正の仏舎利である。

釈尊は、魔王軍を追い払い、成道されし時、菩提樹の下に座られた。その聖樹からえた幾つかの種も、もたらされ、この大塔の背後に埋められた。

人はこの貴重な仏舎利と、聖なる菩提樹とに、参拝するなら、釈尊を拝したと同様な、ご利益をうる。我らはこの事について、あえて述べないが、これは真に、我らの釈尊によって説かれた。

釈尊が成道されし時、我ら人間の寿命は、百歳であった。が、後に、その寿命が九十九歳となってへった。人が問うのに、『寿命が百歳から九十九歳にへってからは、どのくらい年がたったのか』と。答えて言うには、『王がこの大塔を建てる以前、百三十九年前の兎年に、人間の寿命は、百歳から減少したのだ。この年より後、王子やバラモン僧や長者は、次第に高位を失い、また占星学や薬学を学んだ者さえも、立場を失い、尊敬されなくなった。』と。

さらに、人が問うのに、『我らの釈尊が菩提樹の下で、成道されし日より、この貴重な仏舎利が奉安される日まで、どのくらいたったのか』と。これに答えて、『年を計算すると、千九百四十六年目にあたる。つまり、釈尊の成道の年は、猿年であった。月数で言うと、その経過は、二万四千六十ヵ月である。釈尊の成道の月は、六月、満月の日であった。日数で計算すると、その経過は、七十一万四百六十八日である。つまり、釈尊の成道の日は、水曜日、タイ式計算のタウ・二日であった。』と。

人が問うのに、『釈尊の教えが、（これから）どのくらい、存在するのか』と。それに答えて言うのには、『この仏舎利が奉安されてより、三千九十九年目に、終わりとなる』と。この仏舎利が奉安されてから、九十九年目の猪年に、三蔵経典は、消滅しよう。三蔵経典を知る者は、まだ少しはいるが、真に三蔵経典を知る者は、一人もいなくなる。

ヴェッサンタラ本生話のような、仏の説話も一人として、暗誦できる者もいなくなる。他の本生話も、初めを知っても、終わりを知らず、あるいは、最後が知られても、初めがない。アビダン・ピタカ（論蔵）も、その中のパッターナやヤマカは、その時に消滅しよう。

一千年後、四つの戒を厳守する仏僧は、いまだにいるが、多くの仏僧のうちで、戒律を守る者は、ことごとくいなくなろう。また、一千年後、法衣をまとう仏僧は、まったくいなくなり、耳の後ろに、わずかに黄布がつくほどで、それで仏僧だとわかる。一千年後、法衣は消滅いたし、まったく仏僧なのか、わからなくなるだろう。

しかし、この地や、他所にまつられた釈尊の仏舎利は、いまだに崇拝され続けられる。結局、釈尊の教えが消滅する年、つまり鼠年、土曜日、六月の満月、タイ式計算のラーイ・サン日。月がバーイサーカのルクサにあたりし時、その日、この人間界および天界、龍界にある、すべての釈尊のご遺骨（仏舎利）は、空を飛んで、ランカードヴィーパ（スリランカ）に集まる。そこのラタナマーリカ・マハー・ストゥーパ（ルワンワリーサーヤ大塔）仏塔の中に入る。

その後、大昔に釈尊が成道されし菩提樹のもとへと、飛んで行く。そこで、大きな火事があって、すべての仏舎利は、完全に焼きつくされる。その大火事の炎は、梵天界にまで、飛び広がる。このようにして仏教は、この日に消滅しよう。

その時より以降、人類の中で、さまざまな善業の功徳につて知る者は、まったくいなくなる。人々はいつも、常に罪を犯し、地獄界へと生まれかわろう。そこで、今より以後、善良なる人は、すべて、仏法が存続する限り、仏法に従い、いそいでも、善業の積みあげにはげめ。現在の一生は、仏法を知る上で、無量な好機にあたる。だれしもが我らの釈尊に帰依すると同様に、仏塔、仏堂、菩提樹に、あつく参拝すべきである。

人はあつい信仰で、一つの願いをかけるなら、願いはかなえられよう。人が天界へ再生せんと願うなら、その人は、弥勒菩薩がこの地上に降下され、仏陀となられる時期、天界に生まれ、天界にとどまる。その後、弥勒仏の降下と同時に、その人は再び、この地上に生まれかわることになる。

さらに、人が問うのに、『人はいかに、きわめて正確に、この世の破滅について、その年、月、日の数を、知りうるか。だれが調べ計算し、きわめて正確に、厳密にして、その数をだしうるか』と。これに答えて、『調べ計算したお方は、リ・タイ王である』と。

『そこで、リ・タイ王が知る上での信條とは、(一体)なになのか。』と。これに答えて言うには、『リ・タイ王は、いかなる時でも、五戒を厳守している。』と。

王は一日たりとも欠かさず、王宮の(消失)に帰依し、満月には、王自身が奉安した仏舎利に、参拝する。王は、仏法の説教に、耳をかたむけ、(消失)に布施をなされる。布薩日には、いつも八斎戒を厳守される。さらに、(消失)王は、三蔵経典によく通じ、多くの比丘に教えられ、(消失)長老や大長老(消失)、あらゆる種類の(消失)。

王は空(消失)、一千以上の名(消失)を知る。(消失)があるなら、星から予言でき、嵐や火事があるなら、(消失)。王はどんな国でも知り、経典シャーストラや(消失)薬に通じる。また王は、スカーやチャツランガ遊び、ヤントラのやり方、象の乗り方、（消失）、象のとらえ方、ブリディパーサ・シャーストラ（経）を知る。

王ほどに美しく、勇敢な者はなく、（消失）、いかに節制し、また他者を治める法も知られる。（消失）水路を掘り、ダムの造り方も知っている。さらに王は、すべての臣下に慈悲ぶかく、（消失）太守が王のもとに来て、王の庇護のもとで、各都に配備されると、王は常に（消失）。

王をけなし、うらぎり、あるいは王の御物を盗む者をとらえても、その者を殺し、なぐったりなどは、けっしてしない。たとえ害を王に向けた、わるい者がいても、王は数えきれぬほど、きわめて多く、何度も釈放してやった。理由は、人に対し怒りたいことがあっても、寛容であられたからだ。王が親切、慈悲ぶかくあられたのは、王ご自身が、仏陀となられんと、また輪廻転生の苦をぬけて、あらゆる生き者を救わんと、決心されたからである。

リ・タイ王の治世、王国は広く、全方向にのびて（消失）、臣下らは、どこでも、王への忠誠を誓いにやってきた。（消失）、なぜなら、父、子、兄、弟、（消失）、王子らや領主（消失）。王国は多くの破片のように散じた。例えば、（消失）の領主が太守となり、ガンディ・プラ・パーンの領主が（消失）の支配者となる。（消失）チャン・ドンの領主が太守となり、（消失）の領主が太守となる。パーン・バンの領主が太守となり、（消失）の領主が太守になる。パーン・チランの領主が太守となり、（消失）、各々の大守が独自に（消失）。

その後、王は、祖先の後継者として王位につき（消失）、すべての太守に向けて（消失）。王は、ダサビダラーチャ・ダルマに基づき、ピン川沿いのガンディ・プラ・パーンにまで、王権をふるい（消失）。王は、各地に、ココナツ、ジャック・フルーツの樹々を植え、それらの地は、森となって繁り、王は、（消失）を整備された。王の治世、王国は全方向に広がって、平隠であり（消失）。

王は、（消失）太守である兄、弟らに、息子や孫らに、（消失）をせしめる。人々の商売は、舟でいき、また馬に乗って行く。（消失）。今日より以降、もしすべての太守らが、この都（ナコーン・チュム）で（消失）、王は、なにごとにも正しくせねばならず、一度の誤りもなく、このピン川沿いの仏塔、仏堂、菩提樹に、参拝せねばならない。

また、王は、仏僧に対し敬意を表し、両親をうやまい、兄や弟を愛し、老人を尊ばねばならん。人の仕事は、健康体であるなら、王は、その人に仕事をあたえる。しかし、健康体でないのなら、仕事をさせてはならん。老人であられるなら、好きなようにしてあげるとよい。

また王は、ムアン（都城）の中に、米と、多くの塩とを、確保せねばならない。そうでないと、（消失）。もし他国の太守が、王に助けを求めてきたら、助けてやらねばならん。そうでないと、その太守は、他国に助けを求め、ついには王を軽蔑し、（消失）。国民、あるいは高位高官の男子が、死んだら、（消失）、王は、その者の身分を、奪いとってはならない。つまり、父が死んだら、その人の自分は、息子に受け継がせねばならず、同様にして、兄が死んだら、兄の身分は、弟に継がすべきである。この原則にしたがう太守は、長い間、ムアン（都城）を支配し、それを犯す太守は、まったく長くは続かない。

この勅令は、いわば簡単ではあるが、スコータイの（消失）マハー・タートにある石碑に、詳細に刻まれてある。ムアン（消失）にも、石碑があり、ムアン・ファーン（ウッタラデェットの近く）にも、一石碑がある。（さらに）ムアン・サ・ルアン（スコータイとピサヌローク間）にも、一碑文がある。（消失）（この地は）公道の近くで、神聖な仏足石の脇に立っている。

この仏足石について、王は、シンハラ（スリランカ）に使節を派遣し、スマナクータパルヴァタ山の山頂に踏み残された、釈尊の足跡（仏足石）、その大きさを計らせ、人々に礼拝させるため、その写しを持ち帰らせた。

その模刻の一つは、シーサッチャナーライの（消失）山の山頂に、安置された。もう一つは、スコータイのスーマナクータ山の頂上に、おかれた。また一つは、パーン・バーンのナーン・ドン山の山頂に、奉安された。そして一つは、パーク・プラ・パーン（ナコーン・サワン）の山頂に、安置された。それらの各所には、仏足石と共に、碑文がある。」

第四碑文

作者：リ・タイ王
年代：一三六一年
趣旨：マハーサーミー・サンカラーチャー大長老の来朝
出所：スコータイ都城の西、マンゴ樹林
言語：クメール語

「シャカ暦一二六九年、猪年、リ・タイ王は、ラーム・カムヘン王の孫で、兵をシーサッチャナーライより、すばやく都城の外に配備させた。金曜日、チャイスタの陰月五日、王は、兵に、接近、包囲、占領せよと命じ、門を壊しあけて、攻撃し、敵兵をすべて打ちたおした。その後、王は父や祖父の後継者として、スコータイの国土を支配するため、都城に入った。すばやく、四方向に住む太守は、王冠、聖剣チャヤシー、白傘を持ちこみ、王に灌頂の儀式をなした。そこで、王の尊名、プラ・パーダ・カムラテン・アン・シー・スーリヤヴァムサ・マハーダルマーラーチャーディラーチャがつけられた。

王は、王家の十律をともなう法によって国を治められ（消失）、たとえ王がある者の財産を見ても、その財産を奪い取るようなことはなさない。王は、臣下の幸福を願い、その父親が死ぬと、父親の財産は、息子にわたし、兄が死ぬと、その財産は、弟に譲渡された。

王は、何度も殺されようとしたが、その悪人の命をも許してやった。王は、すべての臣下に慈悲をたれ、その理由は、王が怒りをこらえたからである。すべての人々を導くに、王（自身）が仏陀とならん、と心から願い、人々をこの輪廻の苦しみから、救わんとなされた。（消失）。

シャカ暦（消失）、雄牛年、金曜日、アーサーダの満月、プールヴァーサーダのルクサ、夜明け、王は、すべての行者、バラモン僧が永く礼拝するようにと、マヘーシュヴァラ像一体とヴィシュヌ神像一体とを、このマンゴ樹林のデーヴァーラヤマハークセートラに造った。

王は、三蔵を完全に学ばれ、毘奈耶や阿毘達磨をも習学された。従来のクルティア尊師より、バラモン僧や行者として始めて、ヴェーダ、シャーストラ、アーガマ、宇宙法とその解釈書を学んだ。天文学の諸論で始まり、（消失）年、月、日食、月食、それらほとんどを知りつくし、王の知識は、はかり知れなかった。

春祭がくると、（消失）、その後、一年の長さがながくみつもられると、王は再び正して、その長さを短縮させた。明らかに短かった年と長すぎた年を知って、王の権限で調整がなされた。その解釈にあたっては、王は常に、暦の聖典にしたがってなされた。

王は、二十二年間、シーサッチャナーライ・スコータイに住み、支配された。一二八三年（シャカ暦）、雄牛年、王は、パーンより、高僧マハーサーミー・サンカラーチャーを招こうと、尊者一人を派遣した。この高僧は、戒律を厳修し、パーリ三蔵経を完全に学び、古来、戒律厳守の聖僧のいるランカードヴィーパ（スリランカ）に、住んでおられた。

この高僧の来朝にあたり、王は、職人をつかわし、スコータイ都の西、マンゴ樹林に、僧房と仏堂ウィハーラとを建てるよう、準備させた。王は、寺の境内を聖地させ、砂でおおい、あたかもヴィシュヌカルマン神がなしたかのように、どこもかしこも、整美させた。

高僧マハーサーミーと随行の僧たちが出発すると、王は、果実、米、燈明、線香、花、龍華を準備させ、道沿いに敬意を表した（消失）を立てた。そして、王は、大臣、相談役、王家の一員を派遣し、高僧を、チャットからチャン・ドンへ、そこからパーン・チャンドラ、パーン・バールへと、最後に、ここスコータイ都へとおつれした。

次に、王は、（また）人をつかわし、（都城の）東門から西門への王宮通り、さらにそこから僧房と仏堂とが建つ予定の、マンゴ樹林へと至る道を、掃ききよめさせた。王は、太陽の強い光線をさえぎるよう、その道筋に、多色の日除けを取りつけさせた。両側には、日除け、花環をたて、五色の布をひきしめ、高僧マハーサーミーの足裏は、地面に、直接ふれないようになされた。王は、大変な敬意を心にしめて、高僧の来朝にそなえた。たとえるなら、王宮通りは、まるで美しき天界への参道のようであった。

そこで王は、雨期の三ヵ月間、安居に入られるよう、高僧マハーサーミーを招かれた。高僧マハーサーミーの安居が終わると、王は僧伽に、多大な布施をなし、等身大に鋳造された青銅製の仏陀像に参拝された。その我らの釈尊像は、ここスコータイ都の真中、マハー・タート寺院の東に、安置されてあった。王は、陰月の第一日目より、満月まで、仏法についての説法に、耳を傾けられた。

王がなした布施は、黄金十チャン、銀十チャン、クヴァド千万、ビンロウ果二百万個、シーヴァラ四束、仏鉢、チャチュ、枕、座布団、敷物で、実に多量であった。さまざまな装身具類の布施も、無数で、実に多種多様であった。

安居があけた水曜日、陰月の八日目、プナルヴァスのサクラ、夕方、王は、黄金仏の前にて、苦行者の衣をまとい、戒律の厳守を誓われた。

その仏像は、毎日、王によって礼拝され、王宮内に安置されてあった。そこで王は、高僧マハーサーミーをはじめとする、すべての僧たちを、王宮内の黄金殿に招き、沙弥としての受戒をなされた。得度し、戒律の厳守を誓約されると、王は立って、両手をあげて、その黄金仏に、また王宮に収蔵された三蔵経典、さらに大僧正マハーサーミーに敬意を表された。

そこで、このように誓われた。「人生でうる功徳の結果として、つまり我が釈尊の戒によりて得度した。転輪聖王や帝釈天や梵天からの、恩恵に浴することを渇望せず、生死流転する三界のすべての衆生を導くような、仏陀とならんことを、強く決意した。」と。

この決意を誓った後、王は、三宝に帰依して、その時、大地は全方向に振動した。王が定めた決意を誓うと、次に、黄金殿より降りて、マンゴ樹林への道にそって歩まれた。王の足裏が地面につくたびに、再び全方向に振動した。

月が欠けていくこの二週間、（大幅に消失）王は、この石碑を立てて、それによって、だれしもが、功徳と非功徳とを知り、いそいでも善業功徳の積み上げにはげめとした。だれしもが、この点に、よく注意すべきである。

この現地では、明らかに善業なる行為には、結果がある。すなわち、我らは、けっして過去を見るな。（消失）我らは、仏法を聞き、今や善業なる行為によって、明らかによき結果を見る。だれしもが、（消失）に精進し、悪業をなすなかれ。

大僧正マハーサーミーは、パーリ三蔵経に通じ、ランカードヴィーパ（スリランカ）よりこられた。マンゴ樹林の南側に、住まわれた。大僧正は、詩をつくり、王の得度の地にて、王の栄光と名声とを讃えた。大僧正マハーサーミーは、石に碑文（第六碑文）を刻み、それをこのスコータイ都の西、マンゴ樹林の聖なる布薩堂に立てた。」

第五碑文

作者：　リ・タイ王
年代：　一三六一年
趣旨：　下ビルマより大長老の来朝
出所：　スコータイ都城の西、マンゴ樹林
言語：　タイ語

「昔、この地は、ブラナー・ラーマラーチャー王（ラーム・カムヘン王）の王宮苑であった。ブラナー・ラーマラーチャー王は、祖父にあたり、一列にこのマンゴ樹林を植え、それは実に見るに美しい。

後に、聖典をよくつくるブラナー・リタイヤラーチャー王（リ・タイ王）が、シーサッチャナーライ・スコータイの王位につき、祖父や父の後継者となる。東西南北の各大守らは、リ・タイ王に感銘し、王冠、聖剣、日傘をもって、灌頂の王位を献じた。太守らは、和合して、王に尊称、シー・スーリヤヴァムサ・ラーマ・マハーダルマラーチャディラーチャを献上した。

王は、ダサビダラーチャダルマと共に、法律でもって支配し、すべての臣下に対し、慈悲ぶかかった。王は何者の米を見ても、ほしがらず、何者の財産を見ても、憤怒せず。父親が死ぬと、その者の財産は、息子に残させ、その兄が死ねば、弟に残させた。何者かが大事、小事で、王と争することがあろうとも、王は、その者を殺したり、また害したりはしない。敵の兵士をとらえても、王は殺したり、なぐったりもせず、よく世話してやり、死なせるようなことはない。

王をけなし、うらぎる者をとらえても、また、王を毒殺せんとした者がいても、王は、その者を殺したり、なぐったりはしない。王に危害を加えた者は、数えきれぬほど多いとも、自由に放ってやった。なぜなら、王は、多くの者が憤怒しても、寛容に物事を処した。それは王が仏陀のようにならんと決意し、あらゆる有情を輪廻転生の苦から、救わんとしたためである。いかな

る人も、決して殺さず、生きるいかなる有情をも、殺害しない。（消）

ブラナー・シー・スーリヤヴァムサ・ラーマ・マハーダルマラーチャディラーチャ王（リ・タイ王）は、（消）、日を数え、（消）。王の善行については、仏堂や仏塔を建て、菩提樹を植え、それらは数えきれない。王は、二十二年間、シーサッチャナーライ・スコータイを支配した。

シャカラーチャ暦一二八三年（一三六一年）、雄牛年、王は、ナガラ・パーン（下ビルマ）より、高僧マハーサーミー・サンカラーチャを招くため、賢者一人を派遣した。この高僧は、戒を厳守し、聖典の英知に通達し、（消）。多くのマハーサーミー（消）、ランカーディーパ（スリランカ）、その戒の厳守は、昔の聖僧のごとくで（消）。

この高僧マハーサーミーが来朝される間、王は、僧房と仏堂一基とを、このマンゴ樹林に建て、それらは見るに美しい。建築神ヴィシュヌカルマは、それらを建設し、（消）。高僧マハーサーミー・サンカラーチャーと比丘らが到着すると、王は、高僧の栄誉をたたえるため、道の両側に、お花、お燈明を置いて、待機した。

高僧を出迎えるよう、臣下らに命じ、ムアン・チョッからチャン・ドン・パーン・チャンドラ、パーン・バーン、そしてスコータイ都へと至る道を案内させた。王は、道を掃き、多色の日傘を立て、日射をさえぎり、柵と花綱をもうけ、美しい五色布をひいて、高僧の御足裏が地面にふれないようにした。これらの配備は、高僧を讃えるためで、数えきれぬほどだった。我らがそれをたとえるなら、道路は、天界の御道のようで、きれいに整美された。

王は、雨期の三ヶ月間、安居のために、高僧マハーサーミー・サンカラーチャーを招かれた。安居が終わり、王は比丘たちに多大な布施をなされ、我が釈尊の身長と同一の大きさの仏像を鋳造し、シー・ラッタナ・マハー・タート寺院（ワット・マハー・タート）の東、スコータイ都の中央に安置された。

百日間、その間に王は、一万の金、一万の銀、百万の子安貝、百万のナッツ、四百枚の法衣、四百個の仏鉢、四百の座布団、四百の杖、四百枚の敷物と、さまざまな数えきれない贈物を、施与された。王家一門、貴族よりもたらされた装身具についても、数えきれない。高僧マハーサーミー・サンカラーチャーへの布施の品々も、数えきれなかった。

安居の終わり、釈尊入滅後の千九百五年目、タイ式計算ルヴァン・プラウの水曜日、プナルヴァスのナクサトラ、夕方、王（リ・タイ王）は、得度なされた。釈尊入滅日より数えて、王の得度式まで、六十九万五千六百一日が過ぎた。ブラナー・シー・スーリヤヴァムサ・ラーマ・マーハーダルマラーチャーディラーチャ王は、苦行僧のように、十戒を尊守すると、王宮に安置された黄金仏の前で、決意された。

王は王自ら（消）、その日。そこで、王は、高僧マハーサーミー・サンカラーチャーと比丘らを、王宮に招き入れて、王は、沙弥としての戒を受けられた。受戒に際し、ブラナ・シー・スーリヤマハーサーミ・ラーマ・マハータンマラーチャーディラーチャ王は、両手をあげて立ち、黄金仏、収蔵の聖典、高僧マハーサーミー・サンカラーチャーへ帰依なされた。そこで、王は、この願いを発し、『このことによりて（消失）………………。』」

第六碑文

作者：マハーサーミー・サンカラーチャー大長老
年代：一三六一年
趣旨：リ・タイ王の得度を記念
出所：スコータイ都城の西、マンゴ樹林
言語：パリ語をクメール文字

「雄牛の年、仏滅後の一九〇五年（消）、水曜日、陰月八日目、大安時、リ・タイ王は、布施のヴェッサンタラ王子のごとく、慧の（消）のように、また戒のシーラヴァ王のごとくである。学識深きお方と讃えられ、文法学、三蔵経典に深く通じられた。積善の豊庫であられ、仏法、全宇宙からの利を求め、確固たる王位を放棄された。

ジャナカ王のごとく、この世から出家を決意され、顧問、臣下、天女のような王の婦人たち、親属からの反対をおしきり、永遠の菩薩行をなし、わずらわしき王位を捨て、だれもが涙を流す中、黄色い法衣をまとわれた。

その時、大地は揺れ、まさに王の人徳の重さを、支えきれぬほどであった。そこで、さまざまな奇跡が生じ、奇跡は菩薩行により、通常の事変であった。沙弥としての得度式をおえ、王は平静な心でもって、六十季節の大長老として、王宮からお降りになられた。一ユガ（約二メートル）内に前方を見つめられ、涙にぬれる人々によって、無量の誉れと崇められた。

王は美しきマンゴ樹林へ向かわれ、その楽しき樹林には、帝釈天の庭苑のように、さまざまな鳥たちが住んでいた。鳥たちは、真珠、銀砂をまきちらし、この楽しきマンゴ樹林は、純粋ゆえに、平静な僧たちの住居にふさわしい。王は一僧侶としての戒律

を、授かった。（消）

飲んでいる時でさえ、涅槃へ昇り始める必須、神的妙楽のような本質（戒）は、あらゆる多くの辟支払、声聞仏によって、飲むにふさわしく、それは僧の至上の幸せである。

リ・タイ王は、あらゆる有徳の者の哀願を聞いて、あたかも王の慈悲の炎山によりて、燃えたったような、お方であられる。王は釈尊によって説かれし、最高の教えの衰微から受けた（消）。その蓮華のごとき御足は、毎日、天人、人間、梵天、魔鬼、ガルダ、ヴァースキによって崇められる。王は仏法について、完全な解釈を望まれる。王の法輪たる宝を、失った転輪聖王のごとく、悲しくあられる。」

第七碑文

作者：リ・タイ王
年代：一三六一年
趣旨：リ・タイ王のマンゴ樹林での得度
出所：スコータイのマンゴ樹林？
言語：タイ語

「マンゴ樹林にて、王は、僧房を建立させた。そこの仏堂には、クシナガラ近くでの、釈尊の入滅図を描かせた。座して参列する聖僧たちを、迦葉尊者の図も描写させた。その図は黄金棺からあがる釈尊の御足裏を、拝した場面である。また、参拝に来た四人のマラ王子も、描かれている。そして王は、仏像一体を造られ、境界石のある布薩堂を建てられた。

不動な（消失）の知慧のある僧伽、（消失）パーリ三蔵によく通じた大僧正サンカラーチャーは、セイロン僧伽で得度され、この地にこられて、（消失）この地にて、ブラナー・シー・スーリヤヴァムサ・ダルマラーチャーディラーチャ王（リ・タイ王）を、得度せられた。このマンゴ樹林の大地は、振動し（消失）。

悪人は、彼らの悪のために、この人生で、責務をおわされる（消失）がある。悪人は、少なくとも、来世にて、地獄界の一つへと向かう。そしてその後、いつも（消失）の不幸に出会う。

この雄牛の年、ダイ計算のルワン・プラウから、四十二万七千五百三十九年後、つまりダイ計算のカッ・マウ、兎年に、その時、到来する災害の兆しが、知られる。父親、子供、兄弟、姉妹（消失）。人々の身長は、立っている時、ただの一キュビットとなる。人々は、非常に歳をとると、自然と手と足とで、はうようになる。そして人々の寿命は、自然と少しずつ減少し、ついに人々は、ただの十年間生きて、死ぬようになる。（消失）このような陳述は、真実として受け入れるべきで、なぜならば、王は、真に釈尊の法と科学とについて、徹底した知識を、もちあわすからである。（消失）」

第八碑文

作者：リ・タイ王
年代：一三七〇年頃？
趣旨：仏足石の奉安
出所：スコータイのカオ・プラ・バート・ヤイ山
言語：タイ語

「この山は、スマナクータパルヴァタと呼ばれ（消失）。そのように名付けられた理由は、使節が我が釈尊のお足跡（仏足石）を、模写するために、派遣されたからである。そのお足跡とは、遠くランカードヴィーパ（スリランカ）のスマナクータパルヴァタ山の山頂に、踏み残されてある。使節は、その模写図を持ち帰り、この山の山頂に、（仏足石）を安置しようとした。

そこで、だれしもが明るい色で塗られた百八種の吉祥文のあるこの仏足石を見て、すべての神々や人々は、仏足石を拝し、讃え、かつ敬意を表するに、ちがいない。神々や人々よ、涅槃、幸福であられんことを。

人間は、いかにして幸福になりうるか。その第一には、人がもし人間として生まれるなら、出来事の自然の流れにおいて、人は、転輪聖王のような幸福なる喜びをうる。（消失）となって、どんな不幸をもえない。第二には、人が（消失）に生まれるなら、幸福（消失）。第三には、（消失）、人は、僧侶、大変な金持ちになり、僧侶は（消失）、行き（消失）、そして人は、失敗なしに、幸福な状態の（消失）をうる。

もし、だれしもが、このスマナクータパルヴァタ山の山頂に登り、確固たる信仰をもって、我らの釈尊のお足跡、仏足跡を拝するなら、それら三つの幸福（消失）、人は、誤りなしに、三つの幸福をうる。

シャカ暦一二八一年、十一月、ヴァイサーカのルクサ、（消失）チャウに、灌頂をえて、シースーリヤヴァムサ・ダルマラーチャーディラーチャの御尊名が、つけられた王は、（消失）石（消失）。

スコータイ都からこの山頂へと至る道は、荘厳に飾りつけられた。道の両側には、龍華がそえられ、花環がつりさげられ、お燈明がともされ、お線香がつけられた。これらの香りは、いたるところにただよった。旗が立てられ、道路の両側には、びんろうの実と、その葉の盆が並べられた。

だれしもが参拝し、喜び踊って、いたるところが陽気にみちあふれてた。人々は、歓喜の声と共に（消失）し、参拝した。そしてまた、楽団、ドラや太鼓をうって、その音は、地すべりがおきるほど、ものすごい騒音であった。

シャカ暦一二八一年、猪年、仏足石が運びこまれ、スマナクータパルヴァタ山に安置された。（消失）九十八日（消失）、そこで、だれしもがこの仏足石に参拝した。シーサッチャナーライ・スコータイの支配者であるプラナー・リ・タイ王が計りて、それら（？）を記しとどめた。一二（消失）年、王と王妃とが、この仏足石を彫らしめ、人々を招いて、また人々を歓喜せしめた。

（消失）年、プラナー・シースーリヤヴァムサ・マハータルマラーチャーディラーチャ王は、ナーンに軍を進めた。（消失）、そして王は、全域を鎮圧した。同じく東は、（消失）の地域、さらにプラ・サック（クック川）流域の全土を、完全に制圧した。

そこで王は、ムアン・ソン・クエ（ピサヌローク）へ行き、そこに住んだ。王は、マハータート寺を修復し、そこに菩提樹を植えた。（消失）そして境内を囲む、ラテライト造りの囲壁を建設した。

（消失）王は、このソン・クエ（ピサヌローク）よりスコータイと至る水路をつくり、水を上下の農地に流した。そこで、人々は、びんろう樹を植えることができた。（消失）人々は、魚をとって食べ、幸せとなり、いたるところで喜んだ。

王国のナーン川北域は、ムアン・ナーン、ムアン・プルア（プア）の太守、チャウ・プラナー・パー・コンの領土と接する。王国のナーン川南域は、王の弟であるチャウ・プラナー（消失）の領土に接する。東域は、メコン河、そしてプラナー・ダーウ・ファー・ノムの領土に達する。西域は、（消失）、息子である（消失）チャウの領土に接する。

（消失）一刻を失うことなく、人々よ、たとえまなく善行にはげめ、と人々を導き賜った。

王は、七年間、ソン・クエ（ピサヌローク）に滞在した。その後、サルワン、ソン・クエ、パー・ヤム、プラ・パーン、チャーカンラウ、スバルナバーウァ、ナガラ・プラ・チュム、ムアン・（消失）アイ、ムアン・バーン、ムアン・（消失）、ムアン・ラート、ムアン・サガー・ムアン・ラム・パー・チャイからの下臣らと共に、王の軍をスコータイへ戻した。

その後、王は、かつてこのスマナクータ山の山頂に奉安した仏足石を、参拝せんがために、その山に登った。そこで、王は、この補記的な碑文を、銘刻せしめた。」

第十一碑文

作者：リ・タイ王
年代：一三五〇年頃?
趣旨：ナコーン・サワンの仏塔・仏堂の建立
出所：ナコーン・サワンの蛙山の山頂
言語：タイ語

「(消失)プラ・ラーマ、弟。(消失)プラヤー・マハータルマラーチャーディラーチャ王(消失)は、灌木の除去に着手し、岩や石ころをのけて(消失)。王は、ご自身の手で測量をなし、その後、この仏足石をおおう(消失)を建てた。仏足石を汚れから守るためであり、次に、このスマナクータパルバタ山の山頂に、菩提樹を植えた。

この町に、王は、ラーマ・セティヤ(仏塔)とラーマ・ヴィハーラ(仏塔)とを建てさせた。そのラーマ・ヴィハーラには、見るにきわめて美しい仏陀像を一体、造らせた。また、菩提樹を植え、この聖樹は、(消失)からとった果から育成させ、あのラーマ・アーヴァーサに奉安された。

王は、(消失)に池を掘り、無限の布施として、さまざまな色の蓮華や水蓮でもって、池をみたした。多くの木を植え、その地を美しく整えた。

次に王は、奉安の儀式をおこない、仏法を拝聴し、プラヤー・プラ・ラーマへの追善供養となした。すべての守護神が(消失)に、住まわんことを念じる。また、我が王家の子、孫、曾孫が将来、支配者となり、たがいに愛した兄と弟、二人兄弟の例に従わんことを、祈願する。以上の追善供養による善業と名声とが、すべての三界に知れわたらんことを。」

第十二碑文

作者：マハーテーラ・スメーダンカラ大長老
年代：一四二六年
趣旨：仏足石の奉安
出所：ピサヌローク
言語：パーリ語をクメール文字

「釈尊の入滅後の一九七〇年、釈尊は、最高位の豊饒でもって飾られた。それは全知全能なる智慧であり、あたかもさまざまな種類からなる無数の宝石のようである。釈尊は、他者の幸福のためになされる、第一人者であられる。

馬年、ダンマラーチャーディラーチャ王の誕生後の三十六年目、王は、ジャヤナーダ（ピサヌローク）の太守で、正義の中の第一人者である。

暑期、ウェーサーカ月の明るい二週目、太陰四日、火曜日、ローヒニーの太陰月と結ぶ吉祥日、太陽の影が長さ十一パーダスであった時、サンカラーチャー・ヴァナヴァーシー・シリ・スメーダンカラ長老の第一弟子は、豊かな善業で飾られ、それは潔白な戒律の厳守と、最高の智慧で、その他も宝石の宝庫のようであった。ヴァナヴァーシー・シリ・スメーダンカラと称した弟子は、戒律厳守の最高の徳、智慧、その他でもって讃えられた。

このお方は、僧侶の中で、最もすぐれた長老、サンカナーヤカである。力と神々の栄光とを有する諸王の高貴な規範者、シースーリヤヴァムサ・パラマパーラ・マハータンマラーチャーディラーチャ（マハータンマラーチャー四世王）、即ちタムマラーチャーディラーチャ（マハータンマラーチャー三世王）の息子によって、スメーダンカラ長老は、幸運と英知の最高位が、授けられた。

この大きな石板については、パラマパーラ・タンマラーチャ王（マハータンマラーチャー四世王）の御尊父、マハータンマラーチャー王（マハータンマラーチャー三世王）の御好意と通じて、芸術に長けたマハーテーラ・ヴィダーヴァムサによって、スコータイに運び込まれた。

スメーダンカラ比丘は、ランカ島の歓喜あふれる宝冠たる最高の聖山、サンマンタクータ山の山頂に、釈尊によって踏み残された貴重な仏足跡を、同寸で同様に模写させた。この聖者中の最高の主、釈尊の双足の足跡は、さまざまな色でもって、すぐれた法輪文、至上の百八種吉祥文で、きわめて魅力的、かつまばゆく美しく輝く。

この禁欲者たる王子（釈尊）の足跡は、法輪で飾り、聖なる吉祥文、美と喜とでもってみたされる。この仏足石は、聖賢のタンマラーチャ王（マハータンマラーチャー四世王）の御好意により、メーダンカラと称する賢き主僧が造られた。

人々よ、あと五千年間、世界の主（仏）の信仰の中で、功徳を求めんとする人々のために、安奉に忍ばれんことを祈る。この善行なる功徳の結果として、あらゆる生き者が、幸福であられんことを祈願する。そして、この世の諸王よ、仏法に従いて、地上全土を守られんことを念じる。」

シヴァ神像銘文

作者：チャオ・プラヤー・タンマソカラーチャー王
年代：一五一〇年
趣旨：シヴァ神像の奉安
出所：カンペーンペットのシヴァ神聖堂
言語：タイ語

「シャカ暦一四三二年、馬年、日曜日、六月満月の十四日、月がハスタのルクサに達した時、夜明け後の2ナーリカー。チャウ・ブラナー・シー・タルマーソカラーチャ王は、このイースヴァラ神（シヴァ神）像を鋳造した。ムアン・カームベン・ベチラ（カンペーンペット）での、四足・二足の生き物を、守らんがためである。また、仏教、バラモン教、デーヴァカルマ教といった信仰の高揚を、助長するためでもある。三教が各々、光輝を失わず、たがいにむつまじく尊崇されんことを念じる。

王は、都城の内外にあるマハー・タート寺、小さな寺々をも、修復した。家敷の境界（石）や、パーン・バーンへ至る壊れた公道をも修理した。また、王は、パーン・ブロにて、トライ川の川底をあさり、整備をなした。さらに、王は、ラワーへ牛を売る風習を、中止させた。

王が水田に稲を植えるとき、常にその水田自身からとった種でもって、水田に植える。つまり、王は穀倉から米をとらない。大半の民がなすように、ばらまき法、あるいはそこから苗床をつくって、移植する。

次に、灌漑用水路について、王の先祖、プラナー・ルヴァンによって創設された。パーン・バーンへの水路は、時に満水し、また乾水する。水田は、一般に雨水に依存するので、王は、水路を調査させた。そこで、難点の個所が見つかれば、そこを修理し、水を水田に導くようにした。つまり、雨水にだけ依存しないで、灌漑をなさせしめた。以上、王がなした上記の善行功徳は、二人の国王陛下に、捧げられた。」

王族の系譜（在位年代）

スコータイ王国

1　シー・インタラーティット王
一二四〇年頃～一二七〇年頃

2　バーン・ムアン王
一二七〇年頃～一二七九年頃

3　ラーム・カムヘン王
一二七九年頃～一二九八年

4　ロ・タイ王
一二九八年～一三四六年

5　グア・ナムトム王
一三四六年～一三四七年

6　リ・タイ王
一三四七年～一三六八年頃

7　マハー・タムマラーチャー二世王
一三六八年頃～一三九九年頃

8　マハー・タムマラーチャー三世王
一三九九年～一四一九年

9　マハー・タムマラーチャー四世王
一四一九年～一四三八年

アユタヤー王国・十五世紀まで

1　ラーマ・ティボディー一世王
一三五〇年～一三六九年

2　ラーメースワン王
一三六九年～一三七〇年

3　ボーロマラーチャー一世王
一三七〇年～一三八八年

4　トーンチャン王
一三八八年

5　ラーメースワン王
一三八八年～一三九五年

6　ラーマラーチャー王
一三九五年～一四〇九年

7　インタラーチャー王
一四〇九年～一四二四年

8　ボーロマラーチャー二世王
一四二四年～一四四八年

9　トライローカナート王
一四四八年～一四八八年

10　ボーロマラーチャー三世王
一四八八年～一四九一年

11　ラーマーティボディー二世王
一四九一年～一五二九年

ラーンナー王国・十五世紀まで

1　マンラーイ王
一二六一年～一三一一年

2　チャイソンクラーム王
一三一一年～一三二五年

3　セーンプー王
一三二五年～一三三四年

4　カムプー王
一三三四年～一三三六年

5　パーユー王
一三三六年～一三五五年

6　クーナー王
一三五五年～一三八五年

7　セーンムアンマー王
一三八五年～一四〇一年

8　サームファンケーン王
一四〇一年～一四四一年

9　ティローカラート王
一四四一年～一四八七年

10　ヨートチエンラーイ王
一四八七年～一四九五年

図版１　ワット・プラ・パーイ・ルアン寺の塔堂

図版２　ワット・プラ・パーイ・ルアン寺の境内

図版３　女神像、ター・パー・デーン堂出

図版４　男神像、ター・パー・デーン堂出

図版５　サヤーム人、アンコール・ワットの廻廊の浮彫

図版６　ター・パー・デーン堂

図版７　ジャヤーヴァルマン七世王の肖像

図版８　ジャヤーヴァルマン七世王の肖像？

図版９　降魔成道図、ワット・プラ・パーイ・ルアン寺

図版 10　ヴィシュヌ神像、ワット・シー・サワイ寺出土、青銅

図版 11　ワット・シー・サワイ寺、スコータイ

図版 12　ワット・チャオ・チャン寺

図版 13　大鳥ガルダ、漆喰製、ワット・シー・サワイ寺

図版 14　ワット・プラ・パーイ・ルアン寺の塔堂・廃墟

図版 15　仏座像群、ワット・プラ・パーイ・ルアン寺中央塔堂・廃墟

図版 16　仏陀像、ワット・プラ・パーイ・ルアン寺出

図版 17　仏頭、ワット・プラ・パーイ・ルアン寺出

図版 18　仏立像、スコータイ出

図版 19　仏立像、ワット・サパーン・ヒン寺出

図版 20　ラーム・カムヘン大王碑文、1292 年

図版 21　スコータイ都のダム跡

図版 22　仏立像、ワット・サパーン・ヒン寺

図版 23　ワット・サパーン・ヒン寺への山道

図版 24　仏塔、ナコーン・シー・タムマラートのワット・マハー・タート寺

図版 25　仏塔模型、スリランカのルワンワリーサーヤ大仏塔に残る

図版 26　仏座像、ワット・シー・チュム寺

図版 27　ワット・シー・チュム寺、スコータイ

図版 28　アターラサ仏、ワット・マハー・タート寺、スコータイ

図版 29　中央塔堂、リャリエンのワット・マハー・タート寺

図版 30　チャリエンのワット・マハー・タート寺

図版 31　遊行仏、チャリエンのワット・マハー・タート寺

図版 32　蛇上仏、チャリエンのワット・マハー・タート寺

図版 33　梵天？　チャリエンのワット・マハー・タート寺

図版 34　入口の門、チャリエンのワット・マハー・タート寺

図版35　仏座像、シーサッチャナーライのワット・チャーン・ローム寺

図版 36　ワット・チャーン・ローム寺、シーサッチャナーライ

図版 37　仏塔、ワット・チャーン・ローム寺、シーサッチャナーライ

図版 38　鉄絵、サワンカローク

図版 39　鉄絵、宋胡録

図版 40　窯跡、陶器サワンカローク

図版 41　龍、宋胡録

図版 42　守門神ドヴァラパーラ、宋胡録

図版 43　陶器サワンカロークを売る村民

図版 44　鉄絵の皿、宋胡録、スコータイ

図版 45　ヴィシュヌ神像、青銅

図版 46　シヴァ神像、青銅

図版 47　中央塔堂、ワット・マハー・タート寺

図版 48　ワット・マハー・タート寺、スコータイ

図版 49　中央塔堂の北軸塔、ワット・マハー・タート寺

図版 50　遊行仏、ワット・マハー・タート寺の中央塔堂基壇に見る

図版 51　仏誕図、中央塔堂、ワット・マハー・タート寺

図版 52　鬼面と半身半鳥、中央塔堂、ワット・マハー・タート寺

図版 53　ランカーティラ寺本尊仏の上部、スリランカ

図版 54　涅槃図、中央塔堂、ワット・マハー・タート寺

図版 55　酔象降伏図、ワット・トラパーン・トーン・ラーン寺

図版 56　ワット・トラパーン・トーン・ラーン寺、スコータイ

図版 57　三道宝階降下図、ワット・トラパーン・トーン・ラーン寺

図版 58　仏座像、スコータイ様式

図版 59　遊行仏、スコータイ様式

図版 60　遊行仏、青銅、図版 59 の上半身

図版 61　シヴァ神像、青銅

図版 62　ヴィシュヌ神像、青銅

図版 63　ヴィシュヌ神像、図版 62 の上半身

図版 64　ワット・トック寺、スコータイ

図版 65　ホーテワライ・マハーカセート・ピマーン堂、スコータイ

図版 66　ワット・バーマムアン寺、スコータイ

図版 67　ワット・バーマムアン寺跡

図版 68　ワット・トラパーン・トン寺、スコータイ

図版 69　仏足石、リ・タイ王奉安、1357 年作

図版 70　仏足石、ナコーン・サワンの蛙山の山頂に奉安、1357 年作

図版 71　ナコーン・サワンの蛙山

図版 72　蛇上仏、シーサッチャナーライのワット・チェディー・チェッ・テーオ寺

図版 73　ワット・チェディー・チェッ・テーオ寺、シーサッチャナーライ

図版 74　中央塔堂、
ワット・チェディー・チェッ・テーオ寺

図版 75　塔堂一基、
ワット・チェディー・チェッ・テーオ寺境内

図版 76　ワット・トラパーン・グァン寺の蓮華莟塔

図版 77　ワット・スワンケーオ・ウタヤーン・ノーイ寺の蓮華莟塔

図版 78　ワット・チェディー・チェッ・テーオ寺の塔堂類塔

図版 79　ワット・チェディー・チェッ・テーオ寺の墓塔や墓堂

図版 80　ワット・カロータヤ寺の蓮華莟塔、カンペーンペット郊外塔

図版 81　ワット・チェディー・クラーン・トン寺の蓮華莟塔、カンペーンペット郊外塔

図版 82　チェディー・トーンの蓮華莟塔、ピサヌローク

図版 83　タークの蓮華莟塔

図版 84　ウドゥムバラ・マハーヴィハーラ寺、スリランカのディムブラーガラ

図版 85　モーン式仏塔、チャリエンのワット・マハー・タート寺境内

図版 86　仏座像、スコータイ様式、チャリエン

図版 87　プラ・マハー・タート仏塔、
ナコーン・チュム

図版 88　遊行仏、ワット・チエートゥポン寺、スコータイ

図版 89　ワット・チエートゥポン寺、スコータイ

図版 90　仏座像、ワット・マハー・タート寺、図版 91 の仏像

図版 91　リ・タイ王墓塔？、ワット・マハー・タート寺

図版 92　仏塔、ワット・スアーン・ドック寺、チェンマイ

図版 93　ワット・プラ・ユン寺、ランプーン

図版 94　仏塔、ラーマ・チェディー、ナコーン・サワン

図版 95　仏塔、ラーマ・ウィハーン、ナコーン・サワン

図版 96　仏足石、スメーダンカラ長老作、1426 年

図版 97　ボージャージャーニーヤ本生話、ワット・シー・チュム寺出

図版 98　ワット・シー・チュム寺、スコータイ

図版 99　プラ・プッタ・チナラート仏、ピサヌローク

図版 100　プラ・プッタ・チナラート仏、青銅

図版 101　ワット・マハー・タート寺、ピサヌローク

図版 102　プラ・プッタ・チナシー仏、青銅

図版 103　プラ・プッタ・シーサースダー仏、青銅

図版 104　涅槃仏、プラ・サイヤー仏、青銅

図版 105　シヴァ神像、カンペーンペット出、1510 年作、青銅

図版106　シー・サーカヤムニー仏、スコータイ出、青銅

図版 107　遊行仏、1426 年作、青銅、
ナーンのワット・パヤープ寺蔵

図版 108　遊行仏、1426 年作、青銅、
ナーンのワット・パヤープ寺蔵

図版 109　仏立像、1426 年作、青銅、ナーンのワット・チャーン・カム寺蔵

図版 110　仏座像、1423 年作、青銅、トンブリー

図版 111　ワット・シーピチット・キティカンラヤーラーム寺、スコータイ

図版 112　ワット・ソラサック寺、スコータイ

図版 113　ワット・チャーン・ローム寺、スコータイ

図版 114　発掘現場での作業、スコータイ、1971 年

図版 115　遊行仏、線刻画、図版 116 の仏足石の上辺

図版 116　仏足石、カンペーンペット出、青銅

図版 117　宝冠仏、スコータイ出、
1541 年作、青銅

図版 118　仏立像、ピサヌロークの
ワット・ウィハーン・トーン寺出、青銅

図版 119　漆喰装飾、ワット・ナンプラヤー寺、シーサッチャナーライ

図版 120　漆喰装飾、仏堂側壁、ワット・ナンプラヤー寺

図版 121　ワット・チェディー・スン寺、スコータイ

図版 122　ワット・スラ・シー寺、スコータイ

図版 123　仏立像、ワット・プラシー・イリヤーボーッ寺、カンペーンペット

図版 124　ワット・プラ・ノン寺、カンペーンペット

図版 125　ワット・アヴァーサ・ヤーイ寺、カンペーンペット

図版 126　ワット・チャーン・ローブ寺、カンペーンペット

図版 127　仏座像、ウートーン様式、青銅

図版 128　仏立像、スコータイ出、青銅

図版 129　プラ・プッタ・シヒン仏、青銅

図版 130　ワット・チュラーマニー寺、ピサヌローク郊外

図版 131　カンペーンペット城壁跡

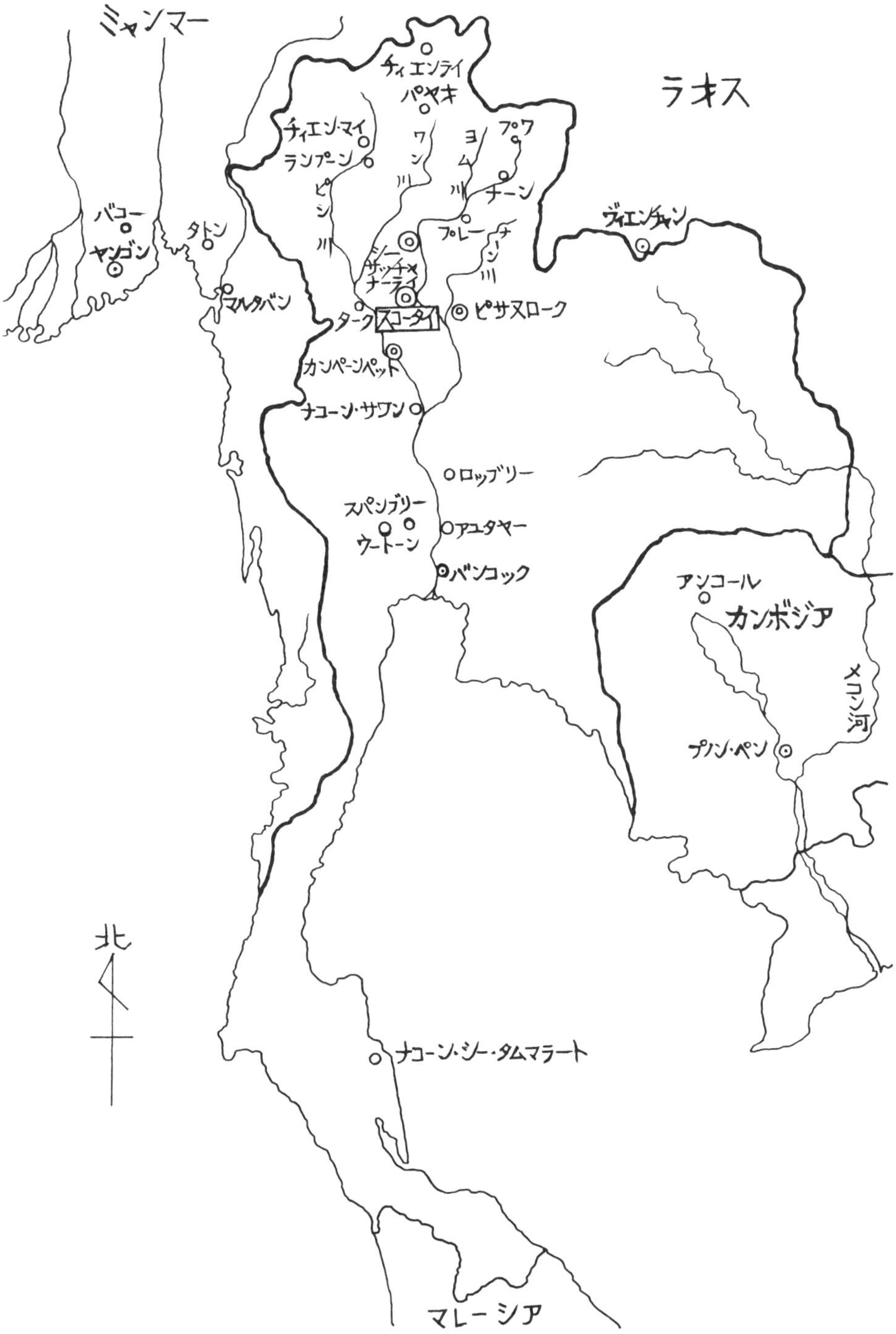
ミャンマー
ラオス
チィエンライ
パヤオ
チィエン・マイ
ランプーン
ピン川
ワン川
ヨム川
プワ
ナーン
プレー
ナーン川
ヴィエンチャン
バコー
ヤンゴン
タトン
マルタバン
シー・サッチャナーライ
ターク
スコータイ
ピサヌローク
カンペーンペット
ナコーン・サワン
ロッブリー
スパンブリー
ウートーン
アユタヤー
バンコック
アンコール
カンボジア
メコン河
プノン・ペン
北
ナコーン・シー・タムマラート
マレーシア

図１　タイ国地図略図

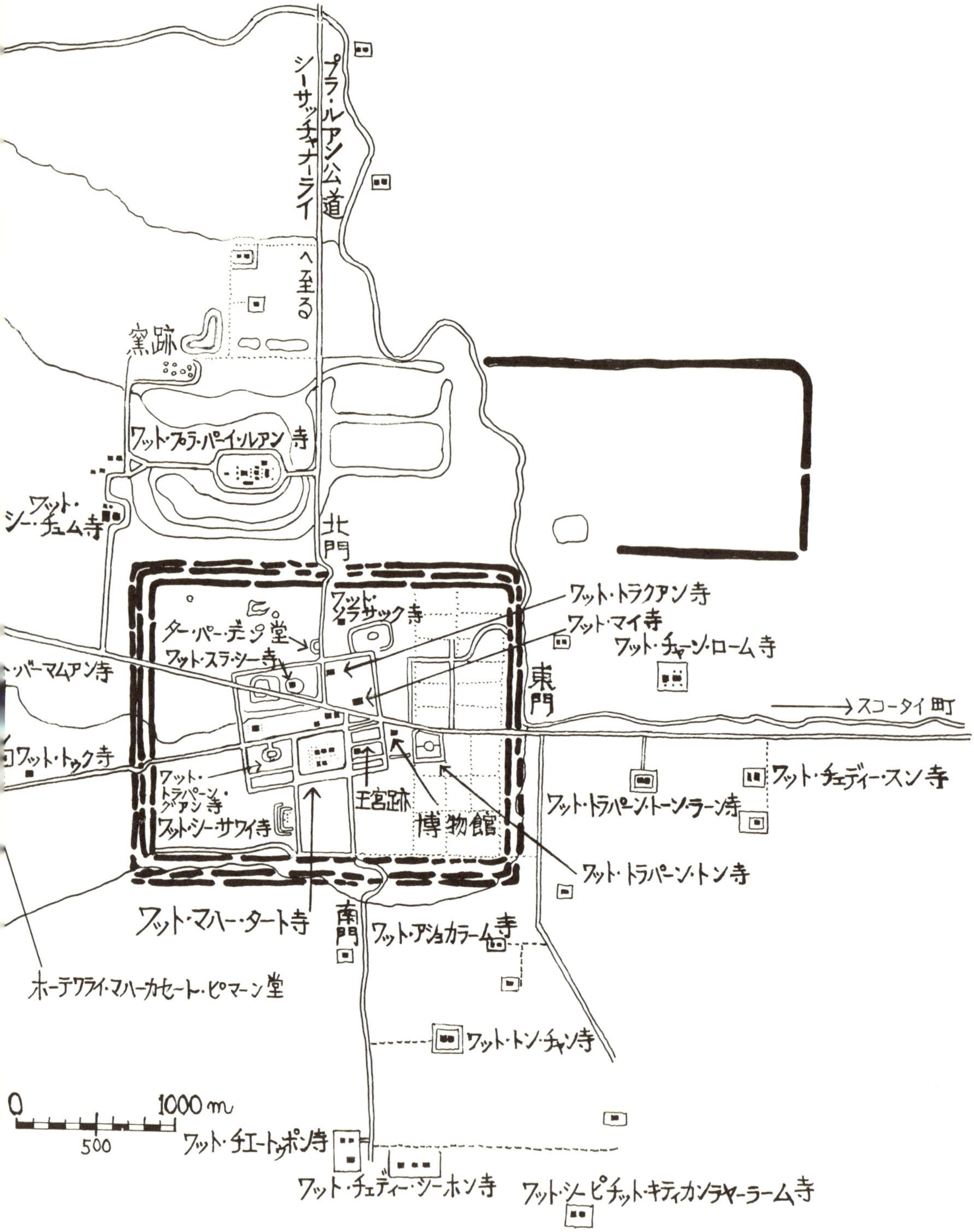

プラ・ルアン公道
シーサッチャナーライへ至る
窯跡
ワット・プラ・パーイ・ルアン寺
ワット・シー・チュム寺
北門
ワット・ソラサック寺
ター・パー・デーン堂
ワット・スラ・シー寺
・バーマムアン寺
ワット・トラクアン寺
ワット・マイ寺
ワット・チャーン・ローム寺
東門
スコータイ町
ワット・トゥク寺
ワット・トラパーン・グアン寺
ワット・シー・サワイ寺
王宮跡
博物館
ワット・チェディー・スン寺
ワット・トラパーン・トーン・ラーン寺
ワット・トラパーン・トン寺
ワット・マハー・タート寺
南門
ワット・アショカラーム寺
ホーテワライ・マハーカセート・ピマーン堂
ワット・トン・チャン寺
0
1000m
500
ワット・チエートゥポン寺
ワット・チェディー・シーホン寺
ワット・シーピチット・キティカンラヤーラーム寺

図2　スコータイ都の古寺遺跡

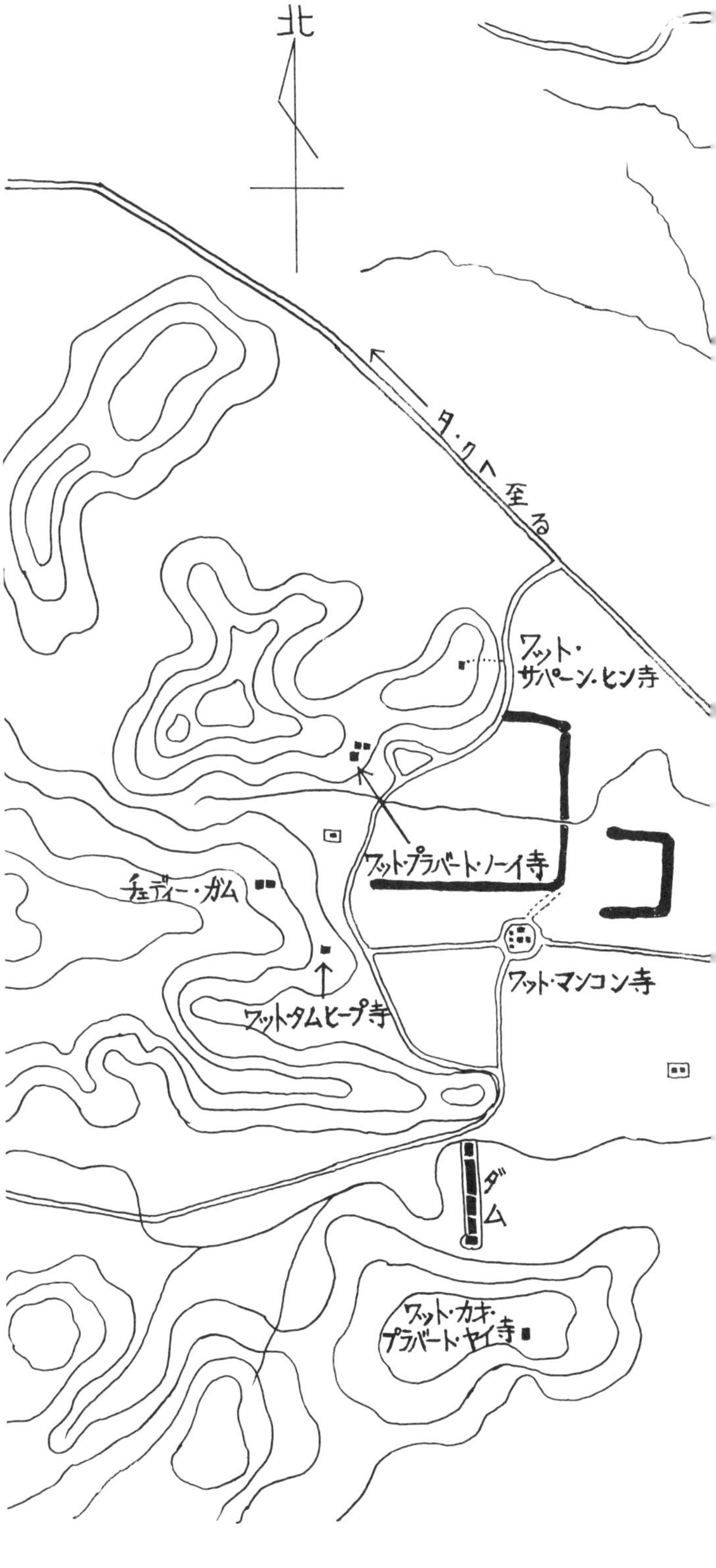

北
タ・クへ至る
ワット・
サパーン・ヒン寺
ワット・プラバート・ノーイ寺
チェディー・ガム
ワット・タムヒープ寺
ワット・マンコン寺
ダム
ワット・カオ・
プラバート・ヤイ寺

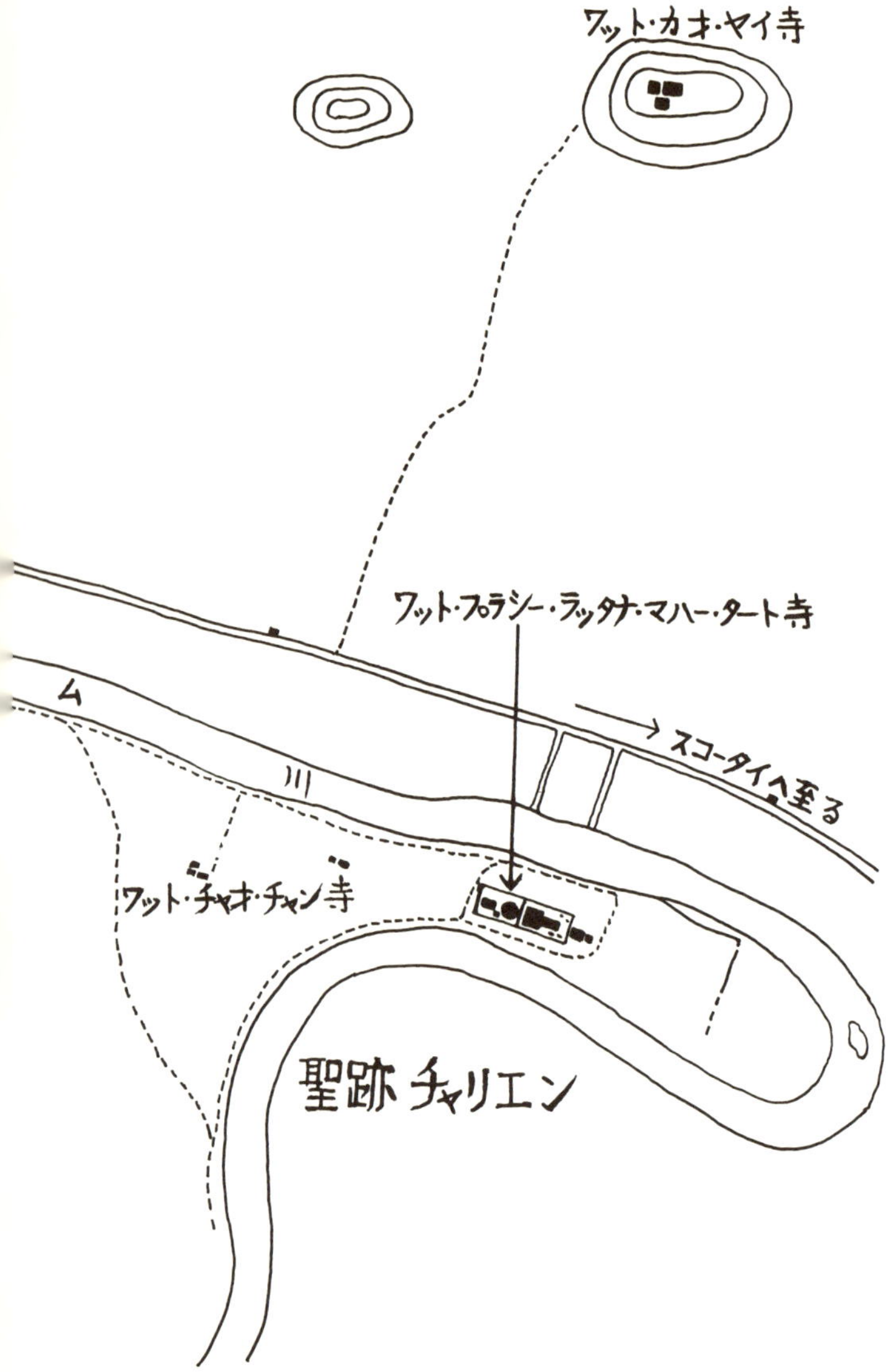

ワット・カオ・ヤイ寺
ワット・プラシー・ラッタナ・マハー・タート寺
スコータイへ至る
ム
川
ワット・チャオ・チャン寺
聖跡 チャリエン

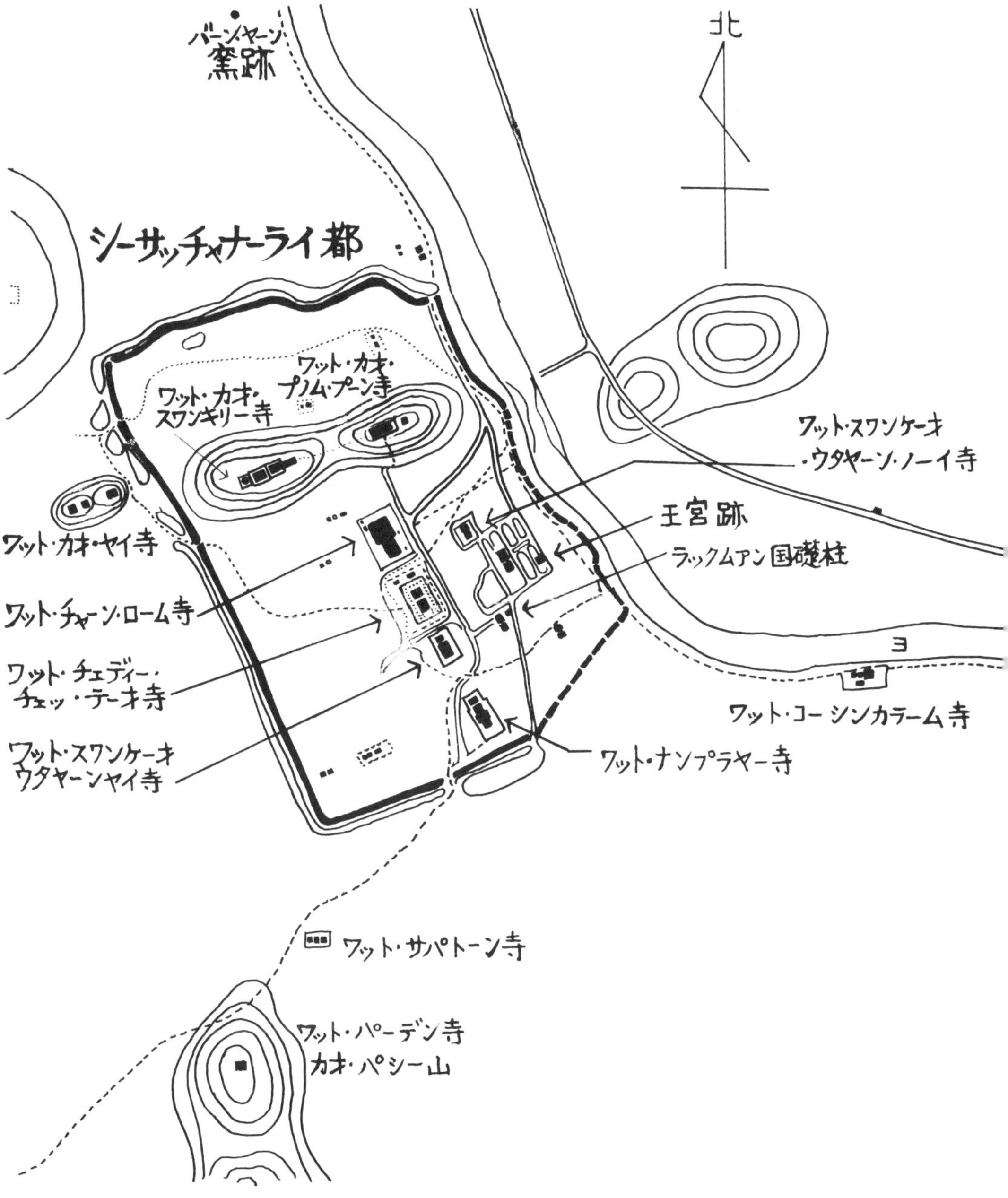

図３　副王都シーサッチャナーライ都と聖跡チャリエンの古寺遺跡

図４　典型的なクメール式の蛇上仏、ロッブリー様式、12 ～ 13 世紀

図７　クメール式塔堂の構造
1. 破風、2. 楣、3. 台座

図６　タイ国北部の初期チェンセーン様式の仏陀像

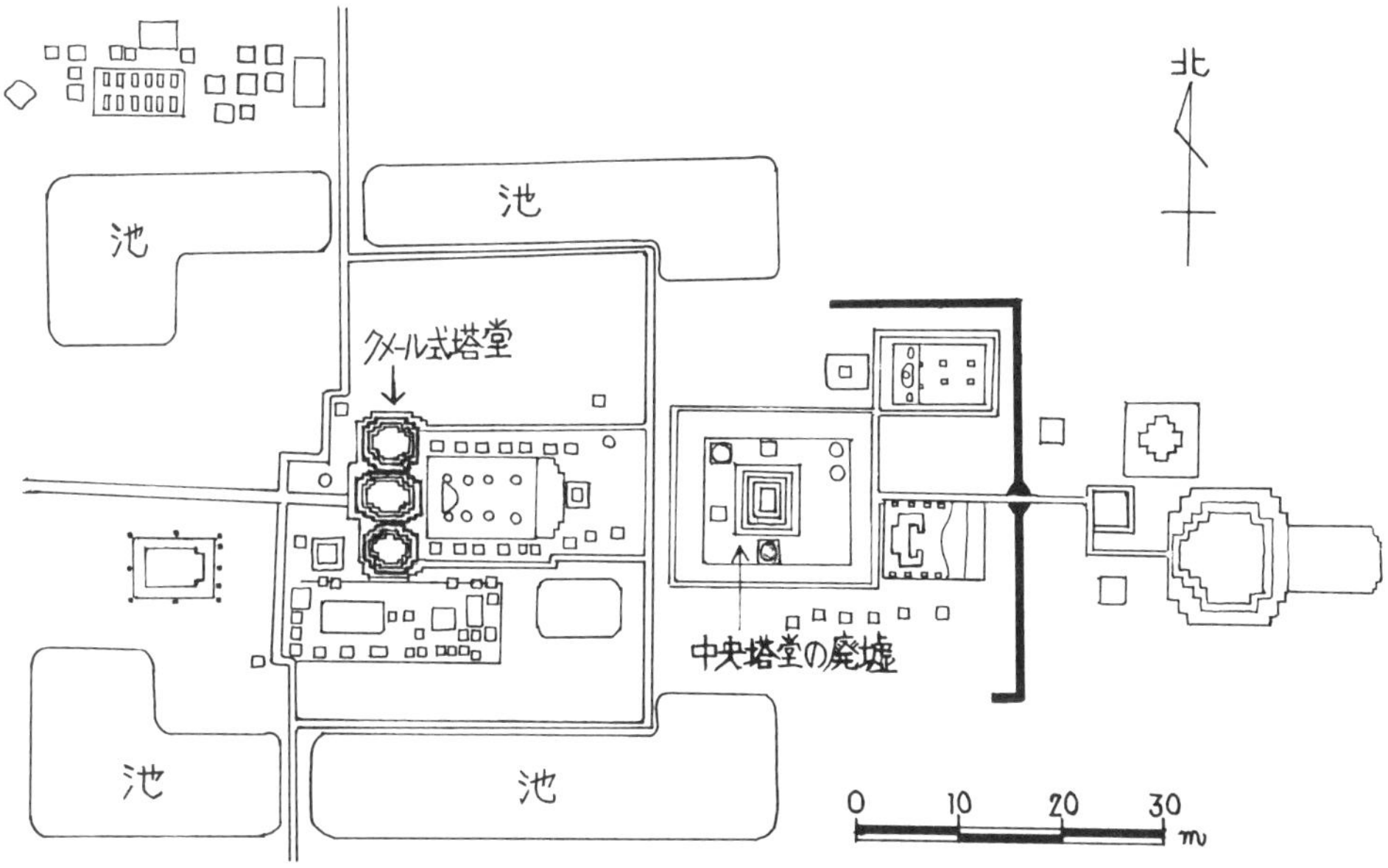

図５　スコータイのワット・プラ・パーイ・ルアン寺の平面図

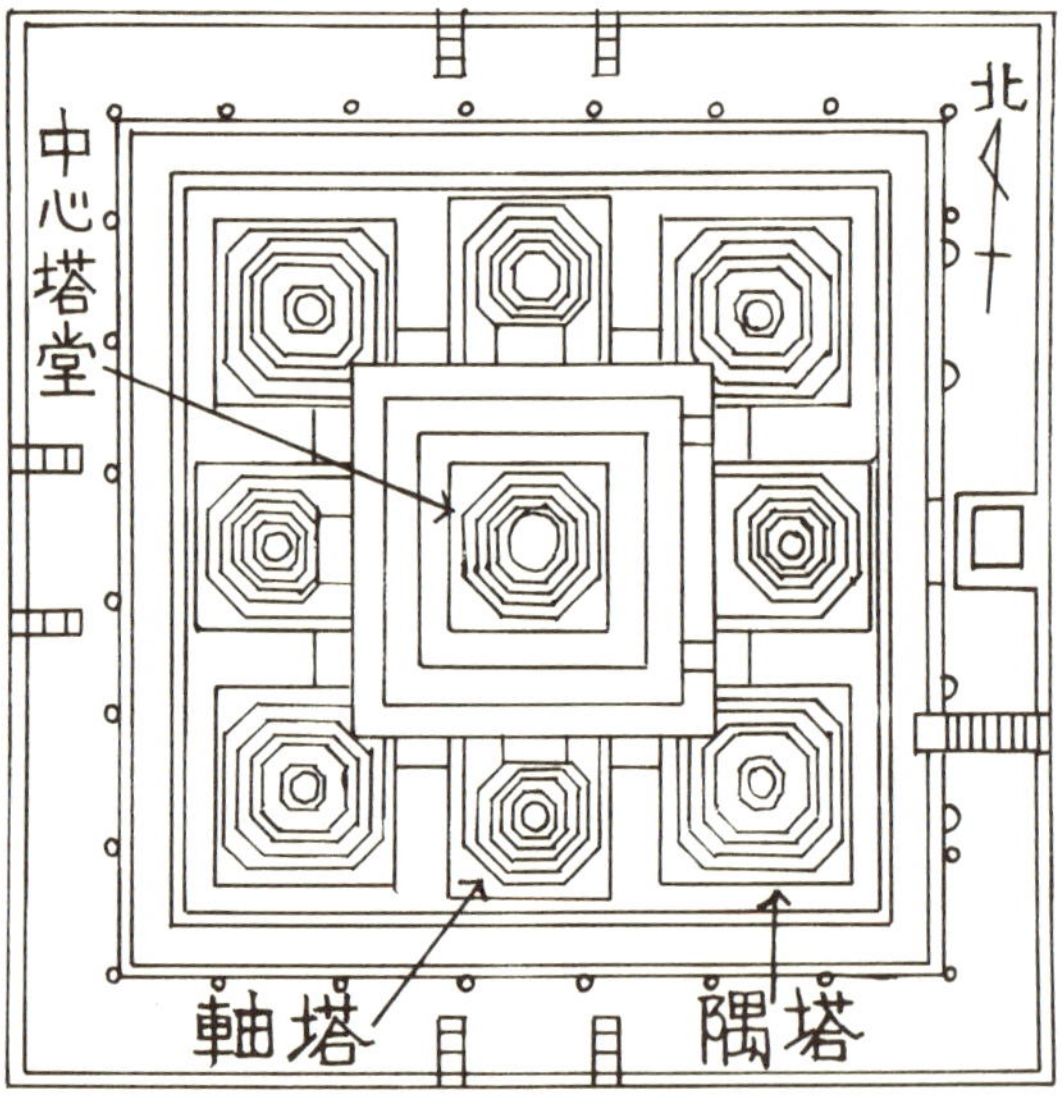

図13　スコータイ都
ワット・マハー・タート寺の
中央塔堂の平面図

1 中央塔堂
2 戒壇院
3 五層墓塔
4 大仏台座跡
5 大仏立像
6 大仏立像
7 モン式塔堂
8 蓮華莟塔
9 仏堂
10 仏塔

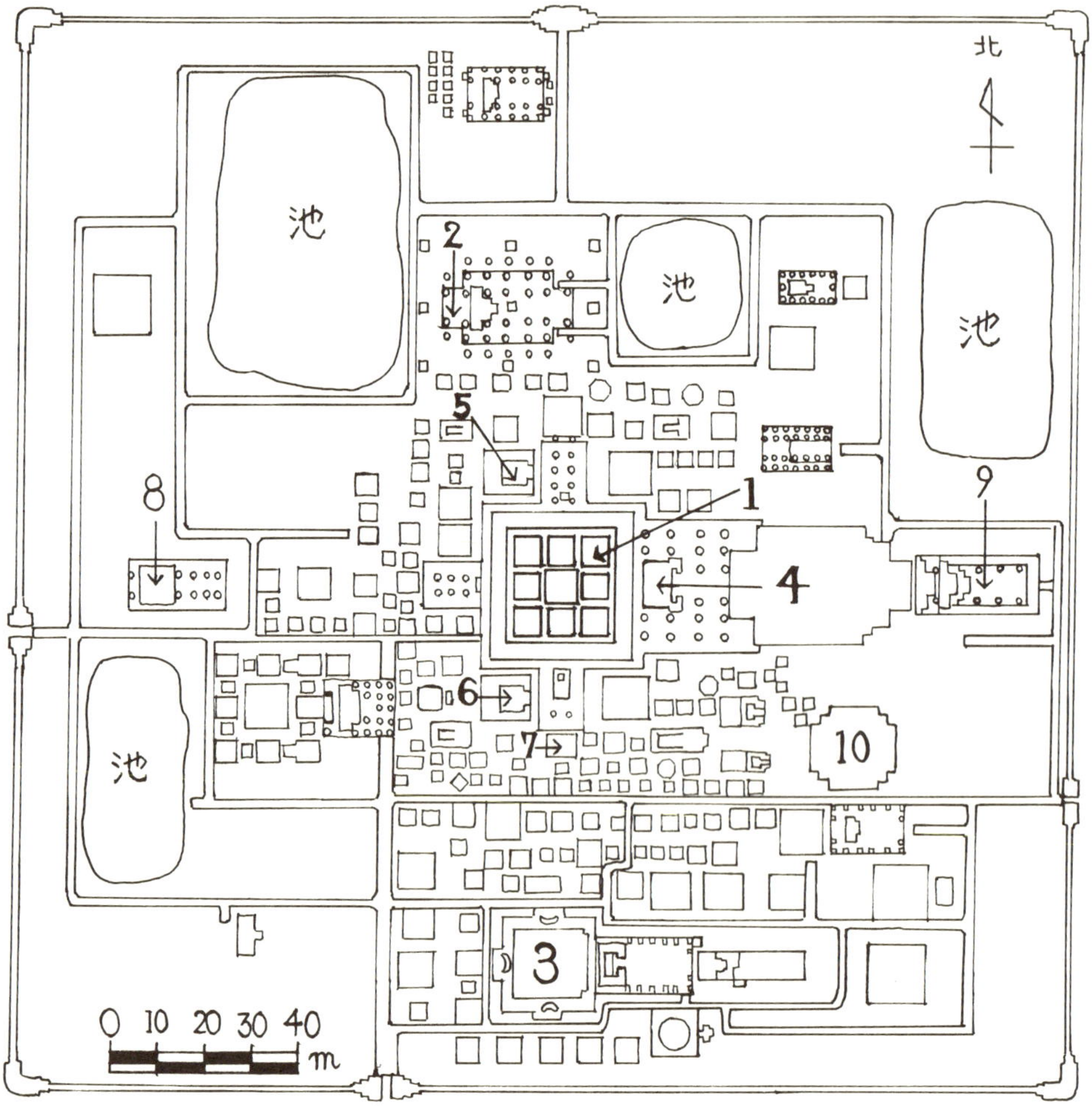

図8　スコータイ都のワット・マハー・タート寺の境内

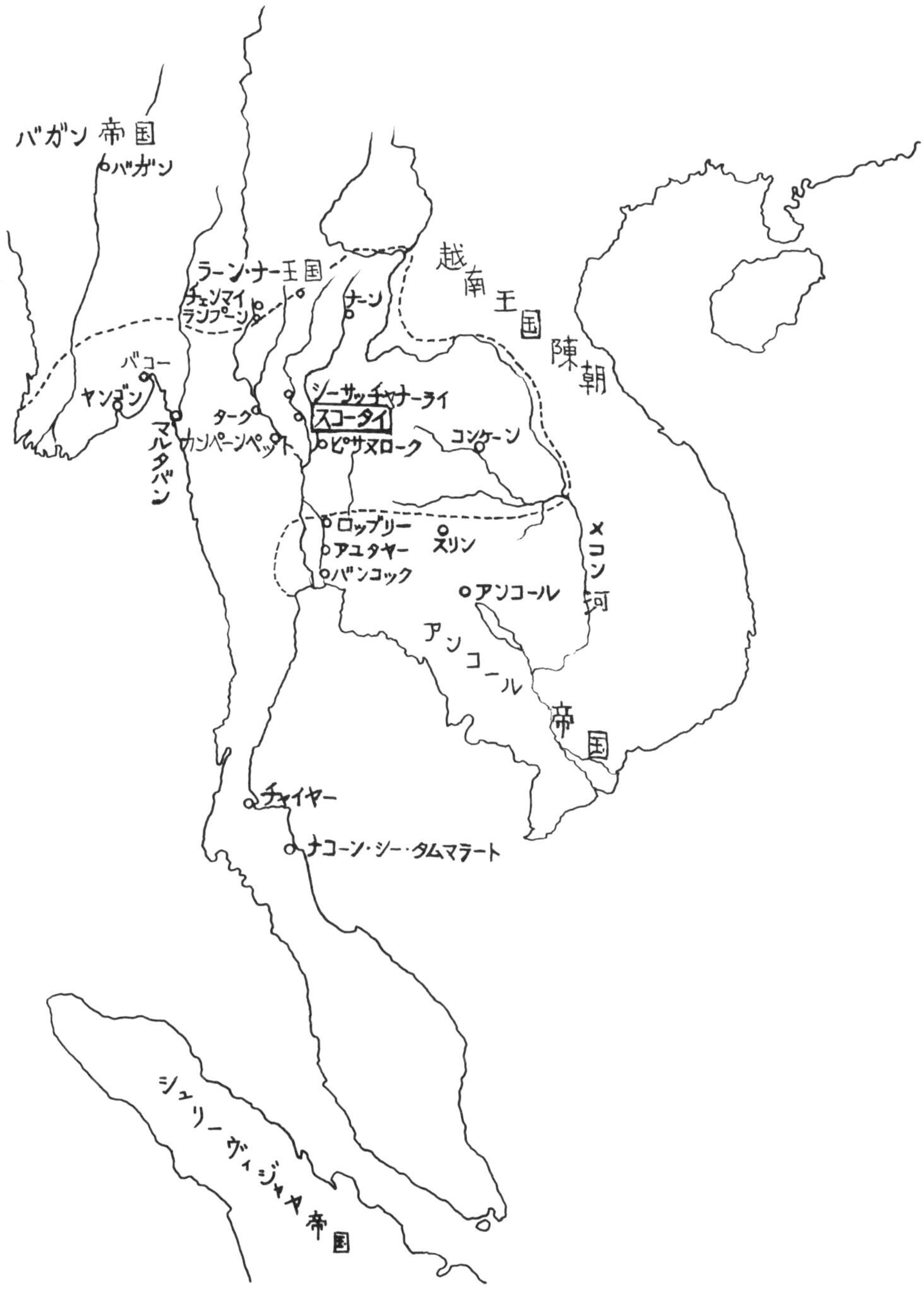

図9　スコータイ王国ラーム・カムヘン大王の支配範囲、1290 年頃………線内

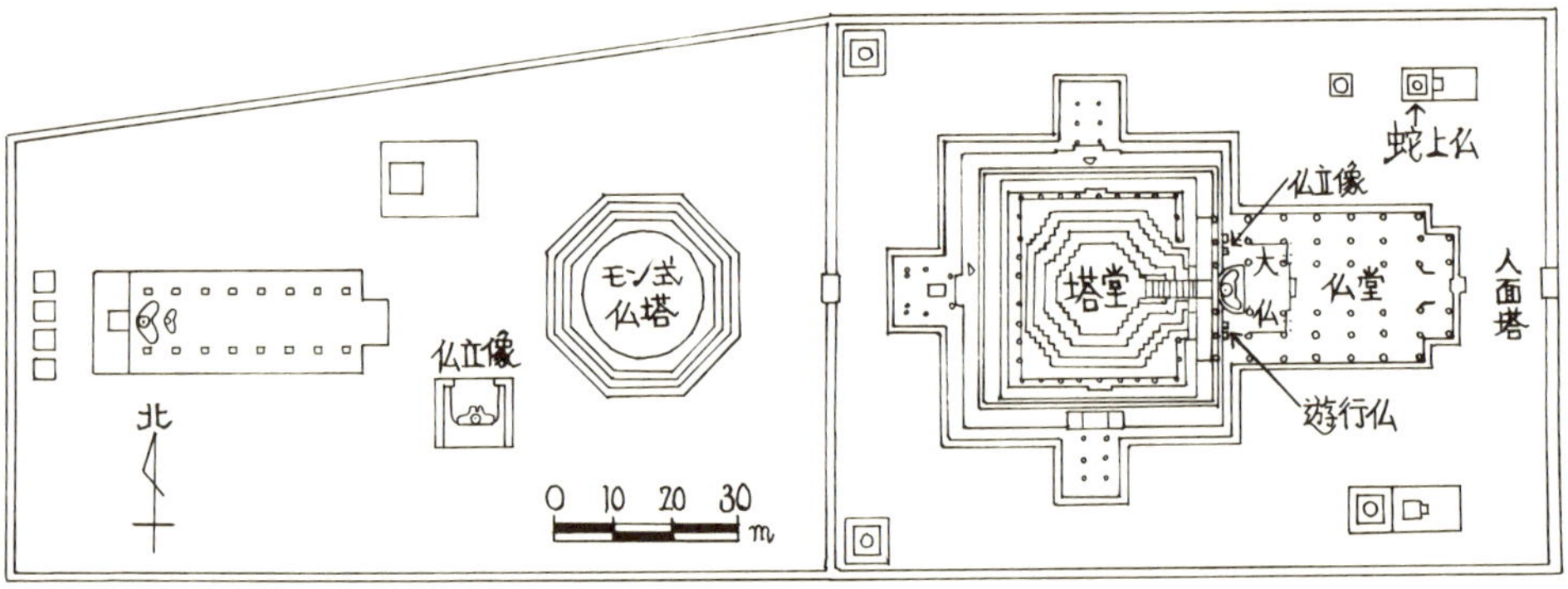

図10　チャリエンのワット・プラシー・ラッタナ・マハー・タート寺の境内

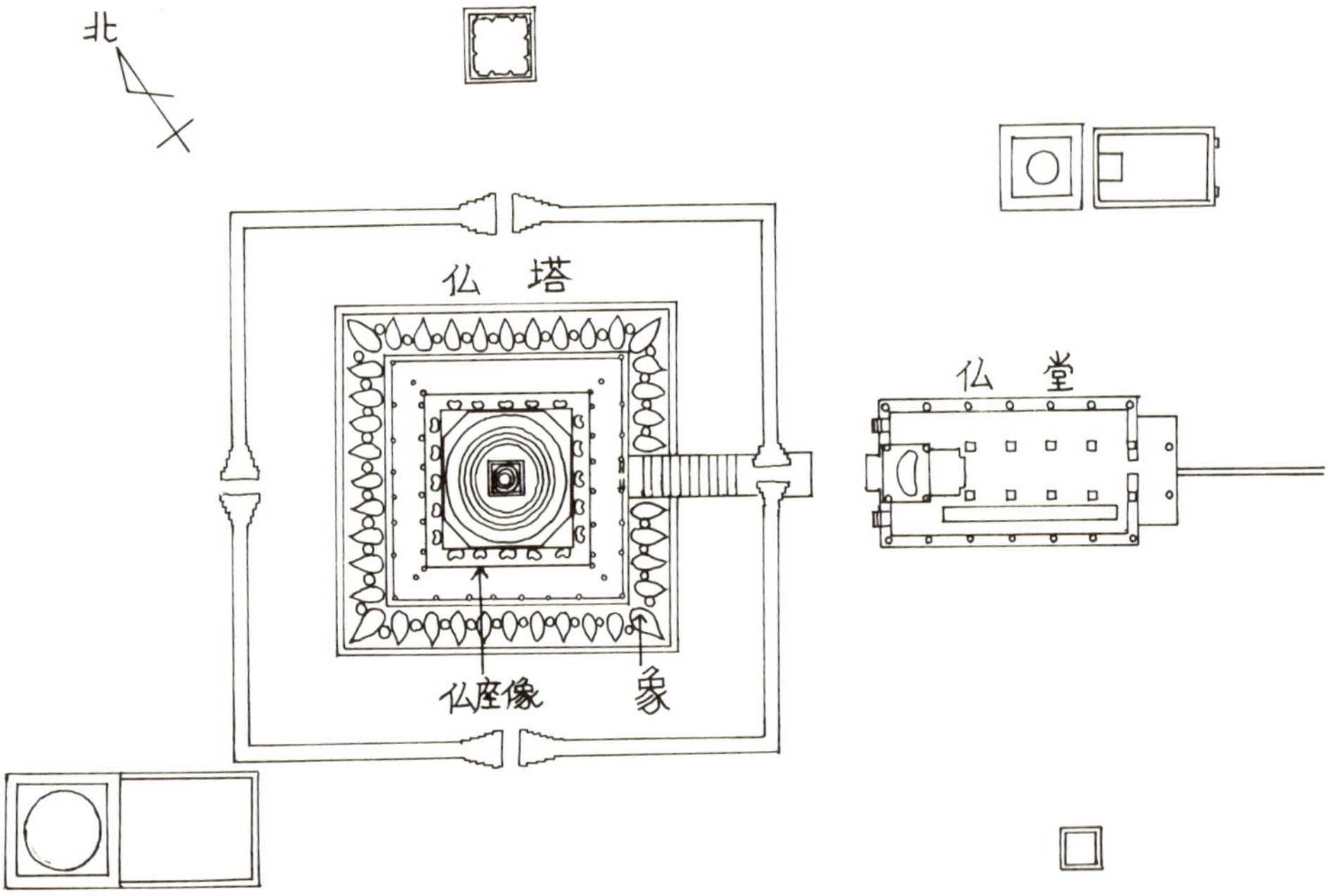

図11　シーサッチャナーライ都ワット・チャーン・ローム寺の境内

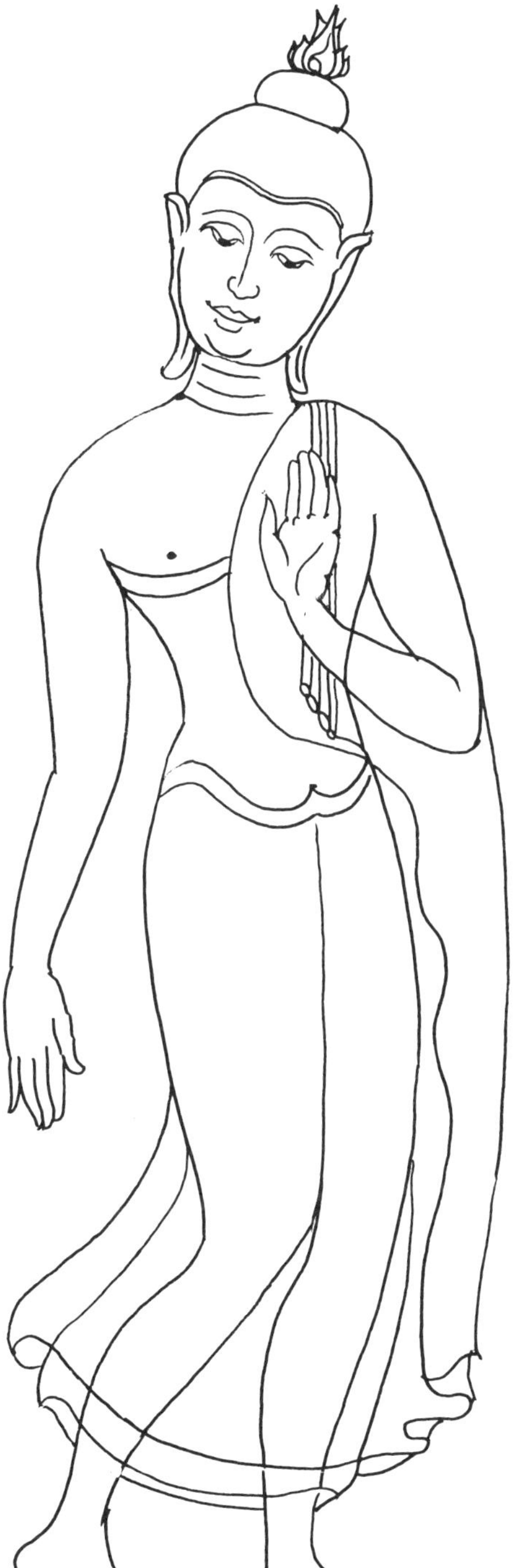

図12　遊行仏とそのタイ国南部の垂布

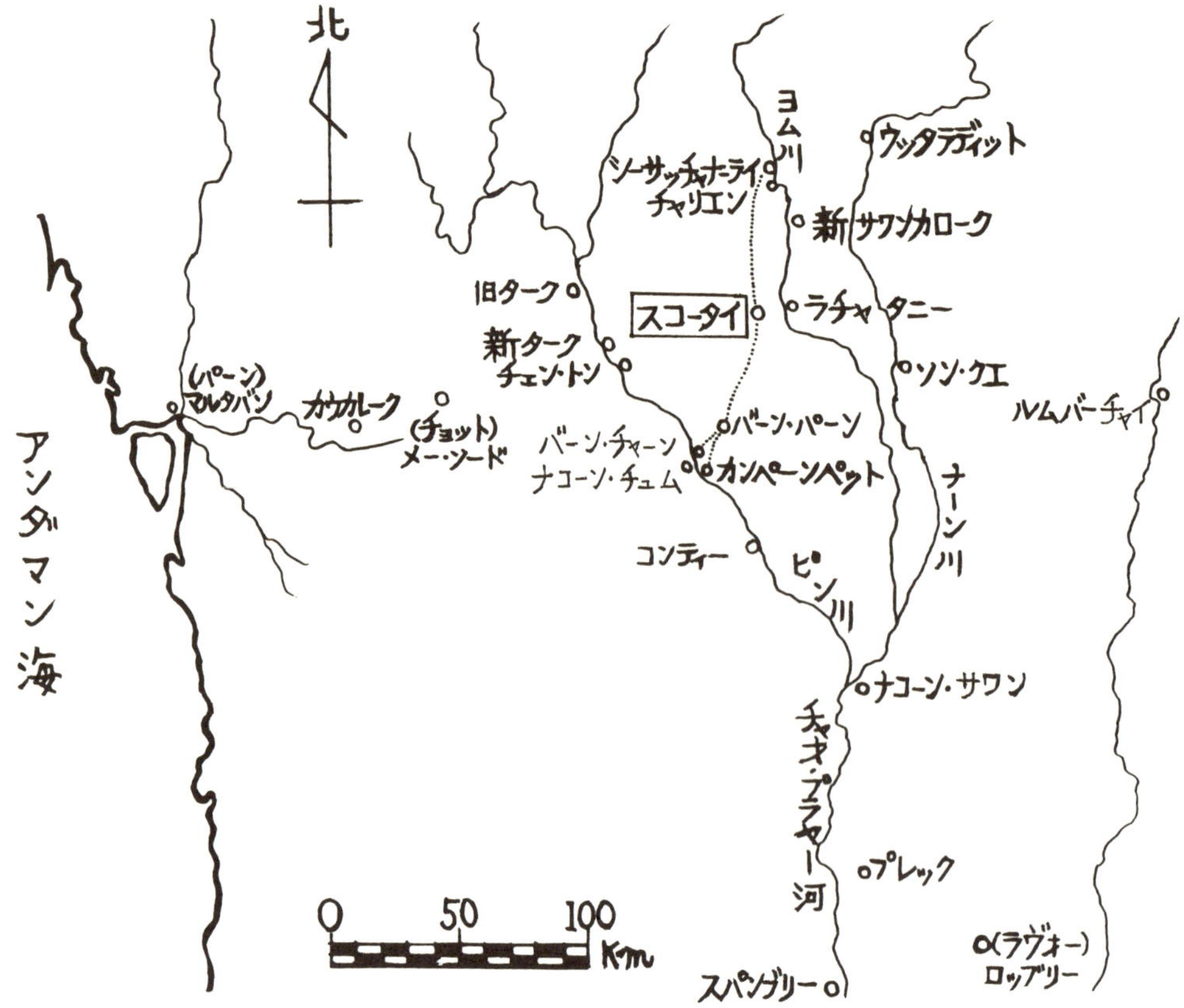

図 14　スコータイ王国時の古地図

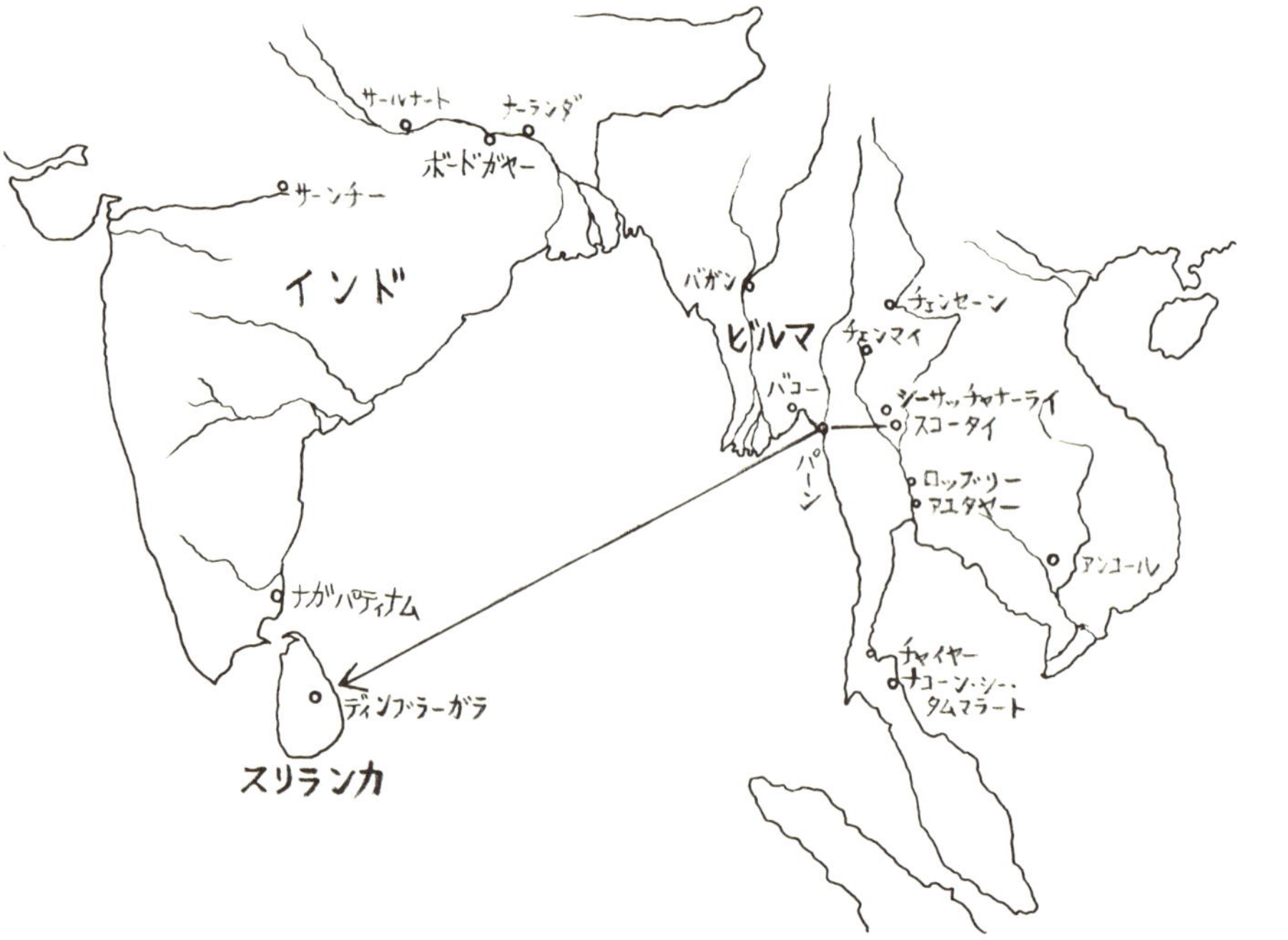

図 15　ススコータイ王国とスリランカとの仏教交流

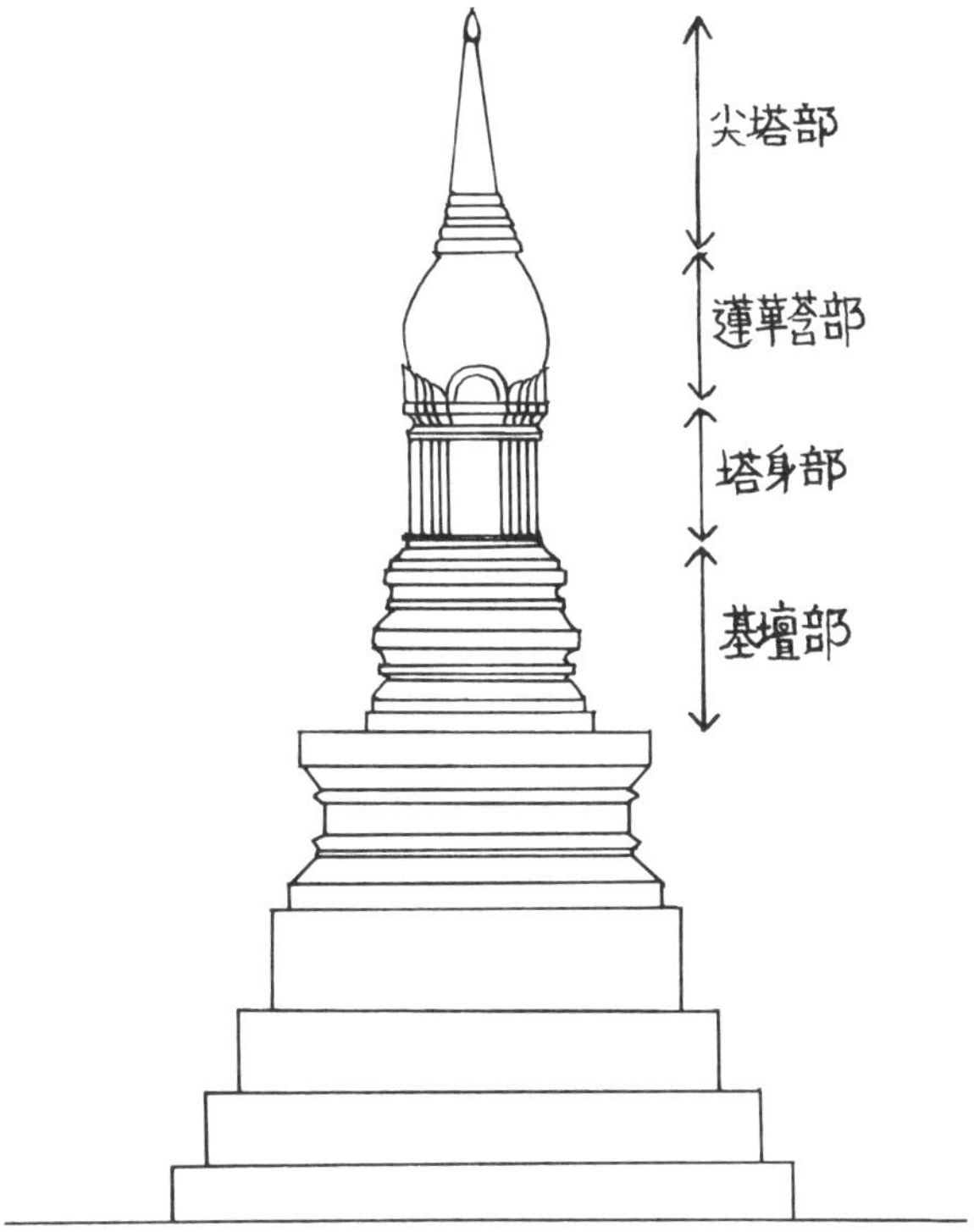

図 17　スコータイ王国の典型的な蓮華莟塔

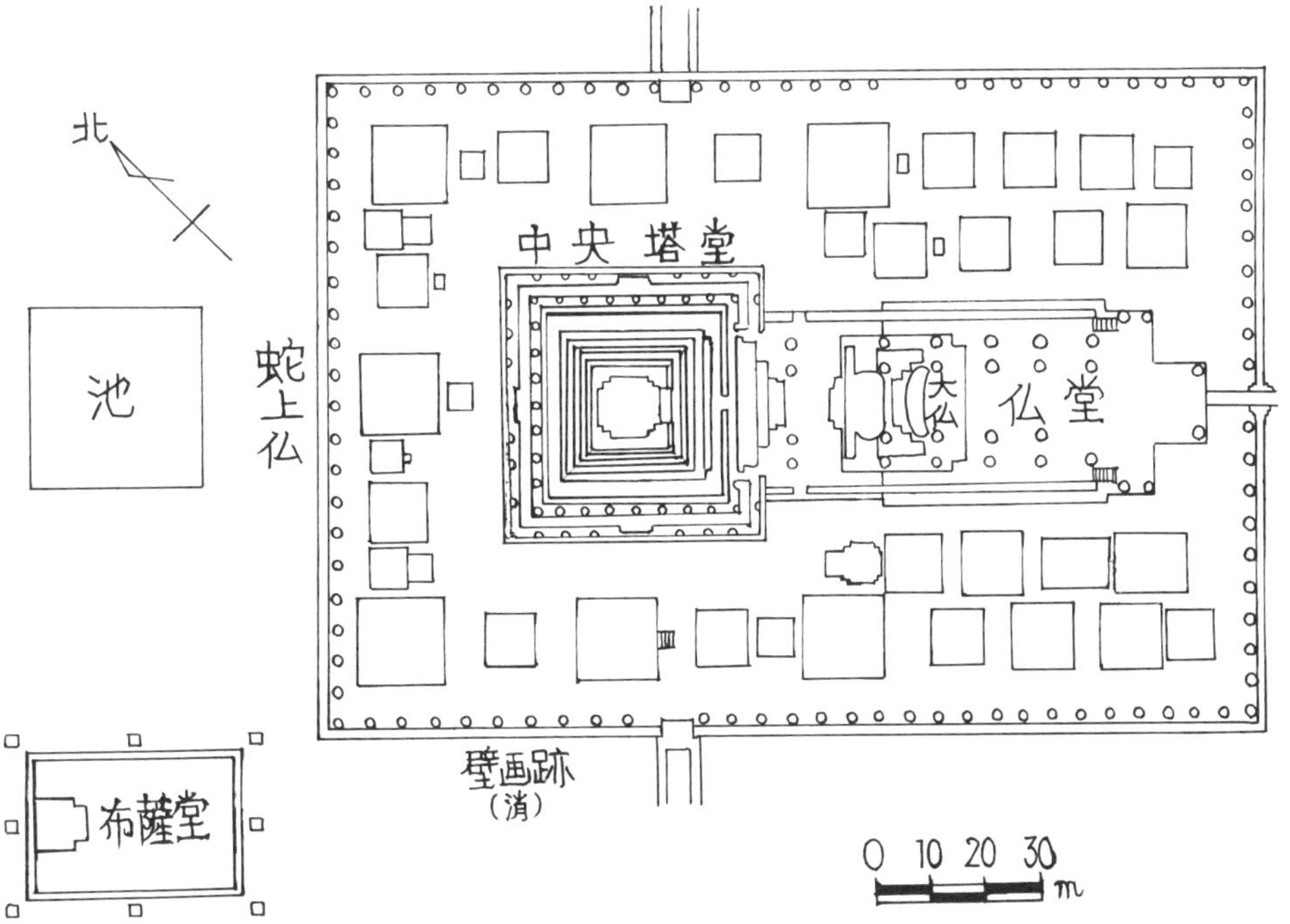

図 16　シーサッチャナーライ都ワット・チェディー・チェッ・テーオ寺の境内

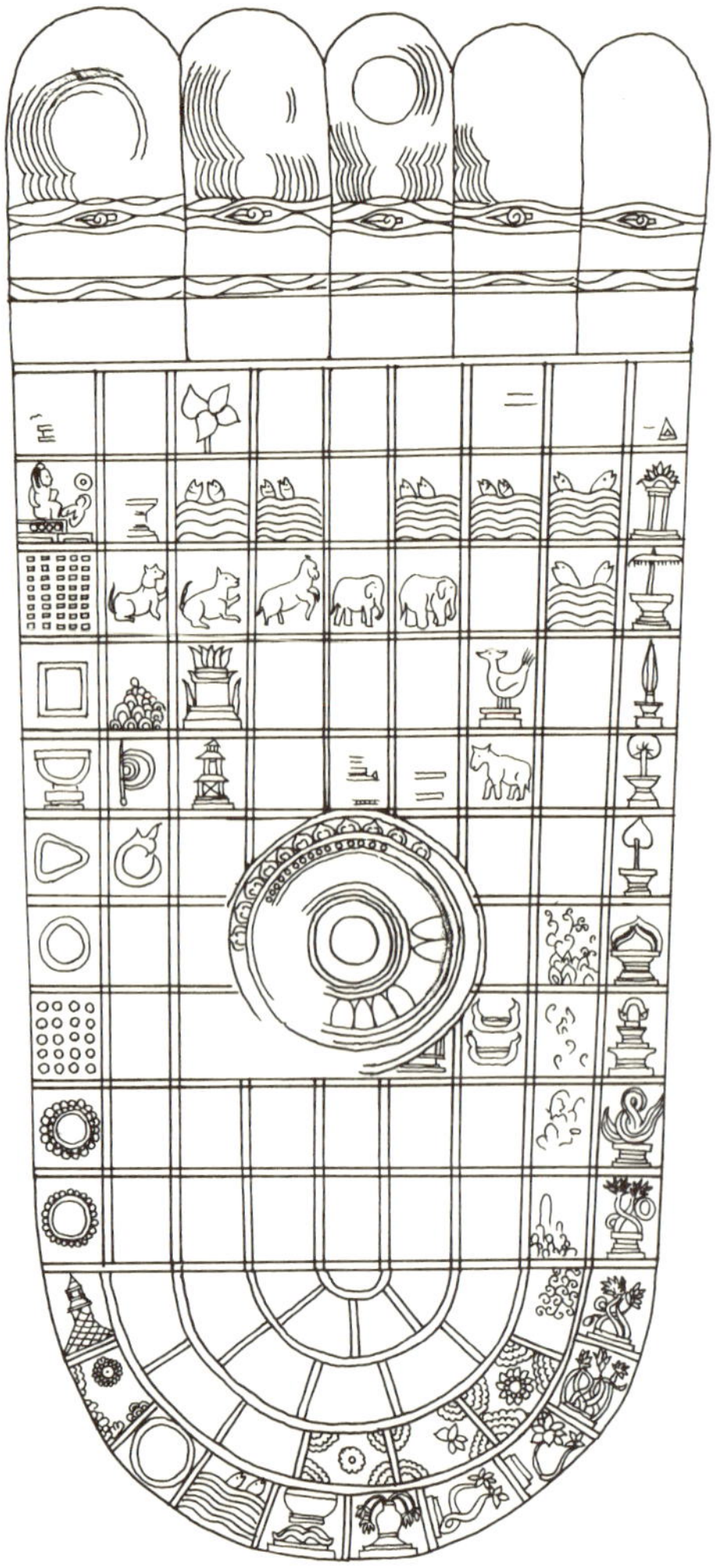

図 18　ワット・トラパーン・トン寺の仏足石、残った線刻画の百八吉祥文様

図 22　天人図、スコータイ都ワット・トラパーン・トン寺の仏足石に見る線刻画、1357 年の第 3 碑文より知る

図 19　典型的なスコータイ仏

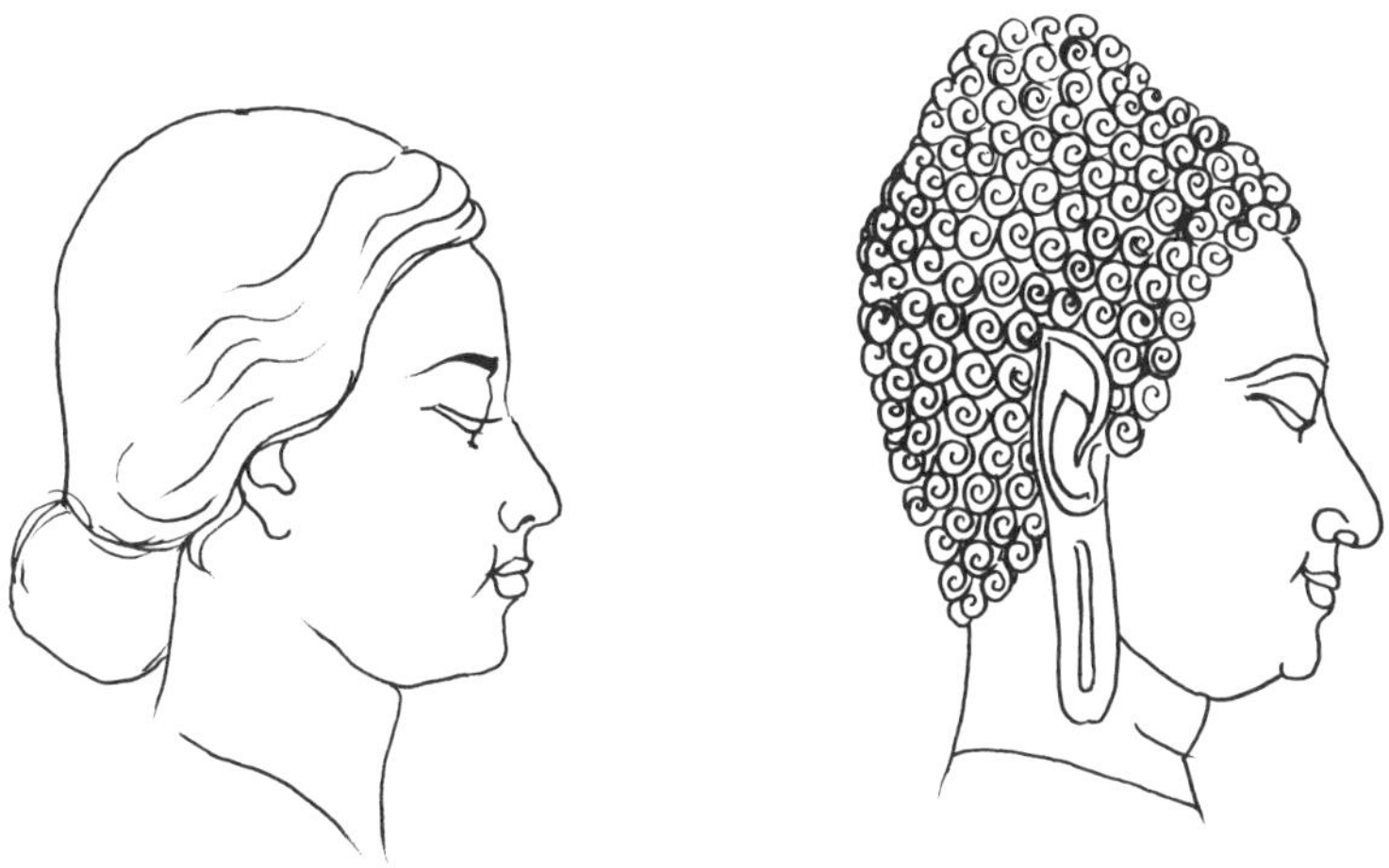

図 20　スコータイ仏（右）とスコータイ女性（左）との比較

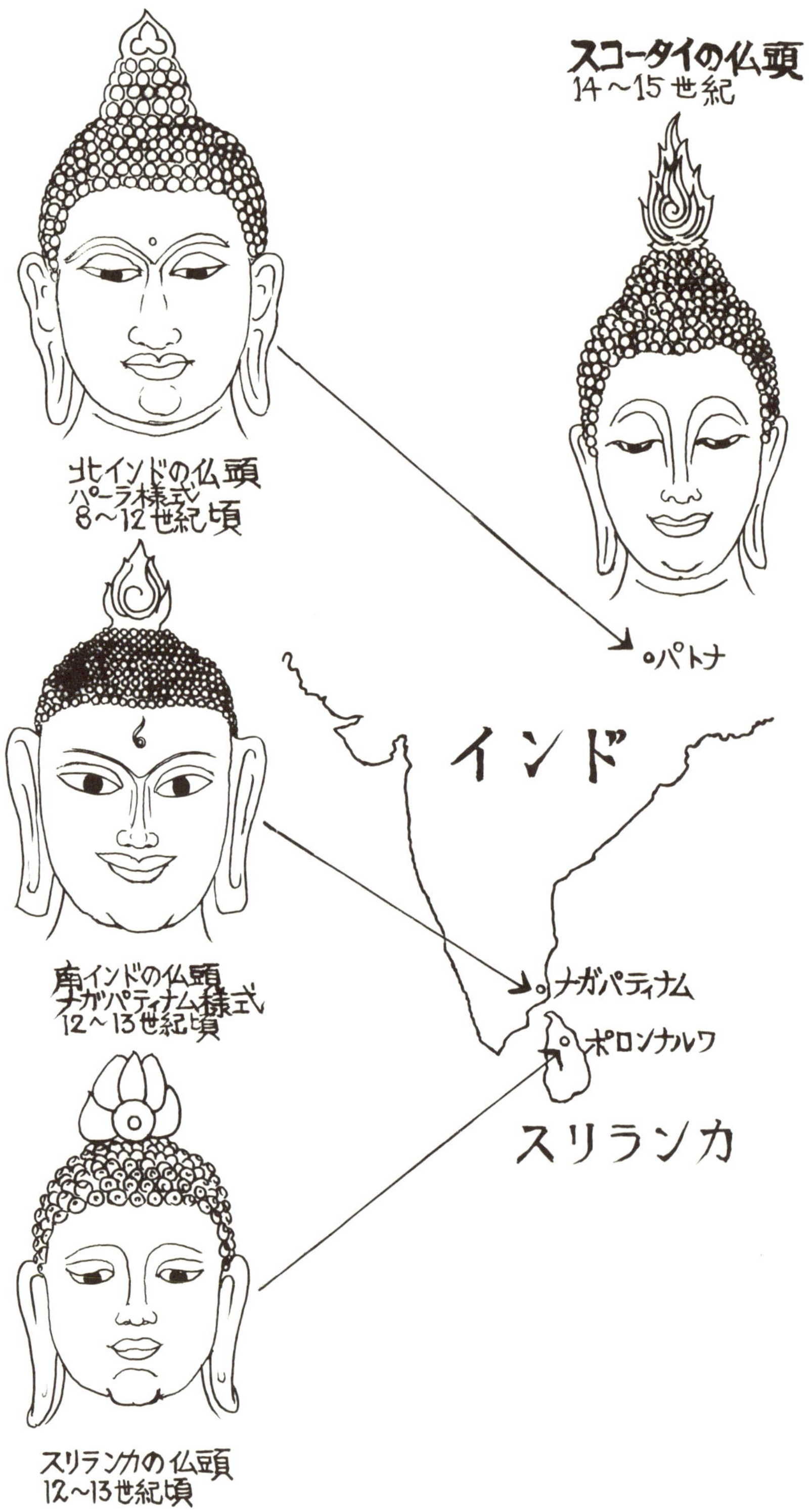

図 21　仏陀像の頭上に見る光炎の比較

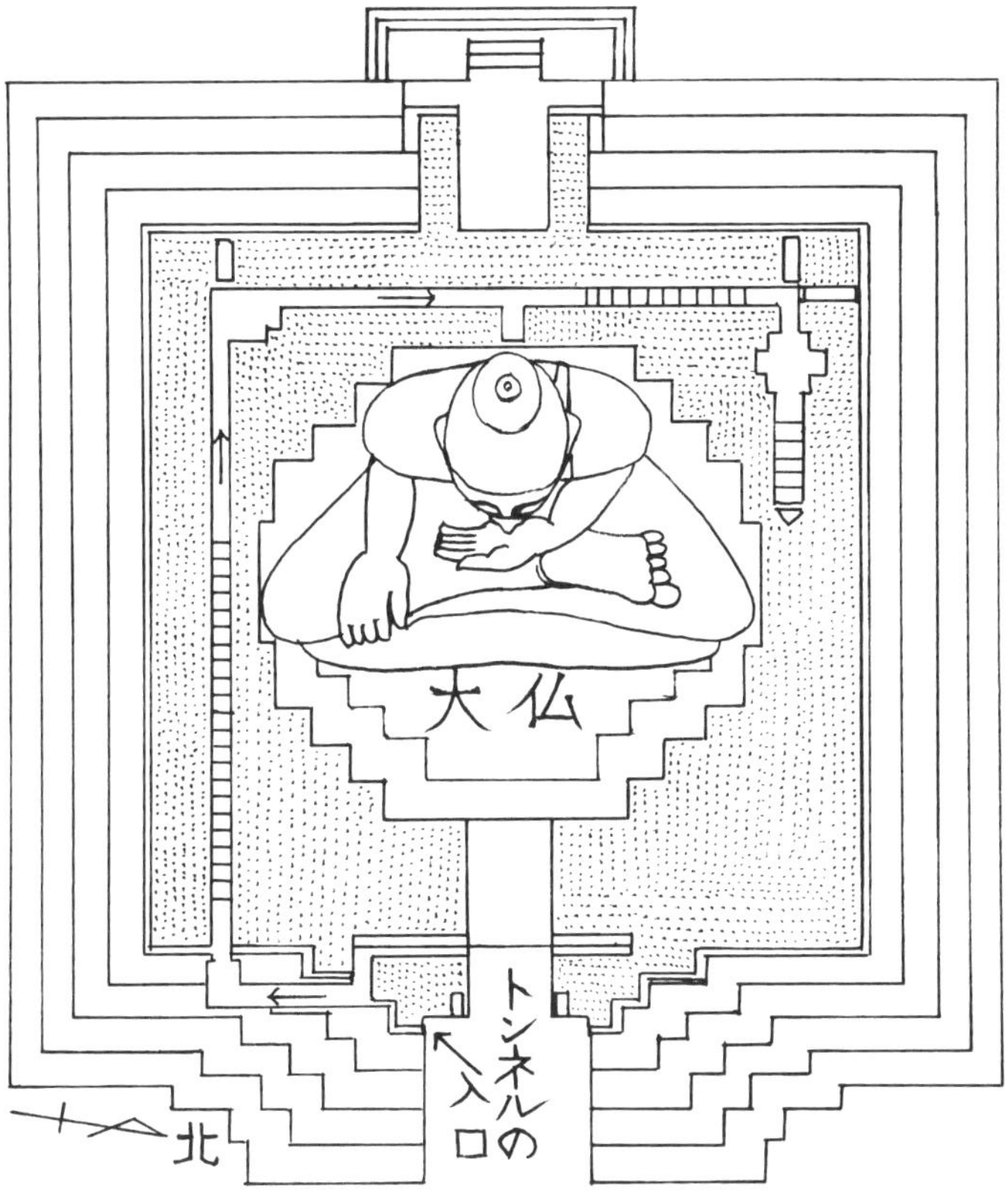

図 23　スコータイ都ワット・シー・チュム寺仏堂の平面図

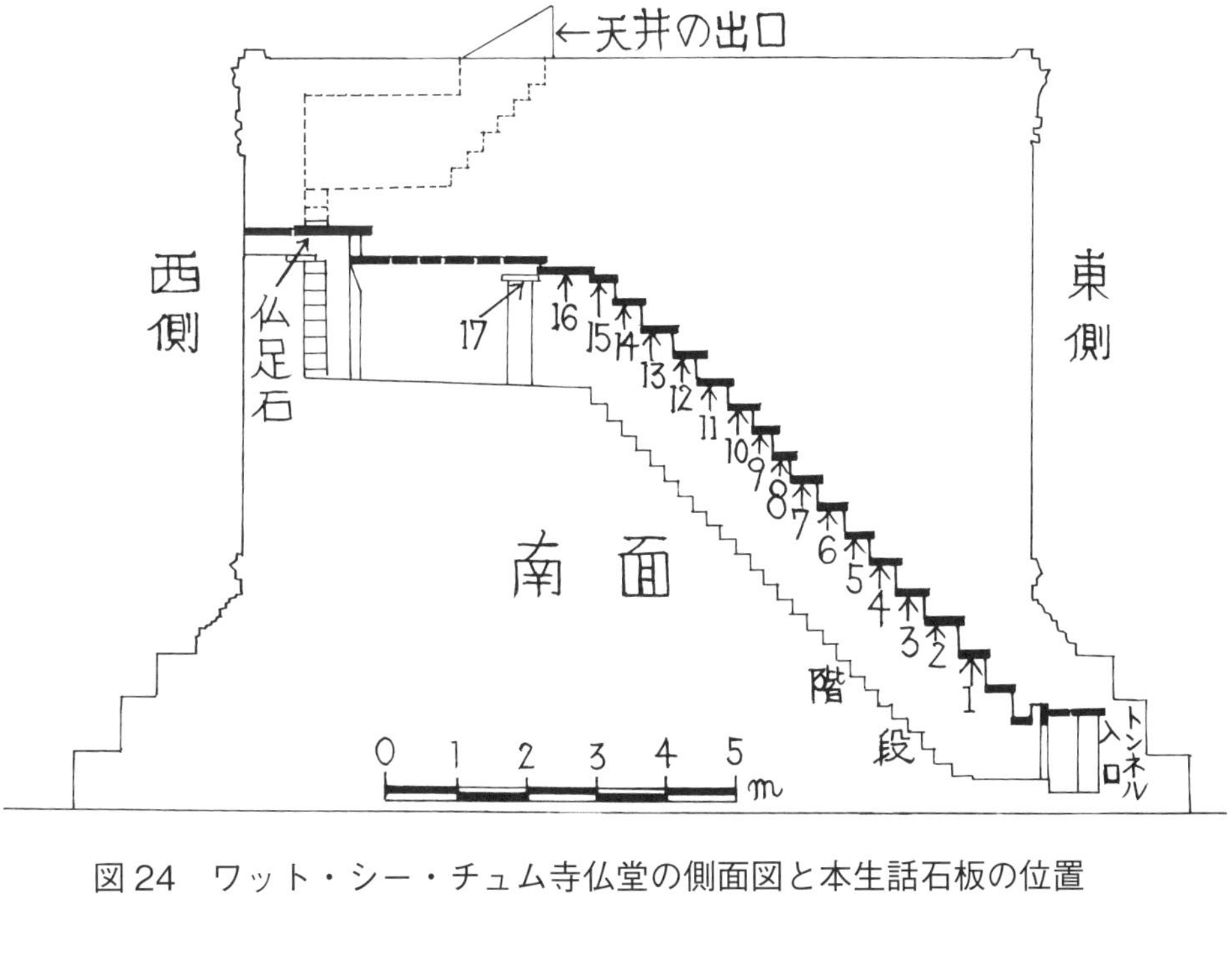

図 24　ワット・シー・チュム寺仏堂の側面図と本生話石板の位置

図 25　ボージャージャーニーヤ本生話、ワット・シー・チュム寺線刻画からの模写

図 26　デーヴァダンマ本生話、線刻画からの模写

図 27　カタハーリ本生話、線刻画からの模写

図 28　ガーマニ本生話、線刻画からの模写

図 29　マガデーヴァ本生話、線刻画からの模写

図 30　スカヴィハーリ本生話、線刻画からの模写

図 31　ラッカナ本生話、線刻画からの模写

図 32　カンディナ本生話、
線刻画からの模写

図 33　マタカバタ本生話、線刻画からの模写

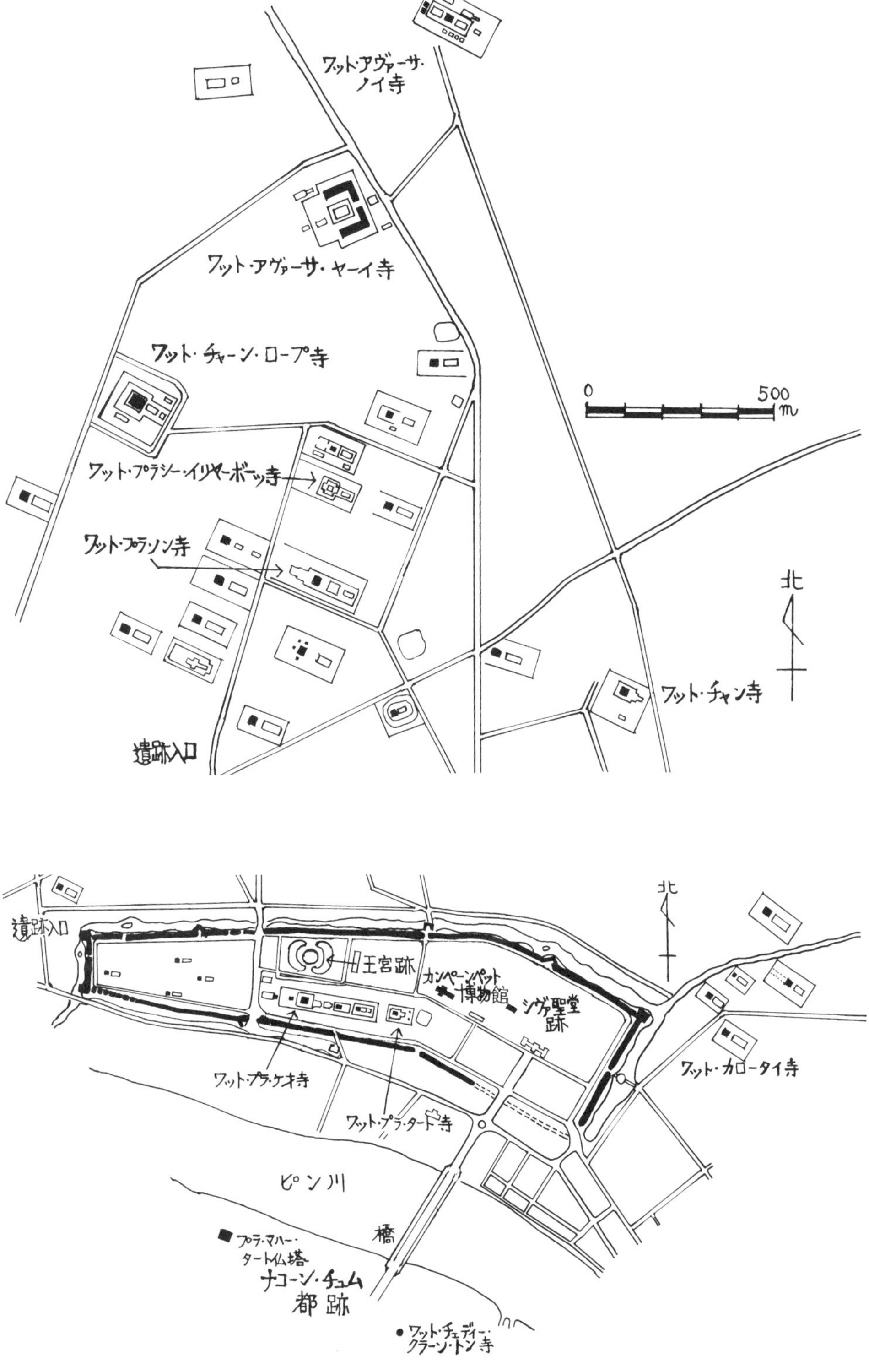

図34　カンペーンペット都とその周辺の古寺遺跡

図 35　遊行仏の行列、カンペーンペット都ワット・サデェーッ寺出の青銅製仏足石に見る線刻画、14-15 世紀作、上辺右端、図版 115 を参照

参考文献と註

全体の参考文献 （和文・英文） 出版年代順

（1） W・A・ウッド（著）、郡司喜一（訳）：『タイ国史』、冨山房（東京）、昭和十六年（一九四一年）。
（2） 松宮順：『暹羅説苑』上巻、（南亜細亜文化研究所）、昭和十七年（一九四二年）。
（3） 高田修：『印度・南海の仏教美術』、創芸社（東京）、昭和十八年（一九四三年）。
（4） ジョルジュ・セデス（著）、辛島昇・内田晶子・桜井由躬雄（共訳）：『インドシナ文明史』、みすず書房（東京）、昭和四十四年（一九六九年）。
（5） 星田晋五：『タイ——その生活と文化——』、学習研究社（東京）昭和四十七年（一九七二年）。
（6） スパトラディット・ディスクン（著）、拙訳：『タイ国美術』、国際印刷（タイ国バンコク）、昭和四十八年（一九七三年）。
（7） ロン・サヤマナン（著）、二村龍男（訳）：『タイの歴史』、近藤出版社（東京）、昭和五十二年（一九七七年）。
（8） A・B・グリズウォルド（著）、拙訳：『スコータイ美術史』、国際印刷（タイ国バンコク）、昭和五十四年（一九七九年）。
（9） 河部利夫（監修）：『スコータイ・タイ文化の夜明け』、ユネスコ・アジア文化センター（東京）、昭和五十五年（一九八〇年）。
（10） 金子民雄：『スコータイ美術の旅・タイの古代遺跡』、胡桃書房（東京）、昭和六十年（一九八五年）。
（11） 藤原利一郎：『東南アジア史研究』、法蔵館（京都）、昭和六十一年（一九八六年）。
（12） 拙著：『タイ国美術』、雄山閣（東京）、昭和六十二年（一九八七年）。
（13） M・C・スパトラディット・ディサクン（著）、柳博、レヌカー・M（共訳）、井村文化事業社（東京）、昭和六十二年（一九八七年）。
（14） 石井米雄・吉川利治（共編）：『タイの事典』、同朋舎出版（京都）、平成五年（一九九三年）。
（15） 石井米雄：東南アジア仏教の民衆化・スコータイにおける仏教の受容をめぐって、『中世の宗教と学問』（中世史講座、第八巻）、学生社（東京）、平成五年（一九九三年）、二五三〜二七七頁。
（16） レジナルド・ル・メイ（著）、駒井洋（監訳）、山田満里子（訳）：『東南アジアの仏教美術』、明石書店（東京）、平成十一年（一九九九年）。

(17) A. B. Griswold : Towards a History of Sukhodaya Art, The Fine Arts Department, 1967, Bankok.

(18) M. C. Subhadradis Diskul : Sukhothai Art, The Cultural Committee of the Thailand National Commission for Unesco, 1978, Bangkok.

(19) Carol Stratton and Miriam McNair Scott : The Art of Sukhothai, Oxford University Press, 1987, New York.

(20) Betty Gosling : Sukhothai, Its History, Culture and Art, Oxford University Press, 1991, Singapore.

(21) Dawn F. Rooney : Ancient Sukhothai, River Books, 2008, Bangkok.

第一章

(22) 松本信廣：『印度支那の民族と文化』岩波書店（東京）、昭和十七年（一九四二年）、三四～三六頁。

(23) 白鳥芳郎： タイ民族と山地民族、『東南アジアI、文化誌・世界の国3』、講談社（東京）、昭和五十年（一九七五年）、七四～八一頁。

(24) ブリュノ・ダジャンス（著）、石澤良昭・中島節子（共訳）：『アンコール・ワットの時代』、連合出版（東京）、平成二十年（2008年）、一七四～一七九頁。

第二章

(25) 星野龍夫（著）・田村仁（写真）：『濁流と満月——タイ民族史への招待——』、弘文堂（東京）、平成二年（一九九〇年）、二六三～二六八頁。

(26) M. C. Subhadradis Diskul : Guide to the Ram Khamhaeng National Museum, Sukhothai, The Fine Arts Department, 1964, Bangkok, p.80

(27) Mali khoksantiya, translated by Hiram W. Woodward, Jr.: Guide to Old Sukhothai, The Fine Arts Department, 1972, Bangkok, pp.2 ~ 4.

第三章

(28) 髙楠博士功績記念会纂訳：『南伝大蔵経』、第十一巻上、中部経典三、大蔵出版（東京）、昭和十三年（一九三八年）、一七八～一九四頁。

(29) 佐和隆研（編）：『仏像図典』、吉川弘文館（東京）、昭和三十七年（一九六二年）、二～四頁。

(30) 片山一良（訳）：『中部（マッジマ・ニカーヤ）中分五十経篇II』（パーリ仏典・第一期四）、大蔵出版（東京）、平成十二年（二〇〇〇年）、三四六～三六七頁。

第四章

(31) 三木栄：『暹羅の芸術』、黒百合社（大阪）、昭和五年（一九三〇年）、二二～四四頁。

(32) 森幹男：タイ国社会における国王概念の変遷、『民族学研究』（日本民族学会）、三十一巻四号、昭和四十二年（一九六七年）、二六二～二七六頁。

(33) 安藤浩：『タイの年中行事』、（タイ国日本人会：バンコク）、昭和四十五年（一九七〇年）、四五～四六頁。

(34) 矢部良明：『タイ・ベトナムの陶磁』、平凡社（東京）、昭和五十三年（一九七八年）、九六～一一五頁。

(35) 吉川利治：バンコクにおける神仏像の蒐集・創出と誓忠儀式、『タイ・ベトナムと日本、冨田竹二郎教授定年退官記念論集』（大阪外国語大学）、昭和五十九年（一九八四年）、二九～三四頁。

(36) 拙論：ラーマ・カムヘン王碑文とスコータイ遺跡、『南方文化』（天理大学）、第十三輯、昭和六十一年（一九八六年）、一三一～一四一頁。

(37) 周達観（著）、和田久徳（訳注）：『真臘風土記・アンコール期のカンボジア』（東洋文庫五〇七）、平凡社（東京）、昭和六十四年（一九八九年）、七五頁。

(38) Lucien Fournereau : Le Siam Ancien, 1895, 1908, paris

(39) A. B Griswold and Prasert ṇa Nagara : The Inscription of the King Rāma Gaṃhèṅ of Sukkodaya (1297A.D), Epigraphic and Historical Studies No.9, Joural of the Siam Society, vol.59-2, 1971, Bangkok, pp.179 ~ 228.

第五章

(40) A. B. Griswold and Prasert ṇa Nagara : King Lödaiya of Sukhodaya and his Contemporaries, Epigraphic and Historical Studies No.10, Journal of the Siam Society vol.60-1, 1972, Bangkok, pp.21 ~ 151.

第6章

(41) 加藤諄：『仏足石のために――日本見在仏足石要覧――』、築地書館（東京）、昭和五十五年（一九八〇）、一六～二一頁。

(42) A. B. Griswold and Prasert ṇa Nagara : The Inscription of Vät Jāń Phöak, Epigraphic and Historical Studies No.7, Journal of the Siam

Society, vol. 59-1, 1971, Bangkok, pp. 170 ~ 188.

第7章

(43) 拙論：タイ仏足石信仰の源流——スコータイ朝後期の碑文より——、『南方文化』（天理大学）、第八輯、昭和五十七年（一九八二）、一七六～一七九頁。

(44) 宇治谷顕：タイにおけるスリランカ上座部仏教受容、『名古屋音楽大学研究紀要』（名古屋音楽大学）、第七号、昭和五十九年（一九八四年）、一二頁。

(45) 佐々木教悟：『インド・東南アジア仏教研究Ⅱ、上座部仏教』、平楽寺書店（京都）、昭和六十一年（一九八六年）、二二一～二二四頁。

(46) 拙論：タイ仏典「トライ・プーム・プラ・ルアーン」、『社会科学討究』（早稲田大学）、第九十二号、昭和六十一年（一九八六年）、一九一～二二三頁。

(47) 田中忠治：『タイ歴史と文化』、日中出版（東京）、昭和六十四年（一九八九年）、一二〇～一五〇頁。

(48) 拙論：スコータイ王朝リ・タイ王の仏足石、その百八吉祥文様の性格と意義、『東南アジア・歴史と文化』（東南アジア史学会）、第十八巻、昭和六十四年（一九八九年）、七〇～八五頁。

(49) Silpa Bhirasri : An Appreciation of Sukhothai Art, The Fine Arts Department, 1968, Bangkok, pp.5 ~ 13.

(50) A. B. Grlswold and Prasert ṇa Nagara : The Epigraphy of Mahādhrmarājā I of Sukhodaya, Epigraphic and Historical Studies, No.11, Part I, Journal of the Siam Society, vol.61-1, 1973, Bangkok, pp.71 ~ 178.

(51) A. B. Griswold and Prasert ṇa Nagra : The Epigraphy of Mahādharmarājā I of Sukhodaya, Epigraphic and Historical Studies, No.11, Part II, Journal of the Siam Society, vol.61-2, 1973, Bangkok, pp.91 ~ 128.

(52) Markus Aksland : The Sacred Footprint, 1999, Oslo, Norway, pp.12-14.

第八章

(53) 高楠博士功績記念会纂訳：『南伝大蔵経』（本生経一）、第二十八巻、大蔵出版（東京）、昭和十年（一九三五年）、二五八～三四八頁。

(54) 中村元（監修・補註）、藤田宏達（訳）：『ジャータカ全集』

第一巻、春秋社（東京）、昭和五十九年（一九八四年）、一四五～二〇四頁。

(55) A. B. Griswold and prasert ṇa Nagara : The Inscription of Văt Jāṅ Lòṁ(1384 A.D.), Epigraphic and Historical Studies No.8, Journal of the Siam Society, vol.59-1, 1971, Bangkok, pp.189～208.

(56) Peter Skilling(Edited) : Past Lives of the Buddha, Wat Si Chum, Art, Architecture and Inscriptions, River Books, 2008, Bangkok, pp.78～104.

第十章

(57) A. B. Griswold and Prasert ṇa Nagara : Epigraphic and Historical Studies No.20, The Buddhapāda of Văt Pavaranivesa and its Inscription, Journal of the Siam Society, Vol.66-2, 1978, Bangkok, pp.112～122.

(58) A. B. Griswold : The Old Architecture and Sculpture of Northern Thailand, Buddhism in Northern Thailand, The World Fellowship of Buddhists, 1980, Chiang Mai, pp.25～63.

A. B. Griswold : What are the Dates of sukhodaya Art?

第十一章

(59) 三越美術館：『タイ国歴代王朝美術展』、サンケイ新聞社、昭和五十七年（一九八二年）、図版三二。

(60) 東京国立博物館：『タイ美術展』、朝日新聞社、昭和六十二年（一九八七年）、図版八五。

(61) 石井米雄：前期アユタヤとアヨードヤ、（山本達郎編）『岩波講座・東南アジアII、東南アジア古代国家の成立と展開』、岩波書店（東京）、平成十三年（二〇〇一年）、二三一～二四三頁。

(62) チャーンウィット・カセートリシ（著）、吉川利治（訳）：『アユタヤ』（タイ国トヨタ財団：バンコク）、平成十九年（二〇〇七年）、一七八～一八五頁。

(63) A. B. Griswold and Prasert ṇa Nagara : Inscription of the Śiva of Kāmbèṅ Bejra, Epigraphic and Historical Studies No. 14, Journal of the Siam Society, vol.62-2, 1974, Bangkok, pp.223～238.

跋語

想い返せば、昭和四十五年～四十七年、タイ芸術大学考古学部留学中、タイ国芸術局出版のグリスウォルド博士の名著『スコータイ美術史』を和訳し、それを当時、バンコックの日本広報文化センターにて、自筆謄写版で限定して百部印刷製本し、布施本とした。これは同センター創設・初代所長の安藤浩先生の御好意によった。その後の昭和五十四年に、その謄写版本原稿は、バンコックにあった国際印刷の社長、故住田勲氏の篤志を頂戴し、『スコータイ美術史』と題し同氏の布施用書籍として同地にて印刷・製本された。

その当時、スコータイ王国遺跡の重要性は、いまだ我が国に伝わり知られておらず、また遺跡群自身も、実に素朴な情況にあった。タイ国芸術大学での恩師、故スパットラディット・ディサクン教授が御著書『スコータイ美術』の出版に当たり、遺跡群への写真撮影のため派遣されたパイロート・チラーポーン氏に同行が許された。これも故ディサクン殿下の御厚意によった。

この度、留学中、お世話になった想い出深い安藤浩先生からの御序文を頂けた。誠に感謝にたえない。またこのスコータイ王国の遺跡、その文化と美術について、我が国への啓蒙のため、拙稿をもって、その御出版を決断くだされた雄山閣社長、宮田哲男氏に感謝の意を表したい。さらにこの本の編集に携われた同社の八木崇氏に対し厚くお礼を申し上げる。

著者　識す

索引

平成二十六年三月二十五日 印刷
平成二十六年三月三十一日 発行

夜明けのスコータイ遺跡

著者 伊東照司
発行者 宮田哲男
株式会社 **雄山閣**
〒102-0071 東京都千代田区富士見二—六—九
印刷・製本 株式会社ティーケー出版印刷

発行所
東京都千代田区富士見二—六—九
電話 〇三—三二六二—三二三一
FAX 〇三—三二六二—六九三八
振替 〇〇一三〇—五—一六八五
株式会社 **雄山閣**

ISBN978-4-639-02307-4